Holger Schmidt

Wie sicher sind wir?
Terrorabwehr in Deutschland

Holger Schmidt

Wie sicher sind wir?
Terrorabwehr
in Deutschland

Eine kritische Bilanz

orell füssli Verlag

© 2017 Orell Füssli Verlag AG, Zürich
www.ofv.ch
Rechte vorbehalten

Umschlaggestaltung: Hauptmann & Kompanie Werbeagentur, Zürich, unter Verwendung eines Fotos von © picture alliance/dpa/Oliver Berg
Druck: CPI books GmbH, Leck
Lektorat: Ute Maack

ISBN 978-3-280-05653-0

Die Deutsche Nationalbibliothek verzeichnet diese Publikation in der Deutschen Nationalbibliografie; detaillierte bibliografische Daten sind im Internet unter www.dnb.de abrufbar.

Für NALM

»Mächtige Rache werden wir mit dem Feuer verüben –
unser Krieg gegen euch wird euch zermalmen.
Wir werden euch töten, eure Dörfer verbrennen, uns an euren [...]
Männern rächen. Eure Frauen werden wir zu Witwen machen,
eure Töchter [...] werden wir gefangen nehmen.
Die Erde wird vor den Soldaten beben, die die Erde und die
Festungen zerstören. Euren Bush werden wir Blut heulen lassen, er
wird sich im Staub wälzen, mit Schlamm besudelt.
Bei meinem Herrn, Blitze werden euch treffen, die Tod in euren
Ländern verbreiten. Mal schlagen sie in London ein, mal schlagen
sie den geliebten Westen.«
Abu Musab al-Zarqawi, zitiert vom »Kofferbomber« Youssef el-Hajdib

»Taten statt Worte.«
NSU-Bekennervideo

»Der Schlüssel ist Krieg.«
Andreas Baader

Inhalt

Einleitung

Der Anschlag am Breitscheidplatz

»Euer Land ist verwüstet,
Eure Städte sind mit Feuer verbrannt.«
Jesaja 1,7

Am 19. Dezember 2016 ist es so weit: Deutschland erlebt den ersten großen Anschlag auf die Zivilbevölkerung. Mehr als fünfzehn Jahre Glück und Fahndungserfolg der Sicherheitsbehörden finden ein jähes Ende.

Viele Verfassungsschützer und Staatsschützer der Polizei hatten fest mit diesem Moment gerechnet. Wir werden noch 2016 einen erfolgreichen Anschlag erleben, prognostizierte ein leitender deutscher Ermittler im Sommer 2016. Es ist ein Gefühl. Kein konkretes Wissen. Doch das Gefühl trifft zu.

Fünf Tage vor Weihnachten wird in Berlin ein Weihnachtsmarkt zum Tatort. Es ist fast genau 20 Uhr, als ein Sattelzug mit dem polnischen Kennzeichen GDA 08J5 aus der Hardenbergstraße kommend auf den Breitscheidplatz in Berlin-Charlottenburg zurast. Gerade beginnt die Tagesschau. Aufmacher ist die Meldung, dass in Ankara ein – möglicherweise islamistisch motivierter – Polizist den russischen Botschafter in der Türkei, Andrei Karlow, vor laufenden Fernsehkameras erschossen hat. Ein islamistisch motivierter Polizist soll der Täter sein. Doch es ist eine Nachricht, die in Deutschland binnen Minuten zur Fußnote wird. Eine Nachricht, die binnen Minuten zur Fußnote wird.

Während die Tagesschau läuft, schlägt der Lkw eine Schneise durch den Weihnachtsmarkt.

Breitscheidplatz, 19.12.2016.

Da, wo der Sattelzug über den Bordstein prescht, sterben die ersten Menschen. Mit ungeheurer Wucht werden Buden und Weihnachtsdekoration niedergewalzt, bis der Lkw leicht nach links zieht und auf der Budapester Straße zum Stehen kommt. Offenbar hat ein automatisches Bremssystem im Zugfahrzeug Schlimmeres verhindert.[1] AEBS, »Advanced Emergency Braking System«, heißt die Technik, die einen Lkw automatisch bremsen soll, wenn Hindernisse überfahren werden. Das System[2] ist eigentlich für den Fall gedacht, dass der Fahrer nicht mehr bei Bewusstsein ist. Doch Anis Amri, der Mann am Steuer, wusste offenbar genau, was er tat.

Maximal 80 Meter lang ist die Strecke, die der Sattelzug durch den Weihnachtsmarkt pflügt. Zwölf Menschen sterben und 48 werden verletzt, viele von ihnen schwer.[3] Durch die Gewalt des Fahrzeugs sind die Toten so schlimm zugerichtet, dass später die Identifizierungskommission[4] (IDKO) des Bundeskriminalamts manche Opfer identifizieren muss.

Um 20.07 Uhr gehen die ersten Notrufe bei der Polizei ein. Es ist der Moment, an dem die Fahrertür aufgeht und Anis Amri aussteigt. Ruhig habe das ausgesehen, sagt ein Augenzeuge später der Polizei. Der Mann sei einfach weggegangen.

Nahe der Stelle, wo der Sattelzug in den Weihnachtsmarkt gefahren ist, stößt die Kantstraße schräg auf den Breitscheidplatz. Die Ampel dort ist rot, als der Anschlag beginnt. Ein Auto mit einer Dashcam, einer auf dem Armaturenbrett angebrachten Videokamera, die den Verkehr vor dem Auto aufzeichnet, nähert sich gerade der Ampel und bremst vor der Haltelinie ab. Das Video der Dashcam kann man sich später im Internet anschauen. Kaum zwei Sekunden lang ist der Sattelzug zu sehen, wie er über die Kreuzung schießt. Seine Gechwindigkeit muss erheblich gewesen sein.

Bis zu diesem Abend kennt man den Breitscheidplatz praktisch nur in Berlin unter seinem eigentlichen Namen. Für Touristen ist es schlicht der Platz, auf dem die Kaiser-Wilhelm-Gedächtniskirche steht, das herausragende Symbol für Zerstörung und Schrecken des Zweiten Weltkriegs. Und das Europacenter mit dem Weltkugelbrunnen, spöttisch auch »Wasserklops« genannt. Wenn das Wetter gut ist, lagern häufig Schüler auf Klassenfahrt in Berlin auf dem Brunnenrand oder nutzen ihre freie Zeit für Shopping in den angrenzenden Straßen.

Im Sommer staunen Touristen über Breakdancer und andere Straßenkünstler auf dem Breitscheidplatz. Sie erleben ein Stück altes West-Berlin. Hütchenspieler und mobile Bratwurst inklusive. »Berliner Tempo, Betrieb und Tamtam«, wie es Hildegard Knef in »Heimweh nach dem Kurfürstendamm« singt. Kann sie einen anderen Ort als den Breitscheidplatz gemeint haben?

Wie viele Gedanken hat sich Anis Amri über dieses Ziel gemacht? Er ist der Fahrer des Sattelzugs gewesen, vermuten die Ermittler einen Tag nach der Tat. Amri ist 24 Jahre alt, Tunesier, gilt bei der Polizei als streng salafistisch, ist sogar als islamistischer Gefährder eingestuft. Es laufen Ermittlungsverfahren gegen ihn, ein Spitzel der Polizei ist auf ihn angesetzt – und eigentlich sollte er längst aus Deutschland abgeschoben werden.

Als Täter-Typ entspricht er exakt den Thesen deutscher Ermittler. Monatelang war er das Ziel verschiedener Beobachtungsvorgänge, Ermittlungen, Observationen und Diskussionen. Er stand mehrfach als eigener Tagesordnungspunkt auf der Agenda des Gemeinsamen Terrorismusabwehrzentrums (GTAZ) der deutschen Sicherheitsbehörden in Berlin. Beim Generalbundesanwalt, beim Bundeskriminalamt, beim Verfassungsschutz und mehreren Landeskriminalämtern gibt es Akten über ihn.

Trotzdem wird er zum Mörder.

Ort und Zeitpunkt wirken aus Sicht des Terroristen perfekt gewählt. Deutschland freut sich auf Weihnachten, schaltet nach vielen Aufregungen einen Gang zurück. Schlechte Nachrichten gab es 2016 genug, doch nun klingt das Jahr aus. Bis Anis Amri mit dem Lkw kommt.

Hat er Ort und Zeitpunkt seines Anschlags selbst gewählt? War der Breitscheidplatz nur praktisch oder ging die Symbolkraft des Platzes über den christlichen Weihnachtsmarkt hinaus? Welche Rolle spielen die emotionale Bedeutung des Platzes für die Berliner und die Geschichte des Ortes? Der Turm der alten Kaiser-Wilhelm-Gedächtniskirche und der Neubau von Egon Eiermann erinnern an Krieg, Leid und Zerstörung in Berlin während des Zweiten Weltkriegs, sie sind aber auch ein Symbol für die internationale Versöhnung.

»Eure Städte sind mit Feuer verbrannt«, steht auf einer Seite der größten Glocke der neuen Gedächtniskirche. Ein Vers aus dem Buch Jesaja (1,7), also eines der Propheten, die sowohl zur Bibel der Juden als auch der Christen gehören. Auf der anderen Seite der Glocke steht ein weiterer Vers Jesajas (51,6): »Aber mein Heil bleibt ewiglich, und meine Gerechtigkeit wird kein Ende haben.« Feuer. Heil. Gerechtigkeit und Ewigkeit. Hat sich der Täter über solche Fragen Gedanken gemacht? Weiß er, warum diese Worte für Deutschland, für Berlin eine so große Bedeutung haben? Das wird wohl für immer ungeklärt bleiben.

Anis Amri stirbt vier Tage später, am frühen Morgen des 23. Dezember 2016 in Italien. Er wird auf dem Vorplatz des Bahnhofs von Sesto San Giovanni, wenige Kilometer nordöstlich von Mailand, von der italienischen Polizei erschossen. Eine Streife wollte ihn kontrollieren. Doch Amri zieht eine Waffe und schießt auf die beiden Polizisten. Die erwidern sofort das Feuer und töten ihn.[5]

Wer ist der Tote? Seine Fingerabdrücke sagen es der italienischen Polizei sofort: der von Deutschland steckbrieflich gesuchte Attentäter, der in Italien bereits als Brandstifter verurteilt wurde, aber aus rechtlichen Gründen von Italien nicht nach Tunesien abgeschoben werden konnte – und inzwischen in Berlin zum Mörder geworden ist. Eine brisante Erkenntnis für die italienische Polizei. Doch es wird noch Stunden dauern, bis sie auf offiziellem Polizei-Weg Deutschland erreicht.

Der deutsche Konsul wird zwar umgehend informiert, aber die Ermittler der »BAO City«[6] erfahren vom Tod Amris erst Stunden später aus den Nachrichten. Die internationale Zusammenarbeit, die schon bei der Fahndung nicht funktioniert hat, klappt auch jetzt nicht.

Die deutsche Terrorabwehr hat nicht funktioniert.
Aber kann man sagen, dass sie versagt hat?

Die internationale Zusammenarbeit in Europa hat nicht funktioniert.
Warum ist das nach all den Anschlägen in den Jahren 2015 und 2016 immer noch so?

Deutschland hat nun auch einen großen Anschlag des islamistischen Terrors gegen die Zivilbevölkerung erlitten.
Wie sicher sind wir?

Kapitel 1

Deutschland im Fadenkreuz

> *»Wir haben uns entschieden,*
> *wir haben uns schon längst entschieden.*
> *Für Allah und seinen Gesandten*
> *und das Leben nach dem Tod.*
> *Geschaffen, um zu dienen,*
> *gekommen, um zu siegen,*
> *sterben, um zu leben, auf zum Jihad.«*
> *Mounir Chouka aus Bonn (Abu Adam al-Almani)*

Der Anschlag am Breitscheidplatz hat eine kurze und eine lange Vorgeschichte. Die kurze Vorgeschichte spielt im Jahr 2016 und zeigt, wie Deutschland ganz real, aber auch im Gefühl der Bevölkerungen quasi zwangsläufig auf den Anschlag zusteuerte. Die lange Vorgeschichte ist die Entwicklung des politischen Terrorismus in der Bundesrepublik. Sie zu betrachten, lohnt. Denn sie relativiert manchen Eindruck, den man haben kann, wenn man nur die jüngsten Ereignisse betrachtet.

2017 ist ein guter Zeitpunkt, sich auch die großen Entwicklungslinien des Terrorismus in Deutschland anzusehen. Denn in diesem Jahr jähren sich Attentate und Ereignisse des »Deutschen Terrorjahres« 1977 zum vierzigsten Mal. Wie vergleichbar ist der damalige Terror mit der Situation heute? Welche Lehren kann man ziehen – oder sind gar schon gezogen worden? Welche Fehler kann (und wird) die Politik wieder machen? Oder haben der Terror der »Roten Armee Fraktion« (RAF) und islamistische Terroristen keine Gemeinsamkeiten?

Spätestens in der zweiten Jahreshälfte 2016 scheint der islamistische Terrorismus im Alltag der deutschen Bevölkerung unmittelbar angekommen zu sein. Es gab Anschläge in Würzburg und Ansbach und Anschlagsversuche an verschiedenen Orten quer durch das Bundesgebiet. In Chemnitz kommt die Polizei quasi in letzter Minute, der Sprengstoff liegt schon bereit. In Ludwigshafen macht der erst zwölfjährige Täter handwerkliche Fehler. Anschlagspläne für Düsseldorf und andere Städte werden bereits im Vorfeld entdeckt. Für die Bevölkerung ist es eine kaum überschaubare Aneinanderreihung von Terrormeldungen, für Fachjournalisten und Sicherheitsbehörden wird die Anspannung zur Dauersituation.

Als im September 2016 vier große Bundessicherheitsbehörden[7] zu einem traditionellen Herbstempfang in den Wintergarten des Schlosses Charlottenburg in Berlin laden, ist die Stimmung gedrückt. Nicht das Ob, nur das Wann eines Anschlags bestimmt die Gespräche am Buffet aus der Küche einer Bundespolizeidirektion. Bundesinnenminister Thomas de Maizière kalauert bei seiner Begrüßung, er habe ein gewisses Verständnis dafür, wenn sich die Bundessicherheitsbehörden im Wintergarten träfen – immerhin sei der Wintergarten ja der Ort, an den man »zarte Pflanzen« bringe, wenn es »draußen kalt« werde und »ein scharfer Wind« blase. Doch er sei sich sicher, dass sich die Behörden diesem scharfen Wind auch stellen würden, wenn es so weit sei.

Dem Bundesinnenminister und allen im Saal anwesenden Polizisten, Verfassungsschützern, Geheimagenten, Politikern und Ministerialbeamten ist nur begrenzt nach Scherzen zumute. Ihnen steht nicht nur die Abfolge der Anschläge, Anschlagsversuche und frühzeitigen Zugriffe im Laufe des Jahres 2016 deutlich vor Augen. Viele von ihnen haben auch das sichere Gefühl, dass man nicht auf Dauer Glück und Erfolg haben kann. Und dass der Anschlag noch kommen werde. Die Veranstaltung ist schnell zu Ende.

Das Jahr 2016 ist von Terrormeldungen geprägt. Schon Silvester 2015/2016 versetzt ein Terroralarm München in den Ausnahmezustand. Kurz vor Mitternacht werden der Hauptbahnhof und der Bahnhof München-Pasing geschlossen, Hotels nach einem angeblich eingereisten sogenannten »Hit-Team« durchsucht, einem kleinen Kommando von Terroristen, die mit einem konkreten, unmittelbar bevorstehenden Anschlagsplan in München vermutet werden. Doch es war ein falscher Alarm. Die Geschichte hinter diesem Alarm wird später noch eine Rolle spielen (S. 125).

Keine zwei Wochen ist das Jahr alt, als ein – vermutlich islamistischer – Terroranschlag in Istanbul auf dem Sultan-Ahmed-Platz zwölf Menschen tötet. Elf von ihnen sind deutsche Touristen.

Am 26. Februar sticht die junge Islamistin Safia S. einem Polizisten der Bundespolizei im Hauptbahnhof Hannover mit einem Gemüsemesser oberhalb dessen Schutzweste in den Hals. Nach Auffassung der Ermittler hat sie gezielt auf die Polizisten gewartet, eine Kontrolle provoziert und dann aus islamistischen Motiven zugestochen. Der Beamte überlebt nach einer Notoperation. Safia S. ist sechzehn Jahre alt, in Deutschland geboren und aufgewachsen.[8]

Am 22. März ist der Terror dann im Herzen von Europa angekommen: Eine Gruppe islamistischer Terroristen tötet in Brüssel am Flughafen Zaventem und in der Innenstadt an der U-Bahn-Station Maalbeek durch Selbstmordanschläge 32 Menschen. Drei Attentäter sterben, einer kann flüchten.

Am Abend des 16. April verüben zwei Jugendliche in Essen einen Anschlag auf ein Sikh-Gemeindezentrum. Zu diesem Zeitpunkt wird dort eine Hochzeit gefeiert. Drei Menschen werden verletzt, darunter der Priester der Gemeinde, der schwere Verletzungen erleidet. Die beiden Tatverdächtigen werden der salafistischen Szene zugerechnet. Einer gesteht gegenüber der Polizei die Tat und nennt seinen mutmaßlichen Mittäter. Der Anschlag werde in der deutschen Öffentlichkeit nicht ausreichend deutlich als islamistischer Terroranschlag wahrgenommen, kritisiert Sebastian Weiermann in der »tageszeitung« (taz) und weist darauf hin, dass sich auch ein Anschlag auf die rund 13 000 friedlich in Deutschland lebenden Sikhs gegen die Gesellschaft insgesamt richtet.[9]

Im Sommer 2016 überschlagen sich dann die Ereignisse.

Nizza, Würzburg, München, Ansbach

Am französischen Nationalfeiertag, dem 14. Juli, tötet der Islamist Mohamed Lahouaiej-Bouhlel mit einem Lkw fast neunzig Menschen auf der berühmten Strandpromenade von Nizza. Er durchbricht am Abend nach dem traditionellen Feuerwerk einfach mit einem gemieteten Lkw eine Straßensperre, die aus nicht mehr als einem halbhohen Gitter und einem kleinen Streifenwagen bestand. Dann fährt er auf der Promenade des Anglais fast zwei Kilometer in dem für das Fest abgesperrten Bereich auf dem Prachtboulevard, der an diesem Abend eigentlich Fußgängerzone sein sollte. Zielgerichtet macht er geradezu Jagd auf die feiernden Menschen. Lahouaiej-Bouhlel mordet so lange, bis er selbst durch Schüsse von Polizisten getötet wird.

Kann man eine solche Tat überhaupt anhand von Zahlen darstellen? Es starben mindestens 86 Menschen, mehr als 400 wurden verletzt. Das Grauen begann auf der Höhe der Hausnummer 11, der Sattelzug konnte erst bei der Hausnummer 147 am Hyatt Hotel Palais de la Méditerranée gestoppt werden.[10]

Die Tat ist unbegreiflich. Frankreich – ohnehin im polizeilichen Ausnahmezustand – sieht sich binnen achtzehn Monaten mit dem dritten großen terroristischen Anschlag konfrontiert. Voraus gingen die Morde in der Redaktion von »Charlie Hebdo« und die Geiselnahme in einem jüdischen Supermarkt in Paris im Januar 2015, die Anschläge des 13. November 2015 auf das Stade de France, das Theater Bataclan sowie auf fünf Cafés und Restaurants, ebenfalls in Paris. Mehr als 230 Menschen sind in diesen rund achtzehn Monaten durch islamistischen Terror gestorben, die Zahl der Verletzten geht in die Hunderte.

Auch Deutschland ist geschockt, nicht nur, weil in Nizza auch Deutsche unter den Todesopfern und unter den Verletzten sind. Der deutsche Fernsehmoderator Richard Gutjahr vom Bayerischen Rundfunk und die SWR-Redakteurin Janine Konopka sind unmittelbare Augenzeugen der Tragödie und berichten noch am Abend aus Nizza.

Die Tragweite der Ereignisse scheint sich – vor allem auch durch die schnelle Verbreitung in den sozialen Medien – in Deutschland in den ersten Stunden nach dem Anschlag sehr viel schneller zu verbreiten als in Frankreich selbst. In Deutschland sind Twitter, Facebook und andere Dienste inzwischen für viele Nutzer zu echten Nachrichtenkanälen geworden. Auch deutsche Medien sind im *social web* sehr viel stärker präsent, als das in Frankreich der Fall ist. Online-Berichterstattung wird zu einem wesentlichen Faktor – zur Quelle und zugleich zum Verstärker von Gerüchten, Spekulationen, vorschnellen Analysen und Verzerrungen, wie sich wenige Tage später in München herausstellen wird.

Der Schreck und das Entsetzen über den Anschlag von Nizza stecken der deutschen Bevölkerung noch in den Gliedern, als vier Tage später, am 18. Juli 2016, eine Reihe von Ereignissen beginnt, die den Terror unmittelbar nach Deutschland zu bringen scheint: Ein junger, angeblich afghanischer Flüchtling mit dem Namen Riaz Khan Ahmadzai läuft an diesem Abend in der Nähe von Würzburg mit einer Axt und einem Messer bewaffnet durch einen Regionalzug und schlägt wahllos und wie ohne Besinnung auf die Fahrgäste ein. Nur durch Glück gibt es keine Toten, doch eine chinesische Familie aus Hongkong wird schwer verletzt, der Familienvater ringt wochenlang mit dem Tod. Fotos zeigen frisches Blut auf dem Boden des Regionalzugs. Ein Bild, wie aus einem Horrorfilm.

Der Täter kann zunächst fliehen, trifft aber noch in der gleichen Nacht auf ein Spezialeinsatzkommando (SEK) der bayerischen Polizei, das sich zufällig anlässlich einer schon länger geplanten Festnahme im Bereich der Organisierten Kriminalität gerade in Würzburg aufhält und deswegen in Rekordzeit den Angreifer stellen kann. Als der Täter auch auf die Polizisten mit der Axt losgeht, wird er erschossen.

War es die Kurzschlusstat eines Verwirrten oder »echter« Terror? Der junge Mann galt bis zur Tat als völlig unauffällig, war in einer Pflegefamilie untergebracht, hatte eine Lehrstelle in einer Bäckerei in Aussicht. Heute gibt es an vielen Angaben, die der Mann gemacht hat, Zweifel. Stimmen sein Name und sein Geburtsdatum überhaupt? Fest steht aber: Der Täter war nicht nur ein Terrorist, er hatte auch »professionelle« Hilfe aus Syrien, von einem *operator* der Terrororganisation »Islamischer Staat« (IS). Über Chatnachrichten stachelte der Unbekannte den Attentäter an. Er solle ein Auto nehmen, um seinen Angriff durchzuführen. Oder wenigstens eine Axt, aber nicht nur ein Messer, wie es der junge Mann eigentlich geplant hatte.

Als die Ermittler einige Tage nach der Tat dieser Anstiftung auf die Spur kommen, ist das für sie eine neue, erschreckende Qualität des Terrors: Eine Terror-Hotline, Online-Beratung für selbstradikalisierte Islamisten, das übertrifft ihre schlimmsten Befürchtungen. Und Würzburg wird nicht der einzige Fall dieser Art bleiben.

Aber in den ersten Tagen nach dem Anschlag gibt es diese Gewissheit noch nicht. Im Gegenteil: Einiges spricht für eine individuelle psychische Störung des jungen Mannes. In der Öffentlichkeit werden beide Motive, Terror und psychische Störung, intensiv diskutiert. Für beides gibt es Belege, für beides finden sich interessierte politische Lager, die jeweils sehr klare Wünsche formulieren, welche Konsequenzen aus dem Ereignis zu ziehen seien.

Doch während Deutschland noch rätselt, ob der Mann krank oder Terrorist ist, überschlagen sich wieder vier Tage später, am 22. Juli, einem Freitag, die Meldungen: Nun also Terror in München. Es habe einen Anschlag auf das Olympia-Einkaufszentrum (OEZ) gegeben, lauten die ersten Meldungen. Offenbar seien mehrere Täter auf der Flucht, auch in der Innenstadt, am Stachus, soll es einen Tatort geben. Das Fernsehen zeigt Bilder von panikartig fliehenden Menschen, das Bundesinnenministerium bestätigt: Die Eliteeinheit GSG 9 ist auf dem Weg nach Bayern. Ein leitender Polizeibeamter findet zur Beschreibung der Situation nur ein Wort: »Krieg«.

Doch die Tat von München ist »nur« ein Amoklauf. Neun Menschen sterben durch einen Schüler, der – wohl auch wegen seiner persischen Wurzeln – extreme Minderwertigkeitsgefühle hat. Ist nicht auch das »Terror«?, wird öffentlich diskutiert. Die Stimmung ist aufgeheizt. Gezielte Falschmeldungen und Gerüchte, verbreitet über soziale Netzwerke im Internet, stacheln in dieser Situation das Feuer des »Volkszorns« zusätzlich an. Rechtspopulisten unterstellen schon seit Monaten eine Verharmlosung der angeblich stark gestiegenen Gewaltkriminalität. Und kennen natürlich auch den Grund dafür: die Flüchtlinge.

Aber es gibt auch positive Beispiele: Münchner öffnen ihre Häuser und Wohnungen für Leute, die in der Stadt sind und Schutz suchen. *#offenetuer* heißt der Hashtag, das Stichwort, unter dem Anwohner sich über Twitter & Co als Anlaufstelle anbieten.

Generalbundesanwalt Peter Frank ist an diesem Abend privat in München und erlebt die Situation und das Durcheinander der Meldungen in Radio, Fernsehen und Internet aus unmittelbarer Nähe. Und ist am Ende trotz der tragisch hohen Opferzahl froh, dass es kein islamistischer Terroranschlag war.

Der achtzehnjährige Amoktäter aus München heißt Ali David Sonboly – und schon die Frage, wer welchen seiner Vornamen benutzt, wird von den Scharfmachern als Parteinahme oder gar Manipulation gedeutet. Oder heißt er mit Vornamen gar »Dawoud«? Verheimlichen die Behörden den wahren Hintergrund? Gerüchte machen vor allem im Internet die Runde. Kaum jemand macht sich in den angeblich *sozialen* Netzwerken die Mühe, zu hinterfragen oder zu recherchieren. Gepostet wird, was der eigenen Erwartung entspricht.

Nicht nur in dieser Situation zeigt sich, was Qualitätsmedien wert sind. »In seinem Reisepass steht David S. Seine Schulkameraden nannten ihn aber Ali«, schreibt Annette Ramelsberger nach einer ausführlichen Recherche in der »Süddeutschen Zeitung«, und fährt fort: »Von einem Dawoud jedoch war noch nie etwas zu lesen – das entspringt eher dem Wunsch mancher Bürger, den Amokläufer zusätzlich als Fremden zu markieren. Geboren und aufgewachsen ist der Mann in München.«[11]

Kaum ist die Debatte um den Täter, seine Herkunft und seinen Namen entstanden, da sprengt sich am 24. Juli ein Islamist im fränkischen Ansbach mit einer selbstgebauten Bombe vor einem Open-Air-Festival in die Luft. Menschen in der Umgebung werden verletzt. Es ist der erste islamistische Selbstmordanschlag in Deutschland. Doch wie durch ein Wunder stirbt nur der Täter selbst, keiner der umstehenden Menschen wird lebensgefährlich verletzt.

In den folgenden Wochen werden mehrere tatsächliche oder vermeintliche Terrorplanungen aufgedeckt. In Köln, Schleswig-Holstein und im Großraum Stuttgart nimmt die Polizei Verdächtige fest. Einige sollen sich »turboradikalisiert« haben, andere hatten die Sicherheitsbehörden zuvor wochenlang observiert, »unter Wind«, wie es im Jargon der Ermittler heißt.

Im Fall von drei syrischen Flüchtlingen in Schleswig-Holstein hatten die Behörden sogar hinter den Kulissen dafür gesorgt, dass sie in bestimmten Flüchtlingsunterkünften untergebracht wurden, um die Observation einfacher gestalten zu können. Die drei Männer, da sind sich Polizei und Verfassungsschutz einig, scheinen nicht nur eine kleine Zelle zu bilden, sondern auch Teil eines größeren Plans zu sein. Doch noch bevor die Ermittler mehr über mögliche Verbindungen erfahren können, kommt Bewegung in die Gruppe. Reisen werden geplant, in Richtung Frankreich soll es gehen. Die Sache wird zu brenzlig: Besser früher zugreifen, als die Kontrolle verlieren, lautet die Entscheidung. Wie gefährlich die drei Männer wirklich waren, bleibt zunächst unklar. Es sind hochgefährliche Schläfer, die sich unauffällig verhalten haben und nur auf ihren Auftrag warteten, vermuten Sicherheitsbehörden bis heute. Eine Terrorismus-Anklage gegen sie scheint wahrscheinlich.

In derselben Zeit, im Spätsommer 2016, ist auch der spätere Berlin-Attentäter Anis Amri immer wieder Thema bei den deutschen Sicherheitsbehörden. Im Gegensatz zu früheren Phasen der terroristischen Bedrohung, sei es in den 1970er- und 1980er-Jahren durch die RAF, sei es ab Mitte der 2000er-Jahre durch den islamistischen Terrorismus, sind es nicht mehr nur einige wenige Strukturen, mit denen sich die Behörden beschäftigen müssen. Es sind viele Kleingruppen und Einzelpersonen. Manchmal gibt es Querbezüge und »Kennverhältnisse«, dann tauchen wieder wie aus dem Nichts Personen auf, die bis dahin keine Behörde »auf dem Schirm« hatte.

Der vereitelte Anschlag: Chemnitz

Polizei Sachsen am 10. Oktober 2016 via Twitter.

Anfang Oktober 2016 entdeckt das Bundesamt für Verfassungs-schutz einen Terrorverdächtigen in Chemnitz. Tagelang haben Ver-fassungsschützer zuvor Informationen ausgewertet, die sie von be-freundeten Geheimdiensten bekommen haben. Es ist eine heikle Situation: Die Verfassungsschützer glauben, dass der Mann ganz konkret dabei ist, einen Anschlag vorzubereiten. Doch zu Beginn der Suche kennen sie weder seinen Namen noch wissen sie, wo in Deutschland sie ihn suchen sollen. Es ist die sprichwörtliche Suche nach der Nadel im Heuhaufen.

Von den ausländischen Diensten hat der Verfassungsschutz vor allem Hinweise zum Kommunikationsverhalten und zu Kontakten des Mannes bekommen. Nun gilt es, ihn rechtzeitig zu finden. Wie viel Zeit steht dafür zur Verfügung? Wie weit ist der Mann mit sei-ner Planung? Oder ist alles nur wieder eine Fehlinformation, eine Luftnummer? Niemand kann es sagen.

Für Terrorermittler bei Verfassungsschutz und Polizei ist diese Situation seit Monaten quälender Alltag geworden. Es ist ein Zu-stand wie bei einem Rennen gegen die Uhr, die von einem unsicht-baren Schiedsrichter verhüllt wurde. Eine Art heimlicher Count-down, bei dem die Beamten nur wissen, dass die Zeit jede Minute abgelaufen sein kann – aber keine Vorstellung davon haben, was dann passieren wird.

Am 7. Oktober 2016, einem Freitag, hat der Verfassungsschutz das Rätsel gelöst. Er hat einen Namen und eine Adresse in Chemnitz ermittelt. Der Mann mit dem Namen Dschaber al-Bakr soll sich im Fritz-Heckert-Gebiet, einer Plattenbausiedlung, aufhalten.

Feinsinnige Politikwissenschaftler beim Verfassungsschutz können immerhin dem Ort ein Lächeln abgewinnen: Fritz Heckert, Mitbegründer des »Spartakusbundes« und der »Kommunistischen Internationalen«, ist ihnen natürlich ein Begriff. Und die Fritz-Heckert-Siedlung kennen sie schon aus den Ermittlungen gegen den »Nationalsozialistischen Untergrund« (NSU), weil das rechtsterroristische Trio Böhnhardt, Mundlos, Zschäpe dort kurze Zeit untergetaucht war. Nun also noch ein möglicher Islamist in diesem Teil von Chemnitz, damit wären alle gängigen extremistischen Varianten auf gewisse Weise vereint.

Wohnhaus des al-Bakr, Chemnitz.

Am Morgen des 8. Oktober 2016 ist die Festnahme geplant. Die Polizisten vor dem Haus sind sich nicht sicher. Insgesamt wissen sie noch nicht genau, wie sie mit der Lage umgehen sollen. Es herrscht akuter Terrorverdacht, das SEK Sachsen ist vor Ort, ebenso weitere zivile und uniformierte Polizeikräfte. Aber einen genauen Plan hat man noch nicht.

Das Haus zu stürmen, scheint zu riskant. Unbeteiligte halten sich in den anderen Wohnungen auf, Dschaber al-Bakr könnte Waffen und Sprengstoff haben – und in welcher Wohnung er genau ist, steht auch noch nicht endgültig fest. Also wäre ein Zugriff gut, sobald er aus dem Haus kommt. Doch bevor die Beamten so weit sind, ist es zu spät.

Als al-Bakr aus dem Haus kommt, steht er einem SEK-Beamten gegenüber. Der Polizist ist auf eine Menge Situationen vorbereitet, trägt »Vollmontur« für einen Zugriff, schusssichere Weste, Waffen, Kommunikationstechnik, Reizgas. An die zwanzig Kilo Spezialausrüstung kommen zusammen, für alle Fälle. Doch darauf, dass die »Zielperson« einfach an ihm vorbeilaufen könnte, ist er nicht gefasst. Und einen – eigentlich üblichen – zweiten Absperrring gibt es nicht. Al-Bakr entkommt – und ist von da an auf der Flucht.

Bei der Durchsuchung der Wohnung bestätigen sich die schlimmsten Befürchtungen der Ermittler: Mehrere Hundert Gramm hochexplosiver, selbstgemachter Sprengstoff werden gefunden. Dazu Chemikalien und Material, mit dem man aus dem Sprengstoff eine Attentäter-Weste machen könnte. Das Material ist nach Meinung von Sprengstoffexperten so instabil, dass die Polizei es nicht einmal ordentlich wiegen will. Der Verdacht gegen al-Bakr war begründet – doch der mutmaßliche Attentäter ist verschwunden. Nachdem der Sprengstoff von Experten noch vor Ort auf einer Rasenfläche kontrolliert gesprengt wurde, twittert die Polizei Sachsen nicht ganz zutreffend: »Die zu hörende Explosion war eine Zugriffsmaßnahme der Polizei. Eine relevante Person konnte nicht angetroffen werden.«[12]

Tatsächlich ist der mutmaßliche Terrorist schlicht entkommen. Und Gefahr im Verzug. Eine groß angelegte öffentliche Fahndung beginnt, sie wird Deutschland fast drei Tage lang in Atem halten. Zunächst wird der eigentliche Mieter der Wohnung festgenommen. Er gilt zunächst als möglicher Mittäter eines geplanten Anschlags. Für Dschaber al-Bakr erwirkt die Polizei beim Amtsgericht Dresden einen Haftbefehl. Doch von dem Verdächtigen hat sie keine Spur, er bleibt vorerst verschwunden.

Die Polizeiführung und das SEK Sachsen hätten es besser wissen können. Nicht nur allgemeine Einsatzregeln hätten beachtet werden müssen, auch ganz praktische Erfahrungen anderer Spezialeinheiten hätten eine Warnung sein sollen. Schon 2007 war Daniel Schneider von der »Sauerland-Gruppe« der GSG 9 barfuß entkommen – wenn auch nur für wenige Minuten.[13] Hinterher stellt sich eine weitere schwere Panne in Sachsen heraus: Seinen Sprengstoff hatte der Terrorist wohl in einer Mietwohnung in Leipzig »gekocht«, wie es die Ermittler nennen, und dabei die Küche der Wohnung erheblich beschädigt. Der Vermieter erstattete Strafanzeige wegen Sachbeschädigung – auch weil es in der Küche stechend nach Chemikalien stank. Für die Polizei war das kein Anlass zum Argwohn.[14]

Zwei Tage lang, Freitag und Samstag, wird intensiv gefahndet. Der Verfassungsschutz hat einige Tage zuvor heimlich Fotos von al-Bakr gemacht. Er trägt einen schwarzen Kapuzenpulli mit einem auffälligen bunten Würfelmuster. Bahnhöfe und Flughäfen sind besonders im Visier – aber immerhin scheint al-Bakr keinen Sprengstoff bei sich zu haben: Nach einer groben Schätzung dürften sich die gesprengte Menge und die gefundenen Chemikalienbehälter in etwa entsprechen.

Als Dschaber al-Bakr am Samstag auf dem Leipziger Hauptbahnhof Landsleute anspricht, wissen diese noch nichts von der Fahndung. Sie finden, dass al-Bakr erschöpft aussieht und bieten ihm ihre Gastfreundschaft an. Polizisten auf dem Bahnhof bekommen davon nichts mit.

In ihrer Wohnung reden die Syrer miteinander. Irgendwann schläft al-Bakr eine Weile, dann möchte er seine Haare kurz rasieren. Etwa zu diesem Zeitpunkt sehen seine Gastgeber den Fahndungsaufruf im Internet und erkennen ihren Gast. Was sollen sie tun? In einem Flüchtlingsforum im Internet diskutieren sie die Frage mit anderen Flüchtlingen. Haltet ihn fest und ruft die Polizei, ist der einhellige Tenor. So geschieht es. Al-Bakr wehrt sich, will sich freikaufen. Doch einer der Männer geht zum nächsten Polizeirevier und zeigt den skeptischen Beamten ein Foto. Eine Streifenwagenbesatzung findet den zu diesem Zeitpunkt meistgesuchten Terrorverdächtigen Deutschlands bereits mit einem Stromkabel gefesselt vor, sammelt ihn ein und bringt ihn auf eine Leipziger Polizeiwache.

Der Polizei-Tweet mit der Erfolgsmeldung klingt, wie die Geburtsanzeige euphorischer Eltern. »Wir sind geschafft, aber überglücklich«, schreibt die sächsische Polizei. Von den wahren Helden der Festnahme schreibt sie nichts.

Wollte al-Bakr einen Anschlag auf einen Berliner Flughafen verüben? Bevor die Ermittler das klären können, erhängt sich der Verdächtige im Gefängnis in Leipzig. Für die Öffentlichkeit ist es ein Wechselbad der Gefühle: Erschrecken, Entsetzen, Fassungslosigkeit.

Al-Bakr und seinen möglichen Helfern ist 2016 gelungen, woran die »Sauerland-Gruppe« 2007 und die »Düsseldorfer Zelle«[15] um Abdeladim El-Kebir 2011 gescheitert waren und was Halil Ibrahim Durmus aus Oberursel 2015 aus Sicht vieler Ermittler versucht haben soll[16]: aus handelsüblichen Chemikalien bzw. Drogerie-Artikeln mittels Wissen und Wagemut hochexplosiven Sprengstoff selbst herzustellen. Und klar ist auch: Dschaber al-Bakr war konkret dabei, einen Sprengstoffanschlag vorzubereiten.

Den Fall al-Bakr kann man – je nach eigener Präferenz – als Erfolgsgeschichte deutscher Sicherheitsbehörden oder als eine Geschichte von Pleiten, Pech und Pannen sächsischer Behörden beschreiben. Die Polizei ist dem Täter buchstäblich in letzter Minute auf die Schliche gekommen. Die vorangegangenen Ermittlungen des Bundesamtes für Verfassungsschutz waren mühsam, aber ein Volltreffer. Anerkennung der Öffentlichkeit für die Arbeit der Sicherheitsbehörden gibt es dafür trotzdem kaum. Erst dominiert die Fahndung nach dem flüchtigen Verdächtigen die Schlagzeilen, dann die Debatte um dessen Suizid im Gefängnis in Leipzig.

Für die Ermittler ist dieser Umgang der deutschen Öffentlichkeit mit ihrer Arbeit nicht neu. Es handelt sich um eine seltsame Ambivalenz in der öffentlichen Bewertung solcher Vorfälle: Ist die Tatvorbereitung weit fortgeschritten, wie bei Dschaber al-Bakr, so wird mit einem gewissen Unterton die (regelmäßige) Beteiligung ausländischer, vor allem US-amerikanischer Nachrichtendienste bei der Aufklärung betont, als schmälere das den Erfolg, in den genannten Fällen rechtzeitig zugegriffen zu haben.

Stellen sich die Sachverhalte weniger konkret dar, wie bei der Festnahme von drei Verdächtigen wegen möglicher Anschläge auf die Heinrich-Heine-Allee in der Düsseldorfer Altstadt im Juni 2016 (über diesen Fall wird noch zu sprechen sein, S. 229) oder von den drei Verdächtigen in Flüchtlingsunterkünften in Schleswig-Holstein im September 2016, so wird mit großer Skepsis reagiert, eben *weil* die Fälle ja nicht sonderlich konkret scheinen und die eindeutigen Beweise, wie etwa Waffen- oder Sprengstofffunde, fehlen.

Natürlich ist es richtig, staatliche Ermittlungsmaßnahmen, Verfassungsschutzerkenntnisse und polizeiliche Arbeit kritisch zu hinterfragen. Das auch umso mehr, je aufwendiger solche Ermittlungen sind und umso tiefer sie in die Persönlichkeitsrechte der Verdächtigen eingreifen. Doch die latente und teilweise sehr konkrete Bedrohung durch islamistischen Terror in Deutschland konnte man im Oktober 2016 – auch in Anbetracht der langjährigen Vorgeschichte – eigentlich schon lange nicht mehr ernsthaft verneinen.

Der Fall al-Bakr versetzt Ermittler wie Journalisten in eine aufgeregte, teilweise hysterische Stimmung. Hochrangige Beamte skizzieren in Hintergrundgesprächen[17] düstere Szenarien über die weiterhin drohenden Gefahren und ihre eigenen unklaren, aber beunruhigenden Erkenntnislagen. Die Nerven liegen blank, in vielen Behörden steigen die Überstunden ins Unermessliche, Mitarbeiter klagen über Überforderung und drohenden Burnout. Alle warten auf den Anschlag. Auch die Journalisten. Und Populisten nutzen des Klima für ihr eigenes Agenda Setting.

Kapitel 2

Die tatsächliche und die gefühlte Bedrohung

»Ein Teil dieser Antworten würde die Bevölkerung verunsichern.«
Bundesinnenminister Thomas de Maizière

Halten wir fest: Die Bedrohung ist da, eine gewisse Angst in der Bevölkerung ebenfalls. Zufriedenheit oder gar Freude über die Ermittlungserfolge der Sicherheitsbehörden oder verhinderte Anschlagsplanungen will sich nicht einstellen, das Augenmerk von Medien und Öffentlichkeit liegt eher auf der Suche nach den Schuldigen – den Tätern und den möglichen Versagern auf staatlicher Seite sowie auf den tatsächlichen oder vermeintlichen Ermittlungspannen.

Bis zum Dezember 2016 war es dabei schwer, die Situation in Deutschland mit derjenigen in den Nachbarländern Belgien und Frankreich zu vergleichen, hatten doch beide Länder brutale Anschläge und hohe Opferzahlen in bis dahin gänzlich anderen Dimensionen zu verkraften. Die Opfer vom Breitscheidplatz machen nun auch Deutschland zum Tatort. Auch wenn die Zahl der Opfer nüchtern betrachtet noch immer weit geringer ist als in Frankreich, scheinen die Deutschen an der aktuellen Bedrohungssituation besonders schwer zu tragen. »ANGST« titelt die Bild-Zeitung am 21. Dezember 2016 über die komplette Titelseite.

Ist sie wieder da, die legendäre und umstrittene *German Angst?*

Die Publizistin Sabine Bode hat sich jüngst auf Spurensuche der German Angst gemacht und ist dabei auch der Frage nachgegangen, ob sie wirklich zur »Grundausstattung der deutschen Mentalität« gehört.[18] Bis zurück zum Dreißigjährigen Krieg wollen manche den Ursprung dieser komischen deutschen Krankheit verfolgt haben, die eine grundsätzliche, diffuse Angst vor allem und jedem nach sich zieht und die – so die Hypothese von Sabine Bode – mit dem Schatten der Vergangenheit zu tun haben könnte, der die Gesellschaft so sehr lähmt, dass zum Umdenken die Kraft fehlt.[19]

Tatsache scheint zu sein, dass die Deutschen Meister im Schwarzsehen und Sich-selbst-Miesmachen sind. Bode findet dafür hinreichend Beispiele, von der Gen-Tomate oder der Atomkraft über die Weltausstellung Expo in Hannover bis hin zu Toll-Collect und dem deutschen Maut-System.

»Man erwartet immer das Schlimmste. Dann ist man vor Enttäuschung gefeit«, beschrieb der frühere Ford-Chef Daniel Goeudevert im Jahr 2003 die deutsche Gefühlslage aus seiner Außensicht als Franzose.[20] »Die Deutschen haben die Neigung, sich zu ängstigen. Das steckt seit dem Ende der Nazi-Zeit und Krieg in ihrem Bewusstsein«, hat es Helmut Schmidt formuliert.[21]

Einiges spricht dafür, dass diese Ängste mit den unbewältigten Traumata der NS-Zeit und des Zweiten Weltkrieges zu tun haben. Und zwar auch für die Generationen, die den Krieg gar nicht mehr aktiv erlebt haben – sondern nur den Umgang (häufig: die Verdrängung) ihrer Eltern und Großeltern damit. Die Erkenntnis, dass die deutsche Geschichte zwischen 1933 und 1945 so furchtbar war, dass man ständig Angst davor haben muss, wieder in eine vergleichbare historische Lage zu kommen, hat sich ihnen eingeprägt.

Daraus mag die Furcht resultieren, die Dinge könnten wieder schlechter werden, als sie sind oder gerade noch waren. Eine Skepsis der Zukunft gegenüber – unabhängig von objektiven positiven Indikatoren, wie Beschäftigungszahlen, Wirtschaftswachstum oder eben Kriminalstatistiken. Gerade bei den Zahlen über Straftaten wird die widersprüchliche Bewertung der Öffentlichkeit besonders deutlich: Während die Zahl der Straftaten im Internet schwindelerregend ansteigt und inzwischen praktisch jeder Privathaushalt mit Internetanschluss gefährdet ist, wird dieses Risiko allgemein verdrängt, werden einfachste Schutz- und Vorsichtsmaßnahmen unterlassen. Im Gegenzug nimmt die Diskussion um die Sicherheit von Großereignissen wie Fußballspielen und Weihnachtsmärkten angesichts von Terroranschlägen einen breiten Raum ein.

Ob die German Angst sogar vererbbar sein könnte, beschäftigt inzwischen die Medizin. Dass Mangelernährung im Kriegswinter 1944/1945 Auswirkungen auf Kinder hatte, die in diesen Jahren geboren wurden, ist unumstritten. Inzwischen glauben Forscher aber auch, Auswirkungen auf die DNA der betroffenen Menschen nachweisen zu können.

Forscher des Max-Planck-Instituts für Psychiatrie in München haben Augenzeugen der Terroranschläge des 11. September 2001 untersucht und eine erstaunliche Entdeckung gemacht: Von vierzig Augenzeugen litten zwanzig noch fünf Jahre später unter posttraumatischen Belastungsstörungen. Bei diesen zwanzig konnten die Forscher Genveränderungen feststellen, die unter anderem die Steuerung des Stresshormons Kortisol beeinträchtigen.[22] Hat das Trauma auf die Erbsubstanz durchgeschlagen oder verursachen die Erbanlagen die »Empfänglichkeit« für das Trauma? Diese Frage ist nicht abschließend geklärt.

Terrorgefahr, Soziale Medien und Fake News

Das subjektive Gefühl einer großen Bedrohung durch islamistischen Terror hat in Deutschland im Jahr 2016 nicht zuletzt durch die Medien an Intensität erheblich zugenommen. In der Berichterstattung der klassischen Medien, auf dem Markt der Gerüchte in den sozialen Medien und durch die Propaganda der Terroristen selbst.

Das Internet und vor allem soziale Medien beschleunigen einerseits die Verbreitung von Nachrichten, aber eben auch von Falschmeldungen, Gerüchten und populistischer Stimmungsmache. Das Problem der *Fake News*, absichtlich verbreiteter Unwahrheiten, wird im Laufe des Jahres immer größer. So groß, dass Mitte Dezember 2016, nur Tage vor dem Anschlag in Berlin, auf politischer Ebene ein Gesetz gegen Fake News diskutiert wird: Die Betreiber von Internetangeboten, wie etwa Facebook, sollen gesetzlich dazu verpflichtet werden, gegen Falschmeldungen vorzugehen, auch eine medienrechtliche Haftung ist im Gespräch.[23]

Längst ist ein Klima der allgemeinen Bedrohung entstanden und wird ständig verstärkt – auch wenn zu diesem Zeitpunkt tatsächlich noch verhältnismäßig wenig passiert ist. Bis zum Abend des 19. Dezember 2016 ist das Jahr zwar durch Dutzende Meldungen über die terroristische Bedrohung, über diverse Anschlagsversuche, Festnahmen und Ermittlungsverfahren geprägt worden. Die drei bis dahin terroristisch bedingten Todesopfer des Jahres sind allerdings ausschließlich Täter. Die Verletzten von Essen, Würzburg und Ansbach haben großes Glück gehabt, mit dem Leben davongekommen zu sein.

Für die deutschen Sicherheitsbehörden ist die Bilanz des Jahres 2016 vor dem Anschlag von Berlin durchaus positiv – auch wenn das in der Öffentlichkeit teilweise anders wahrgenommen wird: Es gibt einige beachtliche Ermittlungserfolge, das schon beschriebene Glück, dass die geschehenen Anschläge relativ glimpflich verlaufen sind, und – so herrscht der Eindruck – keine schwere Panne in der deutschen Sicherheitsarchitektur.

Dann kommt das Wochenende des dritten Advent. Der polnische Lkw-Fahrer Łukasz Robert Urban ist mit seinem Sattelzug Marke Scania auf dem Weg vom norditalienischen Turin nach Berlin. Dort begegnet er seinem Mörder: Anis Amri.

Als der Anschlag passiert ist, kann man den Eindruck bekommen, dass Öffentlichkeit, Medien und Polizei aus den bisherigen Ereignissen des Jahres 2016 gelernt haben. Die Berliner Polizei ist nicht nur mit einem Großaufgebot am Tatort, sie übernimmt auch in der Kommunikation die Offensive. Über Twitter verbreitete sie schnell und präzise in mehreren Sprachen Informationen zum Ermittlungsstand sowie Verhaltensempfehlungen und Bitten an die Bevölkerung von Berlin: Die Straßen in Charlottenburg bitte für Rettungskräfte frei halten, keine Fotos von Opfern verbreiten, mögliche Fotos und Videos vom Tatort bitte den Ermittlungsbehörden zur Verfügung stellen.

Gerüchten und Spekulationen sollen Fakten entgegengesetzt werden. Gerade in den sozialen Medien soll die Deutungshoheit nicht bei Populisten, Verschwörungstheoretikern oder gar den Terroristen selbst liegen. Das gelingt in den ersten Stunden ziemlich gut.

Doch dann ändert sich der Eindruck. Die Polizei hat im ersten Zugriff einen Falschen als Tatverdächtigen festgenommen. Sie hat sich auf Augenzeugen verlassen, die von oben, aus dem 22. Stock eines Bürogebäudes, die Tat beobachtet hatten, den Täter aussteigen sahen und die Verfolgung versuchten. Doch bis sie unten auf der Straße ankamen, hatten sie den wahren Täter aus den Augen verloren. Ein Unbeteiligter wird festgenommen, der Täter ist noch auf der Flucht. Was hat er vor? Wird er weiter morden? Wieso konnte er entkommen? Warum war der Weihnachtsmarkt nicht besser geschützt? Diese Fragen lösen eine allgemeine Unsicherheit aus. Eine Situation, die in Deutschland nicht neu ist.

»Alter« und »neuer« Terror – Ein Vergleich

Ende 2016 ist der Terrorismus in Deutschland in der Gefühlswelt der Bevölkerung wieder so unmittelbar angekommen wie fast genau vierzig Jahre zuvor. Und dieses Mal, so die düsteren Prognosen und Befürchtungen für das Jahr 2017, könnte alles noch viel schlimmer werden als im Terrorjahr 1977, dessen dramatische Eskalation bereits historischer Stoff in Schulbüchern ist.

Nicht nur, weil heute buchstäblich jeder zu jeder Zeit das Opfer sein könnte und sich der Terrorismus nicht mehr nur gegen das Establishment richtet, wie es früher gewesen zu sein scheint – obwohl eine genauere Betrachtung des »alten« Terrors zeigt, dass das eine Fehleinschätzung wäre. Es ist auch die den islamischen Terror prägende, scheinbar unendliche Skrupellosigkeit, die die Gesellschaft zutiefst verunsichert. Was sind das nur für Täter, die mit ihren Sturmgewehren in Paris Konzertbesucher regelrecht niedermähen, mit Lkw in Berlin und Nizza eine Menschenjagd veranstalten, mit einer Axt in einem Zug auf Fahrgäste losgehen oder sich selbst auf einem Flughafen oder in einem U-Bahn-Waggon in die Luft sprengen?

Deutschland ist durch den Anschlag in Berlin zur Adventszeit 2016 in großer Sorge. Die Bilder der Anschläge von Paris, Brüssel, Nizza und Berlin, von Essen, Ansbach und Würzburg machen fassungslos und den Terror zu einem gefühlt ständigen Begleiter. Menschen, die beide Phasen der deutschen Geschichte erlebt haben, sagen: Das Gefühl ist ganz ähnlich wie vor vierzig Jahren, wenn auch unter ganz anderen Bedingungen und – auch bedingt durch eine völlig veränderte und ungleich schneller gewordene Medienwelt – in gänzlich anderem Ausmaß.

Am 7. April 2017, der Tag, an dem dieses Buch erscheint, jährt sich der Mordanschlag auf Generalbundesanwalt Siegfried Buback und seine beiden Begleiter Wolfgang Göbel und Georg Wurster in Karlsruhe zum vierzigsten Mal. Dieses Attentat erschütterte damals die Bundesrepublik in bislang nicht gekanntem Ausmaß. Die »Rote Armee Fraktion« war zwar schon lange ein fester Begriff, doch vor dem Gründonnerstag 1977 konnte man sich in Deutschland eine derartige Eskalation der Gewalt nicht vorstellen.

Der Stammheim-Prozess, das zu diesem Zeitpunkt bereits fast zwei Jahre lang andauernde, beispiellose Strafverfahren vor dem Oberlandesgericht Stuttgart gegen die damals führenden Mitglieder der Terrorgruppe Andreas Baader, Gudrun Ensslin, Jan-Carl Raspe und Ulrike Meinhof schien dem Ende entgegenzugehen. Ulrike Meinhof war nicht mehr am Leben, langjährige Haftstrafen für die anderen Angeklagten standen nach der Beweisaufnahme und durch das rigorose Verhalten der Justiz außer Frage. Die RAF schien erledigt zu sein.

Doch dann geschah erst der Mordanschlag auf Siegfried Buback und seine Begleiter, es folgte im Sommer 1977 die Ermordung des Bankmanagers Jürgen Ponto und der Versuch, die Bundesanwaltschaft mit einem selbstgebauten Raketenwerfer anzugreifen. Und schließlich das Finale, der »Deutsche Herbst« mit der Entführung und Ermordung von Arbeitgeberpräsident Hanns Martin Schleyer, der Ermordung von Schleyers Fahrer und seiner drei Personenschützer sowie die Entführung des Lufthansa-Flugzeugs »Landshut« mit 91 Menschen an Bord, in deren Verlauf der Pilot Jürgen Schumann von den Entführern ermordet wurde.[24]

»Wann hört das endlich auf?«, war im Herbst 1977 eine häufige und nicht selten auch verzweifelte Frage. Ähnlich ist es in Deutschland im Sommer 2016. Doch schon bei genauerem Hinsehen fällt auf, wie wenig vergleichbar die Situationen sind. Heute scheinen die Terroristen weniger intelligent, weniger strategisch planend und kaum politisch denkend zu sein. Es gibt keine selbstgebauten Raketenwerfer wie im Sommer 1977 in Karlsruhe oder ausgeklügelte, mit einer Lichtschranke gesteuerte und doch selbstgebaute Hohlladungsgeschosse,[25] die, wie beim Attentat auf Alfred Herrhausen 1989, selbst einen gepanzerten Mercedes durchschlagen. Der klassische Fluchtwagen wird kaum gebraucht, die Idee der »Doublette« – eines gestohlenen Wagens mit ebenfalls gestohlenem Nummernschild eines anderen, identischen Fahrzeugs – taugt nicht für islamistische Attentäter, denen das eigene Schicksal egal ist.

Dafür sind sie noch radikaler, noch brutaler. Bereit, ihre Opfer vollkommen willkürlich auszuwählen und bestialisch zu ermorden. Und bereit, bedingungslos das eigene Leben einzusetzen – bis hin zum Axt-Angriff und zur Sprengstoffweste der Selbstmordattentäter.

Vergleicht man zunächst nüchtern die Zahlen der Toten in Deutschland durch Terrorismus im Jahr 2016 mit dem »Terrorjahr 1977«, kommt man zu sehr ähnlichen Ergebnissen: Zwölf Menschen starben 2016 als Opfer des islamistischen Terrorismus in Berlin, drei islamistische Terroristen starben im Laufe des Jahres, letztlich alle durch ihr eigenes Handeln.[26] 1977 waren elf ermordete Männer zu beklagen.[27] Sieben Terroristen starben.[28] Auch die Entführung der Lufthansa-Maschine Landshut 1977 barg das Risiko zahlreicher Opfer.

Betrachtet man größere Zeiträume, besteht allerdings derzeit noch ein Ungleichgewicht, das in der öffentlichen Wahrnehmung keine Rolle zu spielen scheint: In den fünfzehn Jahren nach 1977 starben insgesamt mindestens 25 Personen als unmittelbare Opfer der RAF. Dreizehn Terroristen wurden durch Schusswechsel getötet, starben im Hungerstreik oder bei einem Unfall auf der Flucht vor der Polizei. Im selben Zeitraum (1977–1992) starben weitere zwölf Menschen und der offenbar rechtsextreme Student Gundolf Köhler, mutmaßlicher Täter bei einem Attentat auf das Münchner Oktoberfest 1980.

Man darf Tote nicht gegeneinander aufrechnen. Aber es ist hilfreich, nicht nur das Jetzt zu betrachten, sondern auch die Erfahrungen Deutschlands in der jüngeren Vergangenheit heranzuziehen. In den fünfzehn Jahren seit den Terroranschlägen des 11. September 2001 in New York und Washington, die zwar nicht der Beginn, in der westlichen Welt aber eine Zeitenwende des islamistischen Terrors waren, sind bis Ende 2016 vierzehn Menschen in Deutschland durch diesen Terror gestorben: Zwei am 2. März 2011 durch den Attentäter Arid Uka, der die US-amerikanischen Soldaten Nicholas J. Alden und Zachary Cuddeback aus islamistischen Motiven am Frankfurter Flughafen kurz vor ihrem Abflug nach Afghanistan ermordete, sowie die zwölf Opfer des Anschlags am Berliner Breitscheidplatz am 19. Dezember 2016. Hinzu kommen die drei schon erwähnten Terroristen im Jahr 2016.

Dazwischen, in dem knappen Jahrzehnt zwischen 1992 und 2001, liegt jener Moment in der jüngsten Geschichte, in dem, wie die Historikerin Carola Dietze beschreibt, der Terrorismus an seinem Ende angekommen zu sein schien. Anfang der 1990er-Jahre waren Sowjetunion und Warschauer Pakt zerfallen, die RAF hatte ihren letzten Mord begangen und war in Auflösung begriffen, der Schusswechsel 1993 bei der Festnahme von Wolfgang Grams in Bad Kleinen schien fast schon Relikt einer vergessenen Zeit zu sein.[29]

Doch Carola Dietze weist darauf hin: 1993 war just auch das Jahr, in dem (in Europa kaum bemerkt) der erste Anschlag auf das World Trade Center in New York erfolgte.[30] Die Atempause war also nur scheinbar vorhanden. Längst war der Terror dabei, in einer neuen Gestalt wieder – und noch viel gewalttätiger – zu erscheinen.

Trotzdem dauerte es bis zum 11. September 2001, bis diese Tatsache in Deutschland offenkundig wurde, weil die sich anbahnende Dimension des weltweiten islamistischen Terrors in Deutschland (aber auch in den USA) nicht als solche erkannt wurde und wohl auch trotz vereinzelter Ermittlungen im islamistischen Mileu nicht erkannt werden konnte. Weil die zu dieser Zeit laufenden Ermittlungen gegen die islamistische »Meliani-Gruppe«[31] so fantastisch irreal klangen: Eine Bombe in einem Schnellkochtopf auf einem Weihnachtsmarkt? Kann das wirklich wahr sein? Gibt es Menschen, die derart skrupellos sind? Was könnte man damit denn überhaupt erreichen? So lautete der allgemeine Tenor, manchmal verbunden mit dem Zusatz, das alles seien ja wohl Geheimdienstgespinste, da die Nachrichtendienste nach dem Ende des Ost-West-Konfliktes ja eine neue Rechtfertigung bräuchten.

Heute wissen wir, wie blind und naiv diese Sichtweise damals war. Osama Bin Laden und andere Terrorführer waren längst dabei, ihre Gruppen aufzubauen und Pläne zu schmieden.[32] Es ist aber auch bekannt, dass die Sicherheitsbehörden zwar zunächst zögerlich, dann, nach dem 11. September 2001, entschlossener den entstehenden islamistischen Terrorismus unter die Lupe nahmen. Doch zugleich übersahen sie die in Deutschland bereits entstandene rechte Terrorzelle – den NSU um Uwe Böhnhardt, Uwe Mundlos und Beate Zschäpe –, die zu diesem Zeitpunkt schon vier der mindestens zehn Morde begangen hatte.[33] Das Sterben der Menschen geschah keinesfalls im Verborgenen. Nicht nur die erschossene Polizistin Michèle Kiesewetter, auch die Opfer der damals »Döner-Morde« genannten Serie bekamen immer wieder öffentliche Beachtung. Aber eben bis zum Auffliegen des NSU im November 2011 nicht unter der Überschrift »Terror«. Und damit blieb die Aufmerksamkeit, den Gesetzen der Medien folgend, weit unter der medialen Aufregung des Jahres 2016.

Einer der Gründe für diese Blindheit ist derart profan, dass es reflektierende Ermittler bis heute zutiefst schmerzt, dass er ihnen entgangen ist: Die Täter hatten mit ihren Taten keine »Werbung« gemacht. Und waren deshalb nicht aufgefallen. Es gab keine öffentlichen Bekennerschreiben und Propagandaaktionen. Das war bisher nicht vorgekommen und deshalb – trotz des bis heute nicht völlig aufgeklärten Anschlags auf das Oktoberfest in München 1980 – offenkundig außerhalb der Vorstellung von Polizei, Verfassungsschutz und Medien. Drei Gruppen, die es doch eigentlich gewohnt waren, dass sie die jeweils einzig richtige Sicht auf die Dinge haben.

Die Morde wurden zwar als Taten, nicht jedoch ihrem Sinn nach wahrgenommen. Da töten wahrscheinlich Türken ihre Landsleute, vermutete das Gros der ermittelnden Polizisten, und – was gerne vergessen wird – auch die berichtenden Journalisten dachten an viele Varianten, an Familienfehden oder eine »Knips-aus-Bande«, die vielleicht gegen Geld Auftragsmorde verübt. Aber nicht an rassistische Killer.

Zugegeben: Der Terror ohne Bekennung war exotisch. Bis zu diesem Zeitpunkt wollten Terroristen immer unbedingt und unmittelbar, dass ihre Taten als solche erkannt wurden, deren Deutung sie vorsichtshalber gleich mitlieferten. Die gesammelten, teilweise kaum lesbaren Ergüsse und Rechtfertigungen der RAF sind heute in einem Buch dokumentiert.[34] Ganze Heerscharen von Analytikern bei Polizei und Verfassungsschutz haben sich damals mit diesen Texten auseinandergesetzt, sie analysiert, versucht, zwischen den Zeilen zu lesen. Ob RAF, »Bewegung 2. Juni«, »Revolutionäre Zellen« oder andere Gruppierungen: Terrorismus funktionierte bis dahin in der Vorstellung von Tätern und Ermittlern nicht ohne Urheberschaft, Name, Logo und Thesen. Und *religiöser* Terrorismus, wie man damals gerne sagte, offenbarte sich durch die speziellen Ziele und die nachträglichen Tiraden junger und alter bärtiger Prediger.

Mit anderen Worten: Die Terroristen waren – wenn auch mit zynischem Kalkül – selbst noch um die öffentliche Wirkung ihrer Taten besorgt. So erklärte die RAF 1975 nach Sprengstoffanschlägen auf die Hauptbahnhöfe in Bremen (1974) und Hamburg (1975), bei denen sechs Menschen zum Teil schwer verletzt wurden, ausdrücklich und fast empört, man sei das nicht gewesen und man wende sich nicht gegen die Bevölkerung: »Die politisch-militärische Aktion der Stadtguerilla richtet sich nie gegen das Volk.«[35] Es ist eine gewagte Aussage, auch wenn es stimmen mag, dass diese beiden Anschläge nicht von der Kern-RAF, sondern von übereifrigen Sympathisanten begangen wurden.

Sofort erkannte die RAF damals die Gefahr, die von wahllosen Anschlägen gegen Zivilisten ausging. Für das Image des *revolutio-*

nären Kampfes waren zivile Kollateralschäden pures Gift. Man sah sich als »revolutionäre Avantgarde«, die nicht abwarten wollte, »bis die Industriearbeiter organisiert in den revolutionären Kampf eingreifen«.[36] Weswegen es »fatal« war und man sich vonseiten der RAF dagegen wehren musste, wenn in der Bevölkerung der Eindruck entstand, »man lasse wahllos Bomben hochgehen«, wie sich Michael »Bommi« Baumann[37] an die Reaktion der Gruppe erinnerte.[38] Und man hoffte auf die Unterstützung der Sympathisantenszene. Entweder ganz praktisch oder wenigstens mit »klammheimlicher Freude« über die Auswahl der Opfer.[39]

Doch spätestens Mitte der 1980er-Jahre hatten die Terroristen den Sinn für diese zynische Unterscheidung vollends verloren. Nicht nur durch die ausgeübte Gewalt, auch inhaltlich kämpfte die RAF gegen politische und gesellschaftliche Ziele (wie etwa den EG-Binnenmarkt), die heute jedenfalls in der Breite der Gesellschaft unumstrittene Errungenschaften sind. Oder gegen Personen wie etwa Alfred Herrhausen oder Gerold von Braunmühl, deren tatsächliche politische Ziele im völligen Gegensatz zu den Behauptungen standen, welche die RAF zur Rechtfertigung ihrer Morde aufgestellt hatte.

Vor vielen anderen sagten das die Brüder des Gerold von Braunmühl den Terroristen auf den Kopf zu. In einem – durchaus umstrittenen – Brief »An die Mörder unseres Bruders«, der in der »tageszeitung« vom 7. November 1986 auf der Titelseite abgedruckt wurde,[40] heißt es: »Glaubt Ihr wirklich, jemanden davon überzeugen zu können, daß Ihr ausgerechnet mit dem Mord an unserem Bruder ›den strategischen plan der imperialistischen bourgeoisie, weltherrschaft zu erreichen, in seinen konkreten aktuellen projekten angegriffen‹ habt? Vielleicht habt Ihr deshalb den ›Geheimdiplomaten‹ erfunden, weil das so schön verrucht klingt und ein wenig über die Verlegenheit hinweghelfen soll, die es Euch bereitet, gerade diesen Mord ›politisch vermitteln‹ zu müssen.«[41]

Der offene Brief löste eine heftige Debatte aus. Darf man mit Terroristen überhaupt diskutieren? Ist es zulässig, die Eignung des eigenen Bruders als Terrorziel infrage zu stellen, weil das ja unterstellt, dass es bessere und schlechtere Ziele für einen Mordanschlag gibt?

Otto Schily, einst Strafverteidiger von Gudrun Ensslin, später Grünen-Politiker und dann für die SPD Bundesinnenminister, schrieb wenige Tage, nachdem der Brief in der »tageszeitung« erschienen war, er sei ein »Dokument menschlicher Größe«. Ein anonymer Leserbriefschreiber vermutete hingegen eine Autorenschaft »von irgendwelchen public-relation-Künstlern beim VS [...] um eine Spaltung der Bewegung voranzutreiben«.[42] Und die »Frankfurter Allgemeine Zeitung« kommentierte, »einen solchen Brief hätten die Brüder nie schreiben dürfen. Schon das vertrauliche ›Ihr‹ war verfehlt«.[43]

Für die Wirkung des RAF-Terrors auf die Gesellschaft hatte die Debatte jedenfalls eine Doppelwirkung: Einerseits schien die RAF kurzfristig aus Sicht der Bevölkerung noch bedrohlicher zu werden, weil die Ziele weniger klar erkennbar waren. Andererseits verstärkte sich langfristig die Debatte um den politischen Sinn der Taten immer mehr – und brachen der Gruppe schließlich ideologisch das Genick.

Als Osama Bin Laden und seine al-Qaida kamen und weltweit eine völlig neue Form des Terrors etablierten, verzichteten sie zwar ebenfalls nicht darauf, in Texten, Audiobotschaften und Videoansprachen ihre Ziele und Motive ausführlich zu erörtern. Doch erschien ihr Terror von vornherein grenzenlos – und nur umso bedrohlicher. Schon gar nicht wurde über die Legitimität der Ziele diskutiert. Auch hier schlug wieder die Stunde der Analytiker: Warum trägt Osama Bin Laden in einem Video eine Waffe und in einem anderen nicht? Was bedeutet jeweils die Art seiner Kleidung? Aus solchen Details versucht man bis heute, strategische Erkenntnisse über die jeweiligen Personen und Gruppen zu gewinnen. Das blieb freilich ein rein ermittlungstechnisches Unterfangen.

Der Fall des rechten Terrors und der »Nicht-Bekennung« kam trotz einzelner Beispiele in der Vergangenheit[44] nicht nachhaltig in den Gedanken der Analytiker vor, sondern wurde eher als theoretische Möglichkeit gesehen. Deshalb gelang es Uwe Böhnhardt, Uwe Mundlos und Beate Zschäpe unter dem Slogan »Taten statt Worte«, in Deutschland den Terror ohne deutliche Bekennung zu beginnen und über mehr als ein Jahrzehnt unentdeckt fortzuführen.[45]

Beide Ereignisse, der 11. September 2001 und die Mordserie des NSU haben in Deutschland die Sicht auf den Terrorismus, aber auch die Wirkung von Terroranschlägen nachhaltig verändert. Terror ist dadurch noch komplizierter, noch undurchschaubarer geworden und hat insofern (subjektiv) noch größeres Potenzial, Angst und Schrecken zu verbreiten. Denn wie soll man eine Tat begreifen, die nicht einmal von den Tätern eingeordnet wird? Oder die so willkürlich und erbarmungslos ist wie die Flugzeuganschläge des 11. September 2001, auf Video festgehaltene Enthauptungen von Geiseln, das »Bataclan«-Massaker am 13. November 2015 oder die Amokfahrten von Nizza und Berlin 2016?

Die Geschichte des Terrorismus in Deutschand ist zugleich eine Geschichte der Fehleinschätzungen und Lerneffekte bei den Sicherheitsbehörden. Vieles, was heute Standard ist, beispielsweise Personenschutz für hochrangige Ermittler, Sicherheitsvorkehrungen auch an Privatwohnungen bei gefährdeten Personen, Skymarshalls in Flugzeugen, ist die Folge von Taten, die man nicht verhindern konnte. Trotzdem – oder deswegen – versuchen die Terroristen bei der Planung ihrer Taten auf neue Ideen zu kommen.

Angst und Schrecken verbreiten sich umso besser, je unerwarteter, unfassbarer die Taten sind. Auf diese Weise wird beispielsweise aus der Tatbeteiligung von Susanne Albrecht am Mord an Jürgen Ponto – sie hatte familiäre Kontakte genutzt, um sich im Juli 1977 zusammen mit Christian Klar und Brigitte Mohnhaupt Zutritt zum Haus des Chefs der Dresdner Bank zu verschaffen – mehr als nur eine praktische logistische Überlegung. Der Mord an einem Freund der Familie erhöht in der öffentlichen Wahrnehmung die Kaltblütigkeit der Tat. So wie es knapp drei Jahrzehnte später die islamistischen Terroristen im Irak nicht dabei belassen, ihre Opfer zu töten: Sie filmen sich dabei, wie sie – regelrecht inszeniert – ihren Opfern mit langen Messern den Kopf abschneiden.

Auf ihre Weise ist fortgesetzte Eskalation allen Terrorgruppen zu eigen: Uwe Böhnhardt und Uwe Mundlos sammeln nach dem Mordanschlag auf zwei Polizisten in Heilbronn Waffen, Handschellen und andere Ausrüstungsgegenstände als Trophäen, die sie auch bei ihrem letzten Raubüberfall bei sich haben. Bei einigen Morden der nach der Tatwaffe benannten »Česká-Serie«, der Mordserie an neun Migranten aus rassistischen Motiven, fotografieren sie ihre Opfer nach der Tat und verwenden diese Fotos später im Bekennervideo.

Ist eine grenzenlose Steigerung solcher Bestialitäten möglich? Auf den ersten Blick sieht es so aus, als würde nur die Fantasie der Täter die Grenzen bestimmen. Allerdings gibt es Anhaltspunkte dafür, dass Terroristen ihre Brutalität auch so sehr übertreiben können, dass sie die Unterstützung ihrer Basis verlieren.

Die RAF hat jedenfalls unmittelbar die Erfahrung gemacht, was es heißt, sich durch ihre eigenen Taten und deren Rechtfertigung ihres Sympathisantenumfeldes zu berauben. Ihre theoretischen Überlegungen hatten in der damaligen Bundesrepublik eine breitere Basis als jede andere terroristische Ideologie seither. Doch der Verlust dieser Basis hat sie ihrer Selbstauflösung immer näher gebracht, auch wenn natürlich die geopolitischen Veränderungen mit dem Ende der Blockkonfrontation sowie die Deutsche Einheit ebenfalls ihren Teil dazu beitrugen, die ideologischen Ziele der RAF zu konterkarieren. Spätestens vier Jahre vor dem Mauerfall begann die RAF endgültig damit, sich durch eigene Taten selbst zu zerstören.

Am 8. August 1985 verübte die Terrororganisation einen Sprengstoffanschlag auf den militärischen Teil des Frankfurter Flughafens, die Rhein-Main Air Base. Die Zivilangestellte Becky Bristol und der US-Soldat Frank Scarton starben, 23 Menschen wurden verletzt, zum Teil schwer.

Doch der Anschlag war mittelfristig für die RAF alles andere als ein Erfolg. Zwar war es gelungen, die Bombe in dem stark gesicherten Areal zu platzieren, zwei Menschen zu töten und erheblichen Schaden anzurichten. Doch die Terroristen hatten für ihren Plan ein weiteres Menschenleben geopfert und einen jungen Mann in dessen Freizeit kaltblütig exekutiert. Dafür hatte ein großer Teil der bisherigen Sympathisanten kein Verständnis[46] – bzw. unterstellte sogar, Sicherheitsbehörden würden versuchen, die Aktion der RAF in die Schuhe zu schieben, um sie zu diskreditieren.[47]

Doch tatsächlich war es die RAF. Am 7. August 1985, einen Tag vor dem Anschlag auf die Air Base, sprach eine RAF-Terroristin (sehr wahrscheinlich Birgit Hogefeld) in einer Wiesbadener Bar den 20-jährigen Edward Pimental an, der als *specialist* für die Wartung von Marschflugkörpern auf dem Stützpunkt zuständig war. Pimental wurde aus der Bar gelockt und im Wiesbadener Stadtwald erschossen. Einziges Ziel war dabei, seine ID-Card zu erbeuten, um am nächsten Tag ungehinderten Zugang zu dem Stützpunkt zu bekommen und dort den BMW mit der Autobombe zu platzieren. Nur Stunden nach der Explosion wurde Pimentals Leiche von Spaziergängern gefunden. »Das vielleicht abscheulichste Verbrechen der RAF überhaupt«,[48] nannte der Journalist Gerd Rosenkranz die Tat in der »tageszeitung«, übernahm dabei allerdings wiederum die fragwürdige Wertung, dass es bessere und schlechtere Ziele des Terrors geben könnte.

In der Sympathisantenszene wurde Rosenkranz' Auffassung indes geteilt. Genau das wurde der RAF letztlich zum Verhängnis. Die Terroristen selbst erkannten das Problem schon kurz nach der Tat.

Um den Mord an Edward Pimental vor den eigenen Anhängern und Sympathisanten zu rechtfertigen, lanciert die RAF am 25. August 1985, knapp drei Wochen nach der Tat, ein zweites Bekennerschreiben,[49] in dem sie die Hinrichtung von Pimental rechtfertigt. Es ist ein Novum in der Geschichte der RAF: Die Tat wird weiter erläutert, das eigentliche Bekennerschreiben steht nun nicht mehr nur für sich. Dabei geht es nicht nur um die Person Edward Pimental.

Doch die Diskussion in der Szene, und darüber hinaus in linksintellektuellen Kreisen, will nicht verstummen. Die RAF äußert sich ein drittes Mal über ein anonymes Flugblatt. Dabei erweckt sie sogar den Anschein, einen Dialog mit den Anhängern zu suchen. Der Text ist als Interview konzipiert – statt wie früher eine kompromisslose Verlautbarung zu sein. Auf die Frage, ob es nicht einen Unterschied zwischen den Toten auf der Air Base (die dort doch arbeiteten) und Pimental gebe, antwortet die RAF: »Wir haben seine Karte gebraucht, sonst hätten wir die Aktion nicht machen können. Wir sagen natürlich nicht[,] daß wir jetzt jeden G. I., der um die Ecke kommt, erschießen – oder daß andere Genossen das tun sollten. Man kann es nur in der konkreten Situation, an der politisch praktischen Bestimmung des Angriffs klären«.[50]

Auch die US Air Base selbst scheint die RAF in ihrer eigenen Wahrnehmung als Ziel nicht deutlich genug erklärt zu haben, denn auch hier wird nachgelegt: »Die Bestimmung der Aktion war, eine Schaltstelle der US-Militärmaschine[,] Zentrum der imperialistischen Kriegsführung – aus der Funktion zu bringen.«[51] Im ersten Bekennerschreiben vom 8. August 1985 ging es noch eine Nummer kleiner. Dort war vom »größte[n] Frachtflughafen der US-Streitkräfte außerhalb der USA« die Rede, der eine »Drehscheibe für Kriege in der 3. Welt« sei.[52]

Mit ähnlicher Wortakrobatik wird aus dem jungen G. I. Edward Pimental ein »Spezialist für Flugabwehr«. Tatsächlich war der 20-jährige Soldat *specialist* in der 563. Ordnance Company, hatte also einen Mannschaftsdienstgrad und war mit der Wartung von Lenkwaffen betraut. In Deutschland würde sein Rang einem Stabsgefreiten entsprechen. Als die Wehrpflicht noch bestand, konnte man diesen Rang schon mit einer Verlängerung der Dienstzeit um einige Monate erreichen. Pimental war also ein einfacher Luftwaffentechniker und zum Zeitpunkt seiner Ermordung seit drei Monaten in Deutschland.

Die Öffentlichkeit, aber auch viele Anhänger und Sympathisanten der Terroristen, reagieren verstört. Viele, die bisher noch Billigung oder Verständnis für die Morde der Linksterroristen hatten oder gar die schon zitierte »klammheimliche Freude«[53] empfanden, erkennen nun die grässliche Fratze der Mörder unter der Maske des scheinbar legitimen Kampfes.

Die Sätze zum Tod des jungen G. I. Edward Pimental sind noch nicht das Ende der RAF. Aber ein Meilenstein auf dem Weg der Selbstauflösung der Gruppe. Bis heute versucht Pimentals Schwester Kathleen Pequeño die Motive der Mörder nachzuvollziehen. Sie lebt in den USA, reist aber auf den Spuren ihres Bruders immer wieder nach Europa und trifft sich mit ehemaligen RAF-Mitgliedern, die bereit sind, mit ihr zu sprechen. So auch am Tag nach dem

»Bataclan«-Massaker in Paris. Pequeño beschreibt die Begegnung in ihrem Blog:

»We talked about our concerns that these deaths would lead to more escalation in political violence, especially actions by the U.S. and member states of the EU that could lead to more deaths.

But we are an unusual pair of people to be having this conversation. He is a former member of the Red Army Faction (RAF), and I am an American whose only brother was killed by the Red Army Faction in 1985 as part of an attack on the US airbase on Rhein-Main (my dinner partner was already serving time in prison for other deaths at the time).

For the two of us, the pain of families in Paris, Beirut, Syria, and many other places in the world torn by political violence is not abstract.«[54]

Darf man darauf auch für die aktuelle Bedrohung durch den islamistischen Terrorismus hoffen? Kann es zu einer vergleichbaren Situation kommen, in der die Terroristen den Rückhalt ihrer Anhänger verlieren, weil sie ihre Taten nicht mehr vermitteln können und Grausamkeit und Willkür dazu führen, dass die Sympathisanten die Gefolgschaft verweigern?

Ein vorsichtiger Versuch einer Antwort: Ende 2016 zeichnet sich ab, dass die Reisebewegung radikalisierter Islamisten aus Deutschland in Richtung Syrien zum IS drastisch nachlässt. Hatte das Bundesamt für Verfassungsschutz 2015 rund 180 Ausreisefälle in Richtung Syrien/Irak registriert, waren es 2016 nur etwa halb so viele.[55] Über die Gründe kann man zunächst nur spekulieren. Ist es der militärische Niedergang des ausgerufenen Kalifats, der seinen Kämpfern das Versprechen des Sieges nicht mehr einlösen kann? Sind es die Beschreibungen derjenigen, die zurückkommen und von der Erbarmungslosigkeit der Kämpfe, vor allem aber von der Realität des Kalifats berichten? Oder bleiben die Kampfgesinnten lieber im Inland und warten auf eine Möglichkeit für einen Einsatz in Deutschland? Alle drei Faktoren dürften eine Rolle spielen.

Auch auf der Ebene des weiteren Unterstützungsfeldes sind erste Ansätze einer Wandlung zu erkennen. Anfang der 2000er-Jahre machten Polizei und Verfassungsschutz häufig die Erfahrung, dass selbst die liberalsten Moscheegemeinden große Vorbehalte hatten, mit Ermittlungsbehörden zusammenzuarbeiten. Wer als Glaubensbruder angesehen wurde, genoss lange einen gewissen Schutz, selbst wenn die Gemeinden und ihre Imame Terrorunterstützung kategorisch ablehnten. Radikalen Besuchern intern in der Argumentation entgegenzutreten und sogar der Moschee zu verweisen, war das eine. Aber eine Meldung an die Behörden, gar eine Zusammenarbeit mit dem deutschen Staat – das ging früher vielen Gemeinden zu weit.

Das hat sich in »gewöhnlichen« Moscheegemeinden geändert, berichten Ermittler, ohne konkrete Beispiel nennen zu wollen. Denn das Thema ist heikel. Viele Muslime wollen nicht mit denen in einen Topf geworfen werden, die im Namen des Islam ihre Terrortaten rechtfertigen. Sie lehnen es auch ab, eine öffentliche Verantwortung für die Terrorakte Einzelner zu übernehmen – nur weil diese sich auf denselben Glauben beziehen. Deswegen laufen solche Hinweise aus Gemeinden an die Sicherheitsbehörden häufig sehr diskret ab. Aber es gibt sie seit Jahren offensichtlich in zunehmendem Maße.

Auch die Festnahme von Dschaber al-Bakr in Leipzig ist ein Beispiel für dieses Umdenken. Der Terrorist schien sich auf der Flucht vor der Polizei bei seinen Landsleuten und Glaubensbrüdern sicher zu fühlen. Doch weder religiöse oder landsmannschaftliche Verbundenheit noch die Ehre des Gastgebers hielten die Männer davon ab, die Polizei zu informieren, nachdem sie begriffen hatten, wem sie Unterkunft gegeben hatten.

Diese positiven Beispiele dürfen aber nicht darüber hinwegtäuschen, dass es auch beim islamistischen Terror noch immer ein in sich geschlossenes Sympathisantenumfeld und einige stark radikalisierte Moscheevereine gibt. Wie etwa das Milieu des Predigers Abu Walaa, zu dem auch der Attentäter Anis Amri gehörte.

Nicht jeder in der Salafisten-Szene ist ein potenzieller Terrorist, doch ist dort eine Zusammenarbeit mit deutschen Sicherheitsbehörden völlig undenkbar: Auch wenn ein großer Teil dieses Umfelds nicht aktiv gewaltbereit sein mag, kommt eine Zusammenarbeit mit dem *Staat der Ungläubigen* für Salafisten auf keinen Fall in Betracht. Sie erkennen den Staat und seine Gesetze nicht an, leben nach ihren eigenen Regeln – und sehen es als religiöse Pflicht, den eigenen Brüdern und Schwestern zu helfen, zumindest, sie nicht zu verraten.

Auch diese Erkenntnis hat das Bundeskriminalamt bewogen, bei der öffentlichen Fahndung nach Anis Amri mit 100 000 Euro von Anfang an eine hohe Belohnung auszuloben: Nur ein wirklich großer Geldbetrag schien geeignet, ernsthafte Hinweise aus der Szene zu erhalten. Dazu gekommen ist es nicht.

Kapitel 3

Das Problem mit den Gefährdern

> *»Voraussagen sind schwierig.*
> *Insbesondere solche, die die Zukunft betreffen.«*
> Albert Einstein

In der Öffentlichkeit war die Fassungslosigkeit nach dem Anschlag vom Breitscheidplatz groß: Der Attentäter Anis Amri galt als ein »Gefährder« und konnte doch ungehindert seine Tat durchführen. Er stand zusammen mit rund 550 anderen Personen auf einer Liste der Polizei, in der potenziell gewaltbereite Personen aus der islamistischen Szene aufgelistet sind – die eben als Gefährder gelten.[56] Diese Zahl ist in den vergangenen Monaten unablässig gestiegen.

Ging das Bundesinnenministerium Mitte der 2000er-Jahre noch von etwas mehr als einhundert Gefährdern in Deutschland aus, sprach Bundesinnenminister Thomas de Maizière Mitte September 2016 bereits von über 520 Gefährdern und von einer Zahl, »so hoch wie nie zu vor«.[57] Drei Monate später waren es dann schon 550 Personen – darunter der Attentäter von Berlin.

Diese Erkenntnis sorgt für große Empörung und dicke Schlagzeilen. Haben die Sicherheitsbehörden völlig *versagt*? Wie kann es sein, dass die Polizei den Täter als gefährlich einschätzte und doch den Anschlag nicht verhindern konnte – ja nicht einmal ahnte, dass er geschehen würde? Auf den ersten Blick sind das naheliegende Fragen. Doch die bittere Wahrheit ist: In den deutschen Sicherheitsbehörden kalkuliert man es stets als eine denkbare Möglichkeit ein, dass im Falle eines Anschlags Personen die Täter sein könnten, die man zuvor schon »auf dem Schirm« hatte, sogar als Gefährder einstufte.

Zum Redaktionsschluss dieses Buches, zu Beginn des Jahres 2017, stehen die polizeilichen Ermittlungen noch relativ am Anfang. Zwar ist der behördeninterne Ablauf der Beobachtung und Bewertung von Anis Amri durch die verschiedenen Sicherheitsbehörden in einer Dokumentation des Bundesjustizministeriums dargelegt.[58] Doch diese Chronologie beschreibt nur den äußeren Ablauf, zahlreiche Detailfragen sind noch offen. Ob der Anschlag in Berlin darüber hinaus zu einer parlamentarischen Untersuchung im Bund, in NRW oder in Berlin führen wird, ist noch nicht abzusehen. Auf Bundesebene spricht das nahe Ende der Legislaturperiode dagegen: Am 24. September 2017 wird ein neues Parlament gewählt, wenig Zeit für einen formell aufwendigen Untersuchungsausschuss. Deswegen wird auch ein Sonderermittler erwogen, den beispielsweise der Innenausschuss einsetzen könnte. Dessen Vorsitzender, der CDU-Abgeordnete und frühere Polizist Clemens Binninger, hält das für eine gute Idee.[59]

Neben der Betrachtung, was welche Sicherheitsbehörde in dem Fall unternommen hat, muss bei der Bewertung aber auch die Tatplanung an sich berücksichtigt werden. Wann hat sie begonnen? Wer war beteiligt? War der Anschlag spontan oder länger geplant? Hier liegt noch viel im Dunkeln. Entsprechend vorsichtig müssen die Bewertungen zur Frage ausfallen, ob bei der Einschätzung von Anis Amri Fehler gemacht worden sind. Fest steht allerdings, dass im Zusammenhang mit dem Begriff des Gefährders in der öffentlichen Debatte viele Missverständnisse vorliegen und falsche Bewertungen getroffen worden sind.

Der Attentäter vom Breitscheidplatz

Als sich Anis Amri den Sattelzug von Łukasz Urban als Waffe aussucht, halten ihn deutsche Polizisten und Verfassungsschützer schon seit Monaten für einen *high potential*, eine Person, die zu einem terroristischen Anschlag fähig und bereit sein könnte. Die Bewertungsmaßstäbe in Bund und Ländern sind verschieden, aber im Gemeinsamen Terrorismusabwehrzentrum GTAZ haben sich Bund und Länder auf ein Stufensystem geeinigt. Es gibt acht Stufen, 1 ist die gefährlichste. Amri wird zunächst mit 7 bewertet, dann mit 5: »Eintritt eines schädigenden Ereignisses eher unwahrscheinlich«.

Konkrete Hinweise auf ein geplantes Attentat haben Polizei und Verfassungsschutz nicht. Konkret wären zum Beispiel Tatvorbereitungen. Nur vage darüber reden ist weder juristisch konkret genug noch ein geeignetes Kriterium. Denn laut nachdenken über Anschläge tun viele. »Große Klappe«, nennen das die Ermittler. Es ist für sie manchmal weniger relevant, als wenn jemand plötzlich leise wird. War das das Problem? Hat man übersehen, dass Anis Amri »leise« wurde?

Tatsächlich gab es im Sommer 2016 die Vermutung der Staatsanwaltschaft Berlin, er könnte etwas planen. Doch der Anschlagsplan, den man Anis Amri unterstellt hatte, sah ganz anders aus: Er könnte sich erst illegal Geld und dann Schnellfeuergewehre beschaffen, war die Befürchtung von Ralf Rother, Generalstaatsanwalt in Berlin. Er hatte den Namen und eine Akte aus Karlsruhe bekommen.

Im März 2016 hatte der Generalbundesanwalt bei seinen Landeskollegen in Berlin angeregt, gegen Amri wegen des Verdachts der »Vorbereitung einer schweren staatsgefährdenden Gewalttat« nach § 89a StGB ein Ermittlungsverfahren einzuleiten. Dieser Paragraph wird bei den Ermittlern auch »Terror light« genannt, ist vor allem für einzelne Täter gedacht und fällt überwiegend in die Zuständigkeit der Länder. Es ist ein alltägliches Verfahren zwischen den Generalstaatsanwaltschaften der Länder und dem Generalbundesanwalt: Fälle vermeintlich minderer Bedeutung gibt die Bundesbehörde in Karlsruhe an die Länder zur weiteren Bearbeitung ab, darunter fast alle Verfahren nach § 89a StGB. Haben die Länder umgekehrt den Eindruck, dass Ermittlungsverfahren bei ihnen Potenzial für eine Zuständigkeit des Generalbundesanwalts haben könnten, legen sie die Akten in Karlsruhe vor.

Anis Amri war Bundesanwalt Thomas Beck und seinen Kollegen aus der Terrorismusabteilung am Rande eines Verfahrens gegen den salafistischen Prediger Abu Walaa aufgefallen, dem »Prediger ohne Gesicht«, wie er in der Szene genannt wird, weil er sich häufig nur von hinten und mit einer übergezogenen traditionellen Kapuze fotografieren und filmen ließ – vordergründig, um den Geboten des Propheten Mohammed zu entsprechen. Abu Walaa erlangt mit dem Trick einen Kult-Status in der Szene. Und Amri schien einer seiner »Nachrichtenmittler« zu sein, eine Person, die die Kommunikation übernimmt, um die Sicherheitsbehörden zu täuschen.

Fahndungsplakat Anis Amri.

Gegen Abu Walaa und weitere Personen ermittelt der Generalbundesanwalt schon länger. Zunächst wegen des Verdachts der Werbung für den IS, später auch wegen einer möglichen Unterstützung oder sogar Mitgliedschaft. Vor allem in Niedersachen und Nordrhein-Westfalen soll die Gruppe aktiv gewesen sein. Anis Amri zählen die Ermittler aber nur am Rande dazu, anders als bei Abu Walaa und vier anderen Personen reichen bei ihm aus Sicht der Karlsruher Bundesanwälte die Beweise nicht aus, auch ihn zum Beschuldigten in dem Verfahren gegen die Gruppe zu machen.[60]

Deswegen regen sie das Verfahren im Land Berlin an – denn dort hat Amri inzwischen seinen Lebensmittelpunkt. Die Juristen der Berliner Generalstaatsanwaltschaft prüfen den Hinweis aus Karlsruhe und teilen die Einschätzung im Prinzip. Ihre rechtliche Bewertung kommt indes zu einem etwas anderen Ergebnis. Sie gehen davon aus, dass Amri versucht, sich an einem Mord zu beteiligen. Für die nun möglichen Ermittlungen ist das kein großer Unterschied. Der Vorwurf wiegt eher noch schwerer als die Einschätzung aus Karlsruhe.

In Berlin nutzt man zunächst eine Telefonüberwachung, die noch der Generalbundesanwalt beantragt hatte. Als sie ausläuft, beantragt man im Rahmen des nun eingeleiteten Ermittlungsverfahrens selbst in Berlin am Amtsgericht die richterliche Erlaubnis, Anis Amri über einen längeren Zeitraum hinweg zu observieren und sein Telefon abzuhören, ihn zu »klemmen«, wie es die Ermittler nennen. Insgesamt sechs Monate dauern schließlich Observation und Telefonüberwachung an. In Zeiten einer angespannten Sicherheitslage und knapper personeller Ressourcen ist das ein beachtlich langer Zeitraum. Allerdings erfolgte die Observation nicht lückenlos, sondern nur sporadisch. Und die Telefonüberwachung brachte nur die Gespräche, die Amri nicht verschlüsselt oder als Chats führte.

Die Ermittler in Berlin glauben jedoch, ein deutliches Bild von ihrer Zielperson gewonnen zu haben: Amri scheint ein Kleinkrimineller zu sein, der in der Drogenszene rund um den Görlitzer Park in Berlin-Kreuzberg aktiv ist und in der Zeit während seiner Überwachung auch an einer heftigen Kneipenschlägerei beteiligt ist, die die Staatsschützer ebenfalls der Dealerszene zurechnen. Der ursprüngliche Verdacht, Amri könnte zunächst Geld erbeuten wollen, um dann damit Waffen für einen Anschlag zu kaufen, bestätigt sich für die Ermittler nicht.

Die Berliner Staatsschützer informieren deshalb die Kollegen von der Drogenfahndung über ihre Beobachtungen und stellen Observation und Telefonüberwachung ein. Die richterlichen Beschlüsse wären ohnehin ausgelaufen, heißt es später in Ermittlerkreisen. Eine Verlängerung sei nicht garantiert und zudem eine Frage der Prioritätensetzung gewesen: Zu diesem Zeitpunkt scheinen den Ermittlern viele andere Personen in der Szene interessanter, vor allem aber gefährlicher zu sein als Anis Amri, von dem man nun glaubt, ihn einigermaßen einschätzen zu können – zumindest sicher sein zu können, dass er nicht dabei ist, einen Anschlag zu planen.[61] Vor allem aber gibt das Berliner Polizeirecht eine präventive Telefonüberwachung gar nicht her. Sie ist nur in wenigen Bundesländern erlaubt. Nicht in Berlin, nicht in NRW – und in einem solchen Fall derzeit übrigens auch nicht dem BKA.

Ist Amri falsch eingeschätzt worden? Haben die Behörden hier versagt? Wie aber will man im Nachhinein klären, welche Gedanken im August und September 2016 im Kopf von Anis Amri entstanden sind?

Was ist ein Gefährder?

Um den Begriff des Gefährders richtig einzuordnen, muss man sich zunächst die Aufgaben der Polizei vergegenwärtigen: Ob Streifenpolizist oder Kriminalbeamter: Polizisten haben stets zwei sehr unterschiedliche Aufgaben, die in den Augen der Bevölkerung manchmal identisch scheinen. Polizei soll auf der einen Seite Gefahren und Straftaten verhindern und auf der anderen Seite begangene Straftaten aufklären. Polizei handelt also *präventiv*, vorbeugend, und *repressiv*, strafverfolgend.

Manchmal fallen beide Aufgaben zusammen, etwa, wenn ein Streifenwagen durch die Stadt fährt und die Polizisten dabei sowohl mögliche Tageswohnungseinbrecher, Taschendiebe oder andere Straftäter abschrecken wollen (präventives Handeln) als auch nach Personen oder Sachen suchen, die zur Fahndung ausgeschrieben sind (repressives Handeln).

Ein einfaches Beispiel zeigt, wie beide Aufgaben ineinandergreifen können: Kommt eine Polizeistreife zu einem Verkehrsunfall mit Unfallflucht, kann Prävention und Repression aus den fast identischen Maßnahmen bestehen, die der Laie in der Betrachtung des Geschehens rechtlich wahrscheinlich gar nicht unterscheiden würde, die auch für die Polizeibeamten so sehr Routine sind, dass sie quasi automatisch vorgenommen werden und fast gleichzeitig stattfinden: Der Unfallort wird mit dem Blaulicht des Streifenwagens und Leitkegeln gesichert, wenn nötig wird Erste Hilfe geleistet und der Rettungsdienst gerufen. All das ist präventiv geschehen. Als Hilfe für die Opfer und zur Verhütung weiterer Gefahren für die Unfallbeteiligten und andere Verkehrsteilnehmer.

Repressiv wird der Tatort aufgenommen, die Position der Fahrzeuge markiert und fotografiert, Zeugen zum Hergang und zum Verursacher befragt, die Leitstelle gegebenenfalls über ein flüchtiges Fahrzeug informiert, bei Unfallbeteiligten möglicherweise eine Atemalkoholkontrolle durchgeführt.

Was hat das alles mit Terrorismusbekämpfung zu tun?

Auch die Terrorismusbekämpfung besteht in präventivem und repressivem Handeln der Sicherheitsbehörden. Für die Repression, die Strafverfolgung, sind Staatsanwaltschaften und Polizei zuständig. Für die Prävention wiederum die Polizei und der Verfassungsschutz – wobei der Verfassungsschutz keinerlei polizeiliche Befugnisse hat, darauf wird noch einzugehen sein.

Was die Polizei zur Gefahrenabwehr und zur Strafverfolgung tun darf, ist vor allem in den Polizeigesetzen der Länder und in der Strafprozessordnung geregelt. Dabei richten sich die Maßnahmen vereinfacht gesagt gegen Gefahren und Straftäter. Beides ist klar definiert – und Gefährder gehören, obwohl sie die Gefahr im Namen tragen, so richtig weder in die eine noch in die andere Kategorie. Insofern ist der Begriff unglücklich gewählt.

Die Polizei ist bei Gefährdern davon überzeugt, dass es durch sie künftig zu Straftaten kommen kann. Es ist eine Annahme, kritisch betrachtet sogar eine Vorverurteilung aufgrund einer polizeilichen Prognose, gegen die sich die Betroffenen rechtlich nicht wehren können: Weder das Strafrecht noch das Verwaltungsrecht geben den Betroffenen eine Möglichkeit, die Einstufung als Gefährder richterlich überprüfen zu lassen, und es gibt auch keinen Auskunftsanspruch darauf, ob man als Gefährder geführt wird.

Praktisch merken die Betroffenen nur, dass sie als Gefährder gelten, sofern es zu einer »Gefährderansprache« durch die Polizei kommt. Bei einer solchen Ansprache, die nicht in allen Fällen erfolgt, sondern dann, wenn sich die Polizei davon einen positiven Effekt verspricht, suchen die Beamten die Betroffenen persönlich auf und erläutert ganz offen ihre Einschätzung. Sie wollen den Gefährdern signalisieren: »Wir haben eine Auge auf Sie!«, und erhoffen sich, dass die Betroffenen nach einer solchen Konfrontation entweder zur Besinnung kommen oder wenigstens unter dem Eindruck des staatlichen Besuchs von möglichen Plänen ablassen.

Mit den Augen der Polizei betrachtet sei es pragmatisch nichts anderes, als wenn der – aus der Mode gekommene – Dorfpolizist auf seinen Streifengängen persönlich mahnende Worte an die ihm besonders bekannten Halbstarken und Kleinkriminellen richten würde, sagt dazu augenzwinkernd ein Staatsschützer. Tatsächlich ist die Gefährdereinschätzung für die Polizei ein wichtiges Mittel, um potenziell gefährliche Personen zu gewichten, bewegt sich aber in einer rechtlichen Grauzone, was beachten muss, wer nun *ein schärferes Vorgehen* gegen die Gefährder fordert.

Denn eine gesetzliche Definition für den Gefährder gibt es nicht. Der Begriff entstand 2004 bei einer Sitzung der AG Kripo, in der sich die Leiter der deutschen Landeskriminalämter mit dem Präsidenten des Bundeskriminalamts mehrmals im Jahr treffen, um sich über grundsätzliche Fragen auszutauschen und gemeinsame Strategien zu entwickeln. Es ist also eine polizeiinterne Definition. Sie lautet:

»Ein Gefährder ist eine Person, bei der bestimmte Tatsachen die Annahme rechtfertigen, dass sie politisch motivierte Straftaten von erheblicher Bedeutung, insbesondere solche im Sinne des § 100a der Strafprozessordnung (StPO) begehen wird.«[62]

Der Paragraph § 100a StPO regelt die Telekommunikationsüberwachung. Der Katalog der in ihm genannten Taten ist lang. Neben den Mitgliedschaften in einer kriminellen oder terroristischen Vereinigung stehen auch Hoch- und Landesverrat, Mord und Totschlag, aber auch Geldwäsche, Hehlerei, sexueller Missbrauch von Kindern sowie bandenmäßiger Steuerbetrug in der Vorschrift. In der Praxis betrifft die Gefährdereinstufung aber fast nur islamistischen Terrorismus sowie Rechts- und Linksterrorismus.

Gefährder sind also Personen, bei denen die Polizei davon ausgeht, dass sie künftig schwere Straftaten begehen könnten – dies aber aktuell noch nicht tun. Denn wären sie schon in irgendeiner erkennbaren Weise mit einer Tatplanung oder Tatvorbereitung beschäftigt, beziehungsweise bestünden dafür »zureichende tatsächliche Anhaltspunkte«, wie es im Gesetz heißt,[63] würde die Staatsanwaltschaft ein Ermittlungsverfahren einleiten. Aus dem Gefährder würde ein Beschuldigter, und die Ermittlungsbehörden hätten das ganze Instrumentarium eines Ermittlungsverfahrens zur Verfügung: zum Beispiel Telefonüberwachung, Observation, Durchsuchung, im Extremfall sogar den Großen Lauschangriff.[64] Sie könnte bei einem entsprechenden Ermittlungsstand die Festnahme anordnen, danach gegebenenfalls Untersuchungshaft beantragen und die Anklage vorbereiten.

Im Fall von Anis Amri sah es im Frühjahr und Sommer 2016, bis drei Monate vor dem Anschlag am Breitscheidplatz, genau so aus: Die Generalstaatsanwaltschaft Berlin hatte ein Verfahren eingeleitet, weil sie »zureichende tatsächliche Anhaltspunkte« dafür sah, dass Amri sich an der Ermordung von Menschen beteiligen könnte. Einerseits, weil der Generalbundesanwalt im Ermittlungsverfahren gegen Abu Walaa auf eine arabische Nachricht von Amri gestoßen war, über die Islamwissenschaftler sagten, sie sei zwar einigermaßen verklausuliert, wohl aber das Angebot, dass er als Attentäter bereitstehe. Andererseits gab es bei mehreren Bundes- und Landesbehörden, bei Polizei und Verfassungsschutz, Erkenntnisse, dass sich Amri in der gewaltbereiten Szene bewegte und sich dem IS zugehörig fühlte.

Doch außer vergleichsweise harmlosen Drogengeschäften und einer Schlägerei fanden die Staatsschützer wie schon beschrieben während ihrer über Monate andauernden Observation keine Hinweise auf das, was sie befürchteten. Ermittlungen zu den Schlägereien verliefen im Sande, weil die Betroffenen keine Aussagen machen wollten – für die Polizei im Drogenmilieu keine ungewöhnliche Erfahrung. Versagen kann man diese Ermittlungen daher so lange nicht nennen, wie es keine Hinweise darauf gibt, dass Amri seine konkrete Tat vom 19. Dezember 2016 schon im Sommer praktisch geplant oder am Telefon besprochen hätte.

Im Gegenteil: Gerade weil es keine Hinweise auf terroristische Tatplanungen von Amri in der Zeit der Telefonüberwachung und Observation gab und sein Verhalten für einen Islamisten als untypisch galt, war es bei Ablauf der entsprechenden richterlichen Genehmigungen für die Überwachungsmaßnahmen sogar rechtsstaatlich geboten, die Überwachung wieder einzustellen. Zumal es in Berlin genug andere Verfahren gab, für die die »Obs-Teams« gebraucht wurden. Und eine vorbeugende Telefonüberwachung, wie schon beschrieben, rechtlich nicht möglich war.

Mit dem Wissen um die Toten und Verletzten des Anschlags vom Breitscheidplatz ist es eine bittere Erkenntnis, dass es rechtlich richtig gewesen sein mag, den Mann nicht mehr zu überwachen, der später zum terroristischen Mörder wurde. Ein anderer Verlauf wäre wünschenswert gewesen. Doch wer fair über die Ermittlungsarbeit urteilen will, muss die damalige Entscheidung aus der damaligen Perspektive betrachten. Es ist das ex-ante- und ex-post-Problem, das Jurastudenten in Polizeirechtsklausuren plagt und das von Journalisten und der Öffentlichkeit bei der Bewertung von Polizeiarbeit häufig ignoriert wird – wie später in diesem Buch auch der »Fall NSU« zeigen wird.

Wissen und hinterher besserwissen: *ex-ante* und *ex-post*

Der Fall aus dem polizeilichen Lehrbuch könnte gleichzeitig das Drehbuch für einen Slapstick sein: Ein besorgter Anwohner ruft die Polizei. In der Nachbarwohnung sind, so meldet er, laute Schreie und Poltern zu hören, auf Klingeln wird nicht reagiert. Die Polizisten rücken an, brechen die Türen auf und finden den Wohnungsbesitzer unversehrt, aber schlafend vor dem lauten Fernseher, es läuft ein Krimi.

Für Juristen stellen sich nun zwei Fragen, die unter dem Stichwort ex-ante und ex-post behandelt werden: Durfte die Polizei die Tür aufbrechen – und wer kommt für den Schaden auf?

Um es kurz zu machen: Die Frage nach dem Dürfen richtet sich danach, wovon die Polizisten in der akuten Situation (ex-ante) ausgehen mussten. Sie müssen nicht Hellsehen können, sondern dürfen die Situation so nehmen, wie sie sich ihnen darstellt. Haben sie mit ihrer Erfahrung und Ausbildung als Polizisten den Eindruck, dass eine Gefahr vorliegt, dürfen, ja müssen sie entsprechend handeln. Auch wenn die Annahme falsch sein kann. Die Frage nach den Folgen richtet sich hingegen danach, was tatsächlich objektiv vorlag. Die Bewertung erfolgt mit dem Wissen hinterher (ex-post).

Diese Differenzierung, die das Wissen um den weiteren Verlauf und das Ende einer Geschichte eben nicht in die Bewertung einer Handlung am Anfang der Geschichte einbringt, wird bedauerlich selten vorgenommen. Das gilt für den Fall Anis Amri genauso wie für die Taten des NSU. Journalisten und Politiker sind Weltmeister darin, diese – eigentlich logisch zwingenden – Überlegungen fahrlässig oder absichtlich zu ignorieren.

Die Observation von Anis Amri im September 2016 abzubrechen, wäre dann ein katastrophaler Fehler gewesen, wenn zu diesem Zeitpunkt Hinweise auf seine konkreten Planungen vorgelegen hätten. Die damalige Entscheidung wird umgekehrt nicht schon dadurch falsch, dass Amri später töten wird. Sie kann sogar gänzlich richtig gewesen sein, wenn es keine rechtsstaatliche Grundlage mehr dafür gab. Der Rechtsstaat ist keine Schönwetterveranstaltung. Er beweist sich umgekehrt gerade da, wo das Ergebnis weh tut und trotzdem akzeptiert werden muss. Wer nun mit dem Argument kommt: »Aber er hat doch später getötet!«, hat den Rechtsstaat nicht verstanden.

Ähnlich liegt die Sache im Fall der rechten Terrorzelle NSU. Das Problem NSU ist komplex und wird später noch angesprochen (S. 192). Doch fast alle Kritiker der damaligen Ermittlungen machen auch hier einen ähnlichen Betrachtungsfehler ganz zu Beginn des Geschehens. Es geht dabei um Durchsuchungen von Wohnungen und Garagen im Januar 1998 in Jena. Für die Polizei war es der entscheidende Schritt, sich eine Gruppe bekannter Neonazis und mutmaßlicher Bombenbastler näher anzusehen. Es war aber auch der Moment, an dem Beate Zschäpe, Uwe Böhnhardt und Uwe

Mundlos im Angesicht der Polizeiaktion für immer in den Untergrund abtauchten. Uwe Böhnhardt sogar vor den Augen der Polizei. Ein Staatsversagen?

Zweifellos sind Ende der 1990er-Jahre in Thüringen bei den Ermittlungen gegen Beate Zschäpe, Uwe Böhnhardt und Uwe Mundlos zahlreiche, zum Teil schwerwiegende Fehler gemacht worden. Und es ist mit dem Wissen von heute eine entsetzliche Vorstellung, dass Uwe Böhnhardt am 26. Januar 1998 während der noch laufenden Durchsuchung einer Garage in Jena der Polizei einfach so davonspazieren, in sein Auto steigen und (für immer) untertauchen konnte.[65]

Doch egal, ob die Beamten in dieser Situation gegenüber dem rechtsextremen Bombenbastler nachlässig oder unaufmerksam waren, ihn vielleicht sogar absichtlich gehen ließen, weil sie sich irrten und zu Unrecht keine Grundlage für eine Festnahme sahen: Dass Uwe Böhnhardt mehr als zweieinhalb Jahre später mit einer Mordserie beginnen würde, war damals von niemandem absehbar.

Die Panne in Jena bleibt trotzdem eine grobe Panne. Aber sie hat das Morden des NSU danach weder verursacht, noch sind die damaligen Ermittler direkt schuld daran. Wann der subjektive Entschluss zu den Morden gefasst wurde, ist nicht bekannt. Der Aufbau der Logistik im Untergrund, das Beschaffen der Waffe, das Auswählen der Opfer, alles hat aber zeitlich erst Monate und Jahre nach der Garagendurchsuchung stattgefunden. Das gerät leicht aus dem Blick, wenn man mit der Perspektive von heute und dem Wissen um die rassistischen Morde und Bombenanschläge der Gruppe fast zwanzig Jahre zurückschaut.

Es ist die Tragik im Lauf der Dinge. Mit dem Wissen um das Ende möchte man so gerne rückwärts in die Geschichte eingreifen. Der britische Schriftsteller Roald Dahl hat diesen Gedanken in einer makaberen Kurzgeschichte auf den Punkt gebracht. In »Genesis und Katastrophe«[66] schildert er die dramatische Geburt eines Kindes. Die Mutter hatte bereits mehrere Fehlgeburten. Wird es diesmal gutgehen? Als der Leser ahnt, dass das Kind diesmal wohl leben wird, erfährt man auch, um wen es sich bei dem Säugling handelt:

um Adolf Hitler. Diese Geschichte *funktioniert* im Kopf des Lesers nur, weil er sie mit dem Wissen um die Zukunft betrachtet.

Wie es bei Anis Amri im Dezember 2016 war, steht noch nicht fest. Hat er sich Stunden, Tage oder Wochen vor dem Attentat zu seinem konkreten Plan entschlossen? Ist sein Entschluss rein gedanklich gewesen? Was war von außen erkennbar – und wenn es das war: für wen?

Obwohl alle diese Fragen Anfang 2017 noch ungeklärt sind, steht für die daran interessierten Parteien auf der politischen Bühne bereits fest: Der Fall Amri ist ein Behörden-, ja sogar ein Staatsversagen. Konsequenzen werden gefordert, Schuldige werden gesucht. Ein Wunder ist das nicht. 2017 findet die nächste Wahl zum Deutschen Bundestag statt.

Kapitel 4

Islamismus in Deutschland

»Ihr fahrt zur Hölle, so Gott will!«
Unterhaltung der »Meliani-Gruppe«, 2000

Frankfurt, Baden-Baden, Ulm und Germersheim: Die ersten Islamisten in Deutschland

Die beiden Algerier, die im Jahr 2000 einen Tag vor Heiligabend in der Tourismusinformation von Baden-Baden stehen, wollen für sich und einige Freunde eine Unterkunft über die Weihnachtsfeiertage buchen. Sie entscheiden sich für Wohnungen in der Merkurstraße sowie in der Fremersbergstraße und bezahlen 52 Mark und einige Pfennige Anzahlung und Kurtaxe. Ein scheinbar alltäglicher Vorgang in der badischen Kurstadt am Rande des Schwarzwalds.

Doch im Gegensatz zu anderen Gästen haben die Männer mit den Thermalbädern, dem Kurhaus und dem Kasino Baden-Baden nichts im Sinn. Sie zieht es auf die andere Rheinseite in das rund fünfzig Kilometer entfernte Straßburg, das sich selbst *capitale européenne*, Europäische Hauptstadt, nennt, zahlreiche europäische Institutionen, wie etwa das Europäische Parlament, den Europarat und den Europäischen Gerichtshof für Menschenrechte, beherbergt und mit dem Münster, der *Cathédrale Notre-Dame de Strasbourg*, eine der bedeutendsten Kathedralen der Kirchenbaugeschichte aufweisen kann. Doch als die beiden sich auf den Weg zum Straßburger Münster machen, haben sie nicht Tourismus, sondern Terrorismus im Sinn. Sie wollen »den Teufel angreifen«, wie sie es selbst ausdrücken.

Schon am Tag ihrer Ankunft packen sie ihre Videokamera ein und brechen in Richtung Straßburg auf. Ironie des Schicksals: Ihre Vorbereitungen in Baden-Baden finden praktisch vor den Augen von Hunderten Journalisten statt. Eine der beiden konspirativen Wohnungen liegt nämlich dem Funkhaus Baden-Baden des Südwestrundfunks gegenüber – einem der größten Funkhäuser innerhalb der ARD. Doch die Kurstadt am Rande des Schwarzwaldes hat viele internationale Gäste. Wer sollte ahnen, dass diese Männer Terroristen sind?

In einem Mietwagen Opel Astra mit dem Frankfurter Kennzeichen F AS 2012 fahren sie am 23. Dezember 2000 aus der Kurstadt in Richtung Straßburg.[67]

Als die Polizei einige Tage später die sogenannte »Meliani-Gruppe« (benannt nach dem Aliasnamen ihres Anführers Mohamed Bensakhria) aushebt, findet sie nicht nur Waffen und Sprengstoff, sondern auch das Videoband, auf dem die gesamte Autofahrt festgehalten ist. Der Film zeigt auch die weihnachtliche Innenstadt Straßburgs. Das Hauptportal des Münsters, ein Kinderkarussell, die belebte Rue Mercier, den Place Kléber. Die Männer selbst sieht man auf dem Video nicht. Aber ihre Unterhaltung ist zu hören. Sie bezeichnen Straßburg als das »französische Babel«, das Münster als die »Kathedrale der Feinde Gottes«. Das Vorhaben der Männer ist eindeutig: »Ihr fahrt zur Hölle, so Gott will!«[68]

Doch ihr Gott wollte es offenkundig nicht. Der französische Geheimdienst DST und die französische Polizei sind den Männern zu diesem Zeitpunkt bereits auf der Spur. Sie informieren ihre deutschen Kollegen. Für Bundeskriminalamt, Verfassungsschutz und Generalbundesanwalt beginnt die erste große Anti-Terror-Operation gegen Islamisten – und wie in vielen weiteren Fällen in den folgenden Jahren kommen die ersten entscheidenden Hinweise aus dem Ausland.

»Al-Qaida« – »die Basis« – und ihr Anführer Osama Bin Laden sind zu diesem Zeitpunkt nur einer Handvoll Spezialisten bekannt. Das Bundeskriminalamt drängt schon länger darauf, sich die Gruppe und mögliche Bezüge nach Deutschland intensiver anzusehen. Zu

Recht, denn die Gefahr ist längst ganz real, nicht nur die Algerier sind im Jahr 2000 in Deutschland in Terrorsachen unterwegs, schon seit acht Jahren, seit 1992, lebt Mohammed Atta in Deutschland, der Anführer der Anschläge vom 11. September 2001. Seit 1998 teilt er sich in Hamburg-Harburg mit Ramzi Binalshibh eine Wohnung. 1999 halten sie sich in Afghanistan auf, Anfang 2000 kommen sie wieder zurück. Anfang Januar 2000 geht »The Hamburg Contigent«,[69] wie die US-Ermittler später die »Hamburger Zelle« von 9/11 nennen, in die USA und beginnt dort die Pilotenausbildung für den großen Anschlag.

Die Frage, ob das Bundeskriminalamt Mohammed Atta, Ramzi Binalshibh und die anderen Terroristen entdeckt hätte, wenn man sich früher um al-Qaida gekümmert hätte, ist hypothetischer Natur. Wahrscheinlich ist es nicht, dass die deutsche Polizei schnell bzw. schnell genug auf sie aufmerksam geworden wäre. Denn es fehlte jede Erfahrung mit Terroristen dieses Kalibers, und nach damaligen Maßstäben hatten die Männer wenig getan, was aus Sicht der Polizei auffällig gewesen wäre.

Auch in den USA bleibt es im März 2000 ohne jede Folge, dass Mohammed Atta 31 verschiedene Flugschulen anschreibt und sich nach den Bedingungen für theoretischen und praktischen Flugunterricht auf Passagiermaschinen erkundigt.[70]

Die *non-aligned Mujahidin*, zu denen die algerischen Attentäter gehören, die Ende 2000 ihren Anschlag auf den Straßburger Weihnachtsmarkt von Baden-Baden und Frankfurt aus planen, sind folglich ebenfalls nichts, womit damals ein normaler deutscher Staatsschützer etwas hätte anfangen können.

So unvorbereitet und ahnungslos wie die Polizei ist auch die Justiz. Generalbundesanwalt Kay Nehm und seine Behörde betreten Neuland. Das Ermittlungsverfahren wird im Referat 4 der Terrorismusabteilung von Oberstaatsanwalt Volker Brinkmann bearbeitet, der Jahre später als Bundesanwalt auch die »Sauerland-Gruppe« verfolgt. Von einem »Islamisten-Referat« kann damals noch keine Rede sein, es ist Pionierarbeit. Damals heißt die Zuständigkeitsbezeichnung noch sperrig »Verfahren wegen Straftaten von Ausländern gem. § 120 Abs. 2 GVG[71] (Iren, Algerier, z. B. FIS, GIA)«. Heute gibt es bei der Bundesanwaltschaft mehrere explizite Islamismus-Referate.

Nach der Anklage müssen auch die Richter am Oberlandesgericht Frankfurt am Main in der Hauptverhandlung Pionierarbeit leisten. Im Prozess, der am 16. April 2002 und damit mehr als ein halbes Jahr nach den Anschlägen von New York und Washington beginnt, wird es juristisch schwierig, die Angeklagten überhaupt zu belangen. Zwar hat inzwischen durch den 11. September 2001 alle Welt verstanden, was al-Qaida ist und was islamistische Terroristen wollen, doch die Mitgliedschaft in einer ausländischen terroristischen Vereinigung ist zum Zeitpunkt der Anschlagsplanungen im Jahr 2000 nicht strafbar. Der Generalbundesanwalt klagt deshalb recht umständlich die »Verabredung zur Begehung eines Verbrechens« an.

Vorsitzender Richter am Oberlandesgericht Frankfurt am Main ist Karlheinz Zeiher. Er stellt in seinem Urteil zu dem Anschlagsplan für Straßburg unter anderem fest: »Berücksichtigt man allein die durch Marktbuden, Kinderkarusselle, Weihnachtsbäume u. a. verursachten engen Verhältnisse und die großen Menschenansammlungen in den Abendstunden auf dem Weihnachtsmarkt – wie sie von dem Angeklagten Benali auf dem in Augenschein genommenen Videofilm eindrucksvoll dokumentiert wurden –, kann nur von einer zielgerichteten Tötungsabsicht der Angeklagten ausgegangen werden«.[72]

Noch während Karlheinz Zeiher den Fall verhandelt, wird am 22. August 2002 der neue § 129b StGB »Kriminelle und terroristische Vereinigungen im Ausland« verkündet und damit in das deutsche Strafgesetzbuch aufgenommen.[73] Künftige Fälle können nun besser erfasst werden – und neue Terroristen sind auch schon längst dabei, sich für weitere Strafverfahren zu empfehlen.

So zum Beispiel Aleem Nasir aus Germersheim in der Südpfalz. Er fällt Arbeitskollegen zum ersten Mal als Extremist auf, als er nach dem 11. September 2001 die Anschläge begeistert verteidigt und für richtig hält. Nasir arbeitet zu diesem Zeitpunkt für ein externes Ingenieurbüro am Kernforschungszentrum Karlsruhe im Institut für

Transurane. Im Urteil des Oberlandesgerichts Koblenz gegen ihn heißt es dazu: »Er äußerte unter anderem, dass das, was in Amerika passiert sei, richtig sei, sagte weitere Anschläge in den Vereinigten Staaten und Europa voraus und erklärte, es gebe nun kein Zurück mehr. Amerika gebe es bald nicht mehr, das Taliban-Regime sei das einzig Wahre.«[74]

Schon zuvor hatte Nasir Kontakt zu radikalen Kreisen rund um das Multikulturhaus in Neu-Ulm und die beiden Ärzte Dr. Yehia Yousif, den spirituellen Mentor der »Sauerland-Gruppe,« und Dr. Mohammad Osama Kahf, der in einem spanischen Ermittlungsbericht als Kontaktperson der Attentäter der schweren Zuganschläge vom 11. März 2004 in Madrid (191 Tote, mehr als 2000 Verletzte) genannt wird.[75] Mit ihm setzte sich Nasir bereits in der Zeit des Bosnienkriegs 1993/1994 für die Belange muslimischer Gruppen ein.[76]

Trotz dieser Anknüpfungspunkte und einer beim Landesamt für Verfassungsschutz Baden-Württemberg durchgeführten Sicherheitsüberprüfung bekam Aleem Nasir einen Zugangsausweis für das Kernforschungszentrum Karlsruhe ausgehändigt. Grund dafür war ein Kommunikationsproblem zwischen dem Landesamt für Verfassungsschutz und dem Umweltministerium in Baden-Württemberg. Der Verfassungsschutz hatte am 25. Juli 2001, nach der mehr als drei Monate andauernden Bearbeitung einer entsprechenden Anfrage, auf die extremistische Einstellung von Nasir hingewiesen. Dabei ging alles den gewohnten Verwaltungsgang. Die Antwort wurde als Verschlusssache deklariert und auf dem Dienstweg weiterbefördert. Im Umweltministerium blieb sie zwei Monate lang liegen, bis am 17. September 2001 ein alarmierendes Fax des Sicherheitsbeauftragten des Kernforschungszentrums im Stuttgarter Ministerium eintraf. Jetzt erst, mit dem Bekanntwerden von Nasirs extremistischen Äußerungen zum 11. September 2001 im Umweltministerium, wurde die Zugangsberechtigung widerrufen.[77]

Die Sache gerät zu einer kleinen parlamentarischen Affäre. Die bohrende Landtagsanfrage zu Aleem Nasir stellt übrigens unter anderem der damalige Oppositionspolitiker Winfried Kretschmann.

Heute verantwortet er als Ministerpräsident auch die Sicherheit des Bundeslandes.

Tatsächlich ist Aleem Nasir schon zu diesem Zeitpunkt alles andere als harmlos. Er ist dabei, sich zu einer Art Statthalter von al-Qaida in Deutschland zu entwickeln, sammelt in den folgenden Jahren Geld, besorgt Ausrüstungsgegenstände, bringt beides für al-Qaida nach Pakistan und rekrutiert Kämpfer und Unterstützer, wie etwa Ömer Özdemir, Rene Sepac und Bekkay Harrach. Am 13. Juli 2009 wird Nasir als Mitglied des Terrornetzwerks al-Qaida vom Staatsschutzsenat des Oberlandesgerichts Koblenz unter dem Vorsitz von Angelika Blettner zu acht Jahren Haft verurteilt – auf der Grundlage des relativ neuen Paragraphen § 129b Strafgesetzbuch und mit Hilfe einer mutigen Aussage seines Stiefsohnes.[78]

Der von Nasir rekrutierte Bekkay Harrach ist zu dieser Zeit längst in Afghanistan und kämpft für al-Qaida. Mitte September 2009 veröffentlicht er über einen al-Qaida-nahen Mediendienst ein deutschsprachiges Drohvideo, das auf die Bundestagswahl am 27. September 2009 zielt. Es mutet skurril an, ist aber offenbar todernst gemeint: Harrach steht vor einem roten Vorhang, trägt ein weißes Hemd mit blauer Krawatte und ein schwarzes Sakko. Er scheint mit seinem Outfit US-Präsident Barack Obama zu imitieren, der Anfang Juni 2009 an der Universität in Kairo eine Grundsatzrede zum Verhältnis der USA gegenüber der muslimischen Welt gehalten hat.[79]

Harrach parodiert Obama fast exakt.[80] Die Analytiker in den deutschen Sicherheitsbehörden fragen sich: Was soll das staatsmännische Gehabe? Ist er größenwahnsinnig geworden? Was sagt sein Auftritt über seine Bedeutung im Terrornetzwerk al-Qaida aus? Antworten auf diese Überlegungen werden nicht gefunden. Im Sommer 2010 gibt es mehrere Meldungen über den möglichen Tod des Terroristen aus Bonn-Tannenbusch. 2011 bestätigt die »Islamische Bewegung Usbekistans« (IBU), dass Bekkay Harrach nicht mehr am Leben ist.[81]

Seinen Kampfnamen, Abu Talha al-Almani, nimmt kurz darauf der Berliner Islamist und frühere Rapmusiker Denis Cuspert an.

Glück gehabt oder gute Arbeit? Warum es nicht schon viel früher richtig knallte

»Der Terrorismus hat auf die Dauer keine Chance.
Denn gegen den Terrorismus steht nicht nur der Wille
der staatlichen Organe. Gegen den Terrorismus steht
der Wille des ganzen Volkes.«
Helmut Schmidt, September 1977

Wäre es nach den Tätern gegangen, hätte der erste große islamistische Terroranschlag in Deutschland bereits am 31. Juli 2006 – kurz nach der Fußball-Weltmeisterschaft in Deutschland – stattgefunden. Aus dem deutschen »Sommermärchen« wäre ein Albtraum geworden. Doch der geplante große Knall war dann doch nur ein leises Zischen. Die Täter hatten einen entscheidenden Fehler gemacht. Das rettete an diesem Hochsommertag vielen Dutzenden Menschen an Bord von zwei Regionalexpress-Zügen auf dem Weg nach Koblenz und Dortmund das Leben. Denn zwischen ihnen standen Rollkoffer mit infernalischen Sprengsätzen aus Camping-Gasflaschen, zudem Plastikflaschen mit Benzin und Paketen mit Speisestärke, um die Brandwirkung zu erhöhen und stärkere Verbrennungen bei den Opfern zu erzeugen. Platziert worden waren die Kofferbomben von Terroristen in Fußballtrikots. Die Fahndungsplakate nach dem Fund der Bomben zeigten Überwachungsbilder vom Kölner Hauptbahnhof, auf denen einer der Täter, Youssef el-Hajdib, das Nationalmannschaftstrikot von Michael Ballack trägt – damals noch ein unumstrittenes Idol.

Vieles, was die Täter sich mit Hilfe von Anleitungen aus dem Internet zusammengebastelt hatten, funktionierte. Die beiden Wecker aus dem Elektromarkt taten ihren Dienst, gaben den selbstgebauten Zündern aus Fahrradbirnchen Strom. Die Zünder funktionierten. Stichflammen schossen in die Gasflaschen, die in den Rollkoffern versteckt waren. Doch wegen eines Denkfehlers der Attentäter beim Bau der Sprengsätze blieben die Stichflammen der Zündladungen in den prall gefüllten Gasflaschen folgenlos. Die beiden libanesischen Studenten Youssef el-Hajdib und Dschihad Hamad hatten es zu gut gemeint. Hätten sie sich exakt an ihre Bauanleitung gehalten (ein islamistisches Video aus dem Internet, unterlegt mit der Musik von Hans Zimmer aus dem Hollywoodfilm »The Rock«), hätte es nach Überzeugung der Gutachter und des Staatsschutzsenats am Oberlandesgericht Düsseldorf Dutzende Tote gegeben.[82]

»Es war eine zutiefst terroristische Tat«, sagte der Vorsitzende Ottmar Breidling am 9. Dezember 2008 in seiner Urteilsbegründung. El-Hajdib und Hamad hätten aus Rache für die im Herbst 2005 in dänischen Zeitungen erschienenen und im Februar 2006 unter anderem in deutschen Zeitungen nachgedruckten Karikaturen des Propheten Mohammed gehandelt, die aus Sicht der beiden Täter (wie aus der Sicht vieler anderer Muslime) verunglimpfenden Charakter gehabt hätten. Die Zeichnungen lieferten im Januar 2015 auch einen Grund für den Angriff und die Morde in der Redaktion von »Charlie Hebdo« in Paris, von anderen islamistischen Terroristen wurden sie ebenfalls als Motivation genannt.

Doch der selbstproduzierte Fehler der beiden »Kofferbomber« verhinderte 2006 deren Tat und ersparte Deutschland einen verheerenden Anschlag.

Richter Ottmar Breidling nutzte die mündliche Urteilsbegründung am 9. Dezember 2008, um nachdrücklich auf die Gefahren des islamistischen Terrors in Deutschland hinzuweisen. Schon in früheren Prozessen, wie 2000 gegen den islamistischen, inzwischen in die Türkei abgeschobenen »Kalifen von Köln« Metin Kaplan und seine Vereinigung »Kalifatstaat« oder 2003 gegen die Terrororganisation »al-Tahwid«, deren Anschläge auf Juden in Düsseldorf und Berlin rechtzeitig verhindert werden konnten, hatte Breidling seine Rolle als Vorsitzender Richter eines Staatsschutzsenats auch politisch verstanden und sowohl während der Beweisaufnahme als auch in seinen Urteilsbegründungen immer wieder pointiert auf Zustände und Missstände hingewiesen.

Wie kaum ein anderer Richter eines Staatsschutzsenats hat er dabei den Ermittlungsbehörden einen Vertrauensvorschuss gegeben. Kamen BKA-Beamte als Zeugen in seine Verhandlungen, wollte er üblicherweise zunächst wissen, wie deren Karriere beim Bundeskriminalamt verlaufen war, »damit wir sie hier besser kennenlernen«. Und zur Verabschiedung hieß es dann gerne mal: »Grüßen Sie mir die Kollegen in Meckenheim«. Für die – aus seiner Sicht stets hervorragende – Arbeit des Bundeskriminalamts benutzt Ottmar Breidling gerne das Wort »überobligationsmäßig«.[83] Erstaunlich am Verfahren gegen Youssef el-Hajdib und Dschihad Hamad war allerdings, wie schnell der geplante Anschlag und die Hintergründe in der Öffentlichkeit in Vergessenheit gerieten. War die Bedrohung zu abstrakt oder die Tatausführung zu stümperhaft? Oder wollte die Öffentlichkeit nicht zur Kenntnis nehmen, welche Katastrophe funktionierende Kofferbomben in den beiden Regionalexpress-Zügen hätten auslösen können?

Die möglichen Folgen der Sprengsätze wurden während des Prozesses in Düsseldorf jedenfalls sehr deutlich. Die Bundesanstalt für Materialprüfung hatte im Auftrag des BKA die Explosion einer Gasflasche nachgestellt und in einem Hochgeschwindigkeitsvideo dokumentiert. Das Video ermöglichte, die explodierende Gasflasche in extremer Zeitlupe zu sehen: Erst ein riesiger Feuerball, dann fliegen weggesprengte, scharfkantige Metallsplitter durch die Luft, dann der Torso der Flasche selbst, der trudelnd Dutzende Meter weit über das Versuchsgelände flog. Wie sehr wäre diese Wirkung verstärkt worden, wenn die Flasche nicht unter freiem Himmel, sondern im Innenraum eines Eisenbahnwaggons explodiert wäre? Wie groß wäre der Verstärkungseffekt durch die beigefügten Benzinflaschen und Stärkepackungen gewesen? Exakt konnten es die Gutachter nicht sagen. Aber darauf kam es auch gar nicht mehr an. In der mündlichen Urteilsbegründung sprach der Vorsitzende Richter Ottmar Breidling von »einem verheerenden Blutbad mit einer Vielzahl von Toten«, die es wohl gegeben hätte, wenn die Sprengsätze explodiert wären.[84]

Neben der geplanten Zerstörungswirkung der Kofferbomben gab es im Fall el-Hajdib einen weiteren Umstand, der für die Sicherheitsbehörden ein Alarmzeichen war. Die beiden Täter Youssef el-Hajdib und Dschihad Hamad lebten bis zu ihrer Tat völlig unauffällig in Deutschland. Keine deutsche Sicherheitsbehörde hatte sie »auf dem Schirm«. Und auch nach dem Fund der Sprengsätze gerieten sie erst dann in den Blick der Ermittler, als die öffentliche Fahndung mit den Bildern der Terroristen im Fußballtrikot Hinweise auf deren Identität lieferte. Dabei hatte es insbesondere bei el-Hajdib in den Monaten vor der Tat Hinweise auf eine zunehmende Radikalisierung gegeben. Er gab Frauen nicht mehr die Hand, spielte Fußball unabhängig vom Wetter nur noch mit langer Hose und langärmeligem T-Shirt, verbot Musik in seiner Umgebung. Seine Freunde und Kommilitonen bemerkten diese Radikalisierung, Folgen hatte das aber nicht. Vor Gericht waren seine Lehrer und Dozenten betroffen über die Entwicklung, die vor ihren Augen und doch von ihnen unbemerkt geschehen war.[85]

Die Ermittlungen im Fall der Kofferbomben zeigten zugleich erhebliche strukturelle Probleme im Sicherheitskonzept der Deutschen Bahn – andererseits aber auch die Wirkung einer simplen Sicherheitsmaßnahme, die bis heute praktiziert wird: Polizisten in Uniform fahren bei der Deutschen Bahn umsonst in der 2. Klasse, egal, ob sie dienstlich oder privat unterwegs sind. Diese Regelung gilt in fast allen Bundesländern und im Regionalverkehr genauso wie im ICE. Der Gedanke der Bahn dahinter ist einfach: Uniformierte Polizisten erhöhen das Sicherheitsgefühl der Reisenden, schrecken Straftäter ab und sorgen dafür, dass im Fall des Falles bei kleinen oder großen Problemen im Zug schnell klar wird, ob und wo Polizisten unter den Reisenden sind. Bei den »Kofferbombern« hat das funktioniert. Man habe zunächst einen Anschlag auf ICE-Züge erwogen, berichtete el-Hajdib vor Gericht. Doch diese Züge seien zu stark gesichert gewesen, zu oft habe man dort Polizisten gesehen. Deshalb habe man sich für Nahverkehrszüge entschieden.

Die oft diskutierte Videoüberwachung, die die Bahn schon damals auf einigen Bahnhöfen betrieb, stellte die Ermittler dagegen zunächst vor eine fast unlösbare Aufgabe. Ihr Ziel war, Videoaufnahmen der – bis dahin völlig unbekannten – Täter zu bekommen. Die Beamten wussten ja zunächst nicht einmal, wann und wo die Bombenkoffer in die beiden Regionalexpress-Züge gestellt worden waren.

In Frage kamen vor allem drei Kölner Bahnhöfe (darunter der Hauptbahnhof, an dem es tatsächlich passiert war), in denen beide Zuglinien hielten. Sicherheitshalber wollten die Ermittler aber möglichst alle in Frage kommenden Bahnhöfe der beiden Regionalexpress-Züge kontrollieren. Es wurde eine Sisyphosarbeit. Zwar gab es in einigen der fraglichen Bahnhöfe Videokameras, doch beim Versuch, diese Bilder auszuwerten, wurden die Ermittler des Bundeskriminalamts mit zahlreichen Problemen konfrontiert. Die Bilder einiger Kameras waren gar nicht aufgezeichnet worden. Andere Kameras waren defekt oder lieferten technisch unbrauchbare Aufnahmen.

Bei den funktionsfähigen Kameras – insbesondere aus dem Kölner Hauptbahnhof – sah sich das BKA dann mit einem Meisterwerk deutscher Ingenieurskunst konfrontiert: Die Überwachungsanlage der Firma Siemens zeichnete die Kamerabilder in einem speziellen, eigenen Dateiformat K26 auf, das jeweils zehn Sekunden Bild von einem Dutzend Kameras in eine gemeinsame Datei schrieb. Wollte man also sechzig Sekunden einer bestimmten Kamera ansehen, musste man sechs Dateien hintereinander sichten und sich dabei jeweils nur auf einen von zwölf Kanälen konzentrieren. Selbst das ging jedoch nur mit spezieller Hard- und Software.[86] Für die Ermittler ein Albtraum. Erst eine provisorische Ermittlungsstelle des BKA in Hinterzimmern des Berliner Ostbahnhofs, in dem eine Anlage zur Auswertung des kuriosen Dateiformats vorhanden war, brachte etwas Schwung in die Untersuchungen. Doch Stunden und Tage gingen so verloren, und niemand konnte sagen, wer die Täter waren und ob sie weitere Taten planten.

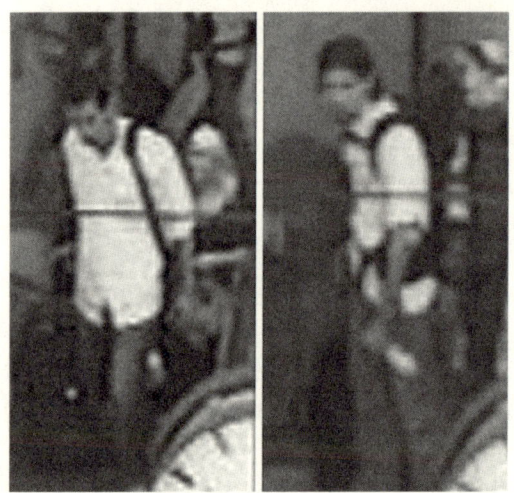

Youssef el-Hajdib.

Die Kofferbombe – Trolley und Gasflasche.

Als die Auswertung dann schließlich gelungen war und die Bilder des Terroristen im Ballack-Trikot am 18. August 2006, immerhin fast drei Wochen nach der Tat, veröffentlicht werden konnten, führte die weitere Fahndung relativ schnell zum Erfolg: Von den Sicherheitsbehörden im Libanon erreichte das Bundeskriminalamt noch am Abend des gleichen Tages ein Hinweis, der Name des Mannes sei Youssef el-Hajdib und er plane seine Flucht aus Deutschland.[87] Sein Wohnort Kiel war schnell ermittelt, BKA und Bundesanwaltschaft veranlassten eine Grenzalarmfahndung und el-Hajdib konnte in den frühen Morgenstunden des 19. August 2006 auf dem Kieler Hauptbahnhof festgenommen werden. Er war dabei, sich zu seinem älteren Bruder nach Schweden abzusetzen. Sein Komplize Dschihad Hamad wurde einen Tag später in Tripoli im Libanon festgenommen.

Die Anschlagsversuche der Kofferbomber sind die erste konkrete islamistische Terrorbedrohung für Deutschland gewesen. Vorwarnungen oder »Anfasser«, wie Ermittler Anknüpfungspunkte für Ermittlungen nennen, hatte es vor dem Entdecken der Sprengsätze nicht gegeben. Gefunden wurden die Täter letztlich wegen eines guten Fahndungsbildes und eines Tipps des libanesischen Geheimdienstes.

Auch wenn die Ermittlungen von BKA und Bundesanwaltschaft parallel weitere Ansätze zutage gebracht hatten (zum Beispiel durch die verwendeten Gasflaschen, die sehr speziellen Stärkepackungen und die zur Zündung eingesetzten Batterien), so war doch allen Beteiligten klar: Eigentlich war es bereits *zwölf Uhr*. Der islamistische Terror war in Deutschland angekommen. Weitere Taten waren nur eine Frage der Zeit.

Sechs Jahre später haben die gleichen Ermittler, Bundesanwalt Horst-Rüdiger Salzmann und Oberstaatsanwältin Duscha Gmel, es mit einer ziemlich ähnlichen Tat zu tun. Diesmal steht die Bombe auf dem Bonner Hauptbahnhof. Ob sie einen vergleichbaren Zünder hatte, der bei der Entschärfung verloren ging, oder nur eine Atrappe war, wie die Verteidigung behauptet, wird monatelang vor Gericht erörtert. Die mutmaßlichen Täter scheinen jedenfalls mindestens so radikal zu sein, wie die »Kofferbomber«. Mit Enea B. gehört ein früherer albanischer Polizist, der in »operativen Sondereinheiten« eingesetzt wurde, zu den Angeklagten.[88] Er schreibt im Zorn über die Ermittler aus der Haft einen Brief an die Bundesanwaltschaft und offenbart seine innersten Gedanken: »Der, der ein Feind Allahs und dessen Propheten ist, verdient es keine Sekunde auf Allahs Erde zu leben. Oder wollt ihr etwa, dass wir Blumen und Champagner reichen? Ihr vertut euch schwer. Ihr seid mein Feind und ich bin euer Feind, bis zum Tod. Der Grund: Ihr seid die Verteidiger und Vertreter der feindlich gesinnten Regime des Islam. Mit euren Gesetzen beschützt ihr Kriminelle wie: Bush, Blair, Obama, Putin, Merkel. Als solche werdet ihr zusammen ins ewige Feuer gehen. Ihr lacht über uns über ein paar Jahre Gefängnis, die wir mit Freude für Allahs Zufriedenheit absitzen. Und wir werden dann über euch Milliarden Jahre lang lachen, so Allah will.«[89]

Die ständige Frage nach den Prioritäten

»Was tut die Feuerwehr, wenn sie zehn Fahrzeuge hat, es aber an fünfzehn verschiedenen Stellen in der Stadt brennt?« Ein hochrangiger deutscher Ermittler umreißt damit ein Problem, das Staatsschützer in ganz Europa seit vielen Jahren haben. Die Antwort lautet bei Polizei und Verfassungsschutz ebenso wie bei der Feuerwehr: Man muss um Unterstützung bitten und bis zu deren Eintreffen Prioritäten setzen. Und hoffen, dass man die Prioritäten richtig setzt.

Bei der Polizei ist diese Prioritätensetzung auch jenseits der Terrorismusbekämpfung Alltag. Wann immer ein Politiker besondere Maßnahmen verkündet oder spezielle Ermittlungsgruppen eingerichtet werden, ob nach einem spektakulären Mordfall oder zur Bekämpfung einer Einbruchsserie, fast immer werden Beamte hinzugezogen, die eigentlich eine andere Aufgabe haben – und dann dort fehlen. Läuft eine große Überwachungsaktion der Staatsschützer, die alle MEK- und SEK-Einheiten einer Region oder eines Bundeslandes fordert, haben beispielsweise die Drogenbekämpfer das Nachsehen, wenn sie die Spezialkräfte brauchen.

Eigentlich ist es logisch: Hört man, dass die Polizei irgendwo ihre Aktivitäten verstärkt, bedeutet es zwangsläufig, dass es irgendwo weniger Polizei geben muss. In einem gewissen Umfang können und sollen die Bereitschaftspolizeieinheiten der Länder und der Bundespolizei das ausgleichen. Allerdings sind diese Einheiten nur für allgemeine Aufgaben der Kriminalitätsbekämpfung geeignet und haben ihrerseits in den vergangenen Jahren durch Überlastung und Urlaubssperren Überstundenkapazitäten, die praktisch nicht mehr abzubauen sind.[90]

Aktuell verschärfen die hohe Zahl islamistischer Gefährder und die angespannte Sicherheitslage die Personalsituation zusätzlich. Diese Diskussion um die Prioritäten ist nicht neu und wurde in den Ermittlungsbehörden schon geführt, als die islamistische Bedrohung noch nicht ansatzweise so umfangreich war, wie sie es heute ist.

Beispielsweise im Spätherbst 2006. Kaum drei Monate nach der Festnahme der Kofferbomber beschäftigte die Staatsschutzermittler beim BKA plötzlich noch ein ganz anderer Fall: Das Bundeskriminalamt hatte den Hinweis bekommen, der Vater der gesuchten mutmaßlichen RAF-Terroristin Daniela Klette sei im Raum Karlsruhe verstorben, seine Beerdigung stehe unmittelbar bevor. Verglichen mit dem aktuellen islamistischen Terrorismus war das eine Nachricht wie aus einer anderen Welt. Doch manchem Ermittler schien es eine gute Chance zu sein, zumindest Daniela Klette festnehmen zu können.

Der Plan war schnell zurechtgelegt: eine großangelegte Observation der Beerdigung auf dem Karlsruher Hauptfriedhof sowie der Wohnung ihrer Eltern. Eine Operation wie in den Hoch-Zeiten der RAF-Fahndung. Viele Ermittler waren überzeugt: Irgendwann würde Daniela Klette am Grab ihres Vaters oder bei ihrer Mutter auftauchen. Aus Sentimentalität oder in der Annahme, dass man sich so viele Jahre nach dem Ende der RAF nicht mehr für sie interessieren würde.

Es gab gute Argumente für diese Sichtweise. Nicht zuletzt durch Interviews mit den Eltern des RAF-Mitglieds Wolfgang Grams, in denen sie nach dem Tod ihres Sohnes und der Verhaftung seiner

Gefährtin Birgit Hogefeld dem Dokumentarfilmer Andres Veiel offenbarten, dass sich Grams und Hogefeld mehrfach aus dem Untergrund gemeldet und die Eltern heimlich besucht hatten – obwohl man mit einer Überwachung durch das BKA rechnete.[91]

Trotzdem war der Plan im Bundeskriminalamt und bei der Bundesanwaltschaft ausgesprochen umstritten. Würde sich Daniela Klette tatsächlich zu einer solchen Unvorsichtigkeit hinreißen lassen? Gerade weil doch die Treffen anderer Terroristen mit Angehörigen bekannt geworden waren? War es nicht Zeitverschwendung, weil man doch an den anderen, neuen Fronten der Terrorismusbekämpfung gerade alle Hände voll zu tun hatte? Waren die Taten der RAF nicht zudem schon »Geschichte«, Mordfälle zwar, die man nicht vergessen würde, bei denen andererseits aber nicht mehr mit einer Fortsetzung zu rechnen war?

Doch die Traditionalisten in der Bundesanwaltschaft setzen sich durch. Die Observation der Beerdigung wurde sorgfältig geplant und mit großem Personaleinsatz durchgeführt. Eine eigene Operationszentrale wurde mitten in der Karlsruher Innenstadt eingerichtet, unweit der Postgalerie in einem getarnten Büro des Landesamtes für Verfassungsschutz Baden-Württemberg. Auf dem Stadtfriedhof bezogen Spezialkräfte diskret Positionen rund um das imposante Mausoleum, in dem sich das unscheinbare Urnengrab befand.

Man wartete tagelang, bei Wind und Kälte, und überlegte sich aufwendige Methoden, die eingesetzten Kräfte nach einigen Stunden Schicht auszutauschen, erzählen die, die dabei gewesen sind. Schließlich laufen normalerweise auf Friedhöfen nicht ständig kleine Gruppen junger Männer herum. Doch der Aufwand war vergebens. Daniela Klette ließ sich nicht blicken. Heftige interne Diskussionen folgten bei den Ermittlungsbehörden. Das Ergebnis: Der Einsatz auf dem Karlsruher Hauptfriedhof war die letzte große Fahndungsaktion in diesem Stil nach RAF-Terroristen.

Denn zeitgleich zur »Friedhofaktion« in Karlsruhe erreichten die deutschen Ermittlungsbehörden schon die nächsten Vorboten einer möglichen islamistischen Bedrohung. Es waren die ersten Hinweise auf die »Sauerland-Gruppe«, die sich eigentlich in Schwaben formierte, die ihren öffentlichen Namen aber schließlich durch die Lage des Festnahmeorts in Medebach/Oberschledorn im Hochsauerlandkreis erhielt.

Auf die »Sauerland-Gruppe« wird hier später noch ausführlich einzugehen sein (S. 165). Doch schon erwähnt werden soll, dass von diesem Zeitpunkt an bis heute nicht nur die Zahl der Gefährder, sondern auch das Level der islamistischen Ermittlungsverfahren und Bedrohungslagen quasi kontinuierlich angestiegen ist, jedenfalls nie wieder deutlich nachgelassen hat. Vom Schock der NSU-Entdeckung und den sich anschließenden riesigen Ermittlungsverfahren sowie den weiteren Ermittlungskomplexen im Bereich des rechten Terrors (»Oldschool Society«, das Internet-Nachrichtenportal »Altermedia«, »Gruppe Freital«) einmal ganz abgesehen.[92]

Schon die rein zahlenmäßig ständigen Steigerungen bringen für Polizei und Justiz erhebliche Probleme mit sich. Großverfahren, von den Juristen nüchtern »Umfangsverfahren« genannt, binden auch nach Abschluss der Ermittlungen Dutzende Beamte und produzieren Hunderte von Stehordnern an Akten sowie häufig zusätzlich viele Gigabytes an elektronischen Daten von Computern, Festplatten, USB-Sticks und Mobiltelefonen, die bei den Beschuldigten sichergestellt worden sind. Waren es im »Sauerland-Verfahren« noch knapp 500 Ordner Ermittlungsakten, ist der NSU-Prozess inzwischen bei rund 1000 Ordnern,[93] in beiden Fällen sind die diversen Datenträger darin noch gar nicht enthalten.

Doch anders als die Polizei tut sich die Justiz mit der Priorisierung schon aus Prinzip schwer: Abgesehen von der Pflicht, Angeklagte, die sich in Untersuchungshaft befinden, vorrangig zu behandeln, werden alle Verfahren unabhängig von Sachverhalt und Angeklagtem mit der gleichen Sorgfalt betrieben.

Im Strafverfahren gelten feste Grundsätze, wie etwa das Mündlichkeitsprinzip[94] der Hauptverhandlung: Bis auf streng definierte Ausnahmen (das sogenannte Selbstleseverfahren[95]) müssen alle Aspekte der Urteilsfindung in der öffentlichen Hauptverhandlung stattfinden. Dadurch dauern Prozesse bei komplexen Sachverhalten, schwierigen Rechtsfragen, Angeklagten, die Dolmetscher benötigen oder renitent sind, weit länger als in anderen europäischen Ländern.

Die Überlastung der Justiz ist – nicht nur bei den Staatsschutzverfahren – längst Realität. Zwar werden bei den Staatsschutzsenaten an den Oberlandesgerichten zunehmend sogenannte Hilfssenate eingerichtet, um den überlasteten Senaten Verfahren abzunehmen. Doch dafür werden an den Oberlandesgerichten kaum neue Stellen geschaffen, sondern Richter aus anderen Senaten hinzugezogen. Dabei ist absehbar, dass sich alleine schon durch die bereits heute laufenden Ermittlungsverfahren des Generalbundesanwalts und der Staatsanwaltschaften der Länder die Situation bei den Staatsschutzdelikten in den kommenden Jahren noch weiter zuspitzen wird.

Die Gerichte sind überlastet, zumal einzelne Mammutverfahren einzelne Senate über Jahre hinweg fast ausschließlich beschäftigen. So zum Beispiel der NSU-Prozess gegen Beate Zschäpe, Ralf Wohlleben und drei weitere Angeklagte, der in München bereits mehr als 330 Verhandlungstage in Anspruch genommen hat, oder der Prozess um den versuchten Bombenanschlag auf den Bonner Hauptbahnhof 2012 (die sogenannte »Bonner Taschenbombe«) gegen den mutmaßlichen islamistischen Terroristen Marco G. und weitere Angeklagte in Düsseldorf, der auf den 150. Verhandlungstag zusteuert.

Es entsteht eine bedrohliche Situation: Dauern einzelne Hauptverhandlungen zu lange, dann könnte es dazu kommen, dass Terrorverdächtige noch vor dem Urteil aus der Untersuchungshaft entlassen werden müssen – dann nämlich, wenn die Verfahrensdauer im Verhältnis zur möglichen Strafe unverhältnismäßig lang ist.

Ähnliches gilt für die Anklageerhebung der Staatsanwaltschaften und die Entscheidungen der Gerichte, ob sie die Anklagen zulassen: Sitzen die Beschuldigten in Untersuchunsghaft, tickt zugleich auch immer die Uhr des *Beschleunigungsgebots*. Sind sie nämlich unverhältnismäßig lange in Untersuchungshaft, geht es also im Verfahren nicht zügig genug voran, wird ein verfassungswidriger Zustand erreicht und der mögliche Täter müsste freigelassen werden.

Der Rechtsstaat braucht seine Zeit. Allerdings gibt es gerade in Terrorismusverfahren zwei Umstände, die Staatsschutzverfahren besonders langwierig werden lassen. Zum einen sind es die oft komplexe Materie und die umfangreichen Ermittlungen, die wie oben beschrieben riesige Aktenberge und Datenmengen produzieren. Polizei und Staatsanwaltschaft müssen dieses Material aufbereiten, gegebenenfalls eine Anklage schreiben (die in komplizierten Verfahren wiederum mehrere Hundert Seiten umfassen kann) und dann alles dem Gericht vorlegen, das zunächst über die Zulassung der Anklage entscheiden und dann gegebenenfalls die Hauptverhandlung durchführen muss.

Zum anderen eben der Mündlichkeitsgrundsatz im Strafverfahren: Alles, worauf es für das Urteil ankommt, muss in der öffentlichen Hauptverhandlung vor Gericht vorgebracht und erörtert werden: Zeugen müssen noch einmal gehört werden, auch wenn die Polizei sie schon vernommen hat. Fotos müssen angesehen werden, auch wenn sie in den Akten enthalten sind. Beweisstücke werden »in Augenschein genommen«, Urkunden verlesen. All das braucht Zeit.

Besonders sind dabei die Strafverteidiger gefordert, die in der Regel als gerichtlich bestellte Pflichtverteidiger arbeiten, also aus der Staatskasse bezahlt werden. Häufig beklagen sie, dass effektive Verteidigung in solchen Umfangsverfahren kaum mehr möglich ist. Weder zeitlich noch finanziell. Denn sie sind allein oder zu zweit und stehen in der Regel einer Heerschar von Ermittlern und mehreren Staatsanwälten gegenüber.

Im NSU-Verfahren hat dieser Umstand zu erbitterten Auseinandersetzungen zwischen den drei Pflichtverteidigern von Beate Zschäpe und dem Senat geführt. Rechtsanwalt Wolfgang Stahl bemängelte schon in der Anfangsphase der Hauptverhandlung im Spätsommer 2013, dass die ihm zugesprochenen Vorschüsse auf die später zu erwartenden Gebühren bzw. die sogenannte Pauschgebühr völlig unzureichend seien.[96] Rechnerisch käme er mit den bewilligten Vorschüssen auf einen Stundensatz von 6,49 Euro pro Arbeitsstunde, brauche aber ein Vielfaches, um seine Kanzlei wenigstens kostendeckend führen zu können.[97] Der Streit um die Gebühren gipfelte in einem Befangenheitsantrag, mit dem Beate Zschäpe die beteiligten Richter ablehnte, weil sie fürchtete, durch die geringe

Bezahlung ihrer Verteidiger nicht ausreichend verteidigt zu sein. Der Antrag blieb erfolglos.

Rechtsanwalt Wolfgang Stahl argumentiert allerdings nicht nur in eigenem Interesse. Auch andere Strafverteidiger monieren die (finanziellen) Zustände in Staatsschutzverfahren. Insbesondere, wenn sie die umfangreichen Akten tatsächlich lesen – was keinesfalls selbstverständlich ist, sagt Michael Ried, Strafverteidiger in Waldbronn bei Karlsruhe. Ried hat nach eigenen Angaben seit 2005 in sieben Staatsschutzverfahren in Düsseldorf, Berlin, Koblenz und Stuttgart verteidigt.[98] Und er stellt fest: Im Verhältnis zu früheren Vergütungen in RAF-Prozessen sind die heutigen Pflichtverteidiger-Gebühren geringer. Zudem werden die entsprechenden Vorschriften von den Oberlandesgerichten immer restriktiver ausgelegt.[99]

Ähnlich sieht es Detlef Burhoff, früher selbst Richter am Oberlandesgericht Hamm, heute Rechtsanwalt und Experte für das Gebührenrecht der Rechtsanwälte. Er beklagt, dass insbesondere bei Mammutverfahren die Gerichte die rechtlichen Möglichkeiten zur Vergütung der Verteidiger viel zu wenig ausnutzen und so eine effektive Verteidigung gefährden. Im Zusammenhang mit der angesprochenen Gebührenentscheidung im NSU-Verfahren spricht Burhoff ausdrücklich von einem »abschreckenden Beispiel«.[100]

Auf den ersten Blick mag man sagen: Was soll's? Gerade Terroristen, die den Staat in Gänze ablehnen, dürften sich doch nicht wundern, wenn dieser Staat nicht übermäßig in ihre Verteidigung investiert. Doch der Rechtsstaat sieht das anders. Er fragt nicht nach Kosten und Motiven. Oder, um es mit Helmut Schmidt zu sagen: »In der Krise beweist sich der Charakter«.

Kapitel 5

Sind wir Jäger oder Gejagte? – Wir sind die Guten!

Manchmal ist der Anti-Terror-Kampf unübersichtlich. Als der junge Notarzt Dr. Albrecht Schönfelder am Nachmittag des 27. Juni 1993 mit einem Rettungshubschrauber von Schwerin nach Bad Kleinen fliegt, hat er nur wenige Informationen darüber, was ihn erwartet: Männliche Personen in Lebensgefahr, möglicherweise Schießerei. Als Notarzt hat er sich angewöhnt, vorher nicht lange über den möglichen Einsatz zu grübeln, sondern die Dinge zu nehmen, wie sie kommen. Doch dieser Einsatz ist ab dem Moment des Eintreffens völlig ungewöhnlich. Mit Sturmmasken vermummte Gestalten in ziviler Kleidung stehen am Landeplatz, reißen schon von außen die Tür des Hubschraubers auf und brüllen ihn an. »Schnell, schnell, schnell!«

Dr. Schönfelder ist irritiert. Ängstlich sei er nicht gewesen, sagt er Jahre später während der Vorbereitung zu der ARD-Dokumentation »Zugriff im Tunnel«.[101] Als Arzt sei es ihm egal gewesen, wer da gerade Hilfe braucht und wer ihn um Hilfe bittet. Dass er es hier mit Polizisten, noch dazu Beamten der GSG 9, zu tun hat, versteht der Internist zunächst nicht. »Worum geht es denn hier?«, fragt er die Männer, während man vom Hubschrauber zu den sterbenden Männern rennt. »Hier geht es um Gut gegen Böse – wir sind die Guten«, bekommt er zur Antwort. Eine Sichtweise, die sich in den folgenden Tagen und Wochen in Deutschland nur langsam durchsetzt.

Was einer der bislang größten Ermittlungserfolge im deutschen Anti-Terror-Kampf hätte werden können, die Unterwanderung und das Aufspüren der Kommandoebene der dritten Generation der RAF, wird zur Staatsaffäre. Der Polizist Michael Newrzella und der Terrorist Wolfgang Grams sterben. Bundesinnenminister Rudolf Seiters tritt zurück, Generalbundesanwalt Alexander von Stahl wird entlassen, hochrangige Beamte des Bundeskriminalamts werden abgestraft und versetzt. Nicht nur, weil die Polizeiaktion tödlich schiefgelaufen ist. Auch, weil über Wochen der Verdacht im Raum steht, Polizisten der GSG 9 hätten Wolfgang Grams aus Rache für den Tod ihres Kollegen getötet, ja regelrecht exekutiert.

Ein Artikel von Hans Leyendecker im Nachrichtenmagazin »Der Spiegel« schürt den vermeintlichen Skandal.[102] Kronzeuge für den eigentlich ausgezeichneten Rechercheur Leyendecker soll ein Beamter sein, der sich »in Seelennot« an den Journalisten gewandt habe, um ihm von der Racheaktion zu berichten. Hinzu kommt im Sommer 1993 die angebliche Aussage einer Kioskbetreiberin am Bahnhof von Bad Kleinen, die so etwas wie eine Exekution des Grams auf dem Gleisbett beobachtet haben will. Weil dann auch noch viele Fehler und Schlampigkeiten bei der Tatortarbeit bekannt werden, verstärkt sich der öffentliche Eindruck, es solle etwas vertuscht werden.

Aus heutiger Sicht gibt es für fast alle diese Fragen Erklärungen. Wolfgang Grams hat erst Michael Newrzella getötet und sich dann selbst erschossen, um der Festnahme zu entgehen. Dieses zentrale Ergebnis des Ermittlungsberichts der Bundesregierung nach dem Polizeieinsatz von Bad Kleinen[103] steht heute nicht mehr ernstlich in Frage. Allerdings ist ebenso unstrittig, dass der zunächst generalstabsmäßig und mit hohem Aufwand geplante Zugriff dann eben doch an einer unprofessionell agierenden und überforderten Polizei gescheitert ist. Dies wurde durch eine verworrene Zuständigkeitsstruktur begünstigt. Über den Fall »Bad Kleinen« wird später in diesem Buch noch zu sprechen sein (S. 184).

Der Einsatz in Bad Kleinen zeigt darüber hinaus aber auch so deutlich wie bislang kein zweites Beispiel, wie schnell in Deutschland aus den Jägern die Gejagten werden können. Und wie es der Staat schafft, Fehler zu erkennen und bei der vermeintlichen Bewältigung Dinge schlimmer zu machen, als sie vorher waren. Der BKA-Präsident und seine Rolle in der deutschen Sicherheitsarchitektur sind dafür ein gutes Beispiel.

Der falsch verstandene Horst Herold und die Realität der deutschen Polizei

Deutsche Polizisten mit bundesweitem Bekanntheitsgrad sind eine Seltenheit. Ob Präsidenten oder Mordermittler, wohl jeder noch so erfolglose »Tatort«-Kommissar ist bekannter als selbst der Präsident des mächtigen Bundeskriminalamts. Mit einer Ausnahme: Horst Herold, BKA-Präsident im »Deutschen Herbst« 1977. Seine Nachfolger spielten bis hin zu Jörg Ziercke, der 2004 sein Amt antrat, keine größere öffentliche Rolle. Selbst die traditionsreiche polizeiinterne Auszeichnung »Bul le mérite« des Bundes Deutscher Kriminalbeamter (BDK) wird eher selten an Polizisten, häufiger an Staatsanwälte und Politiker, gerne aber auch an »Fernseh-Kommissare« vergeben, wie etwa den »Bullen von Tölz« Ottfried Fischer oder »Derrick« Horst Tappert.[104]

Natürlich ist die Auswahl dieser Preisträger auch eine PR-Idee des BDK, um ein positives Image der deutschen (Kriminal-)Polizei zu fördern. Die Auswahl zeigt aber auch: Mit Vorzeige-Polizisten tut sich Deutschland schwer. Das bedeutet nicht, dass es nur wenige gute Ermittler gäbe. Aber es fällt (ähnlich wie beim Verfassungsschutz) in Deutschland besonders schwer, öffentliche Zustimmung in diesem Job zu erhalten. Stolz auf gute Polizeiarbeit, gar auf gute Polizisten, ist keine herausragende deutsche Eigenschaft. Es überwiegt Skepsis, die vor allem aus der unheilvollen Geschichte deutscher Sicherheitsregime im Dritten Reich resultiert.

Übrigens sind positiv herausragende Ermittler auch bei den so viel populäreren »Tatort«-Ermittlern eine Ausnahme – sieht man mal von dem eitlen, aber präzisen Rechtsmediziner Prof. Dr. Karl-Friedrich Boerne (Jan Josef Liefers) aus Münster ab. Die Fernseh-Kommissare sind überwiegend Anti-Helden, die durch ihre unkonventionellen Methoden oder persönlichen Lebensgeschichten hervortreten und nur selten mit herausragender klassischer Polizeiarbeit. Sherlock Holmes scheint es nur im Ausland zu geben, Horst Schimanski (Götz George) soll angeblich deutsche Realität verkörpern.

Besonders gilt das, wenn in Fernsehkrimis Terrorismusthemen eine Rolle spielen. Sie sind die fiktionale Eintrittskarte in die dunkle Sphäre der Verschwörungstheorien, in der Polizeibeamte zu rabiaten Einzelkämpfern werden, Verfassungsschützer plötzlich unbegrenzte Möglichkeiten und polizeiliche Befugnisse bekommen und die Weltverschwörung stets hinter der nächsten Ecke lauert. So lautet die Beschreibung einer »Tatort«-Folge (»Das Gespenst«) mit Maria Furtwängler als Kommissarin Charlotte Lindholm: »Auf dem Flughafen Hannover-Langenhagen wird ein Polizist bei einer Personenkontrolle erschossen. Was aussieht wie die panische Reaktion eines Kriminellen, wird zunehmend mysteriöser. Alle Überwachungskameras waren zur Tatzeit ausgefallen. Für Charlotte Lindholm scheint der Fall allerdings bereits nach wenigen Stunden klar. Zu ihrer eigenen Überraschung ist die mutmaßliche Mörderin ihre Jugendfreundin Manu. Sie wird von Charlotte gefasst – kurze Zeit später zieht jedoch der Verfassungsschutz den Fall an sich, um Manu wieder freizulassen. Man habe keine stichhaltigen Beweise für ihre Schuld gefunden.«[105]

Diese Freiheit der Darstellung im Spielfilm steht dem »Tatort« ohne Frage zu. Aber sie zeigt gleich mehrere Probleme in der öffentlichen Darstellung von Polizeiarbeit und der komplexen deutschen Sicherheitsarchitektur. Kaum einem Zuschauer dürfte bekannt sein, dass der Verfassungsschutz weder Ermittlungen der Polizei an sich ziehen noch einstellen kann.

Die brave Polizistin gegen die Macht des Bösen bzw. der Herrschenden ist hingegen ein beliebtes Motiv. Und dass erfolgreiche polizeiliche Ermittlungen fast immer die Gemeinschaftsleistung eines riesigen Apparates sind, Ermittlungsgruppen ihre Arbeit in viele einzelne Bereiche und dann wieder in kleine Einzelaufträge unterteilen und es folglich praktisch nie den einen Kommissar gibt, der den Fall über sämtliche Stationen hinweg von A über B nach C löst, ist ebenso unbekannt wie die dabei entstehende Papierflut durch

Aktenvermerke, Spurenberichte und Vernehmungen sowie die unzähligen Überstunden, wenn es schnell gehen muss.

Allerdings färbt die Darstellung in Film und Fernsehen auf die Polizei und ihr öffentliches Bild ab. Viel mehr, als ihr lieb sein dürfte. So wundert es auch nicht, dass eine Fernsehkritik dieser »Tatort«-Folge zu der fast schon kapitulierenden Bewertung kommt: »Wer weiß schon, was Geheimdienste treiben und was der Rechtsstaat so zulässt?«[106]

»Wer weiß schon, was er treibt«, war in Teilen der Öffentlichkeit auch der Vorwurf, der dem wohl bekanntesten Polizisten in der Geschichte der Bundesrepublik gemacht wurde: Horst Herold, Präsident des Bundeskriminalamtes von 1971 bis 1981 und damit auch während des »Deutschen Herbstes« 1977. Sein Spitzname war »Kommissar Computer« – allerdings mit einem klar negativen Unterton. Denn während heute in der breiten Öffentlichkeit im Zusammenhang mit dem internationalen Terrorismus permanent ein besserer Datenabgleich der Sicherheitsbehörden in Europa gefordert wird und sich mit den Phänomenen *Cybercrime* und *Cyberterrorismus* der Computer selbst zum Zentrum schwerer Straftaten entwickelt hat, waren Herolds Ideen und Experimente mit dem Computer gleichermaßen visionär wie beängstigend und hoch umstritten.

Sein Gedanke in der Terrorismusbekämpfung (aber auch darüber hinaus) war es, möglichst viel über die Täter zu wissen, um ihnen dann mit entsprechenden logischen Verknüpfungen und Berechnungen auf die Schliche zu kommen. So entstand unter anderem der Gedanke der Rasterfahndung, bei der große Datenmengen – zum Beispiel eines Einwohnermeldeamtes – nach gewissen Kriterien sortiert und mit anderen Dateien abgeglichen werden. Mieter in einem anonymen Wohnblock, jung, alleinstehend, Barzahler waren beispielsweise solche Kriterien, die zu konspirativen Wohnungen der RAF führen sollten.

In der Kritik stand (und steht) eine solche Rasterfahndung, weil sie von vornherein auf Datenbeständen aufbaut, in der eine Vielzahl von unschuldigen Bürgern erfasst sind. Im Gegensatz zum Abgleich eines Fingerabdrucks mit einer Datei, die ausschließlich Daten von Straftätern enthält. Rechtfertigt der Erfolg diesen Eingriff oder bedeutet diese Art der Fahndung die Preisgabe der Unschuldsvermutung? Horst Herold wurde zum Gesicht einer Polizeiarbeit, die von Teilen der Gesellschaft als beängstigend empfunden wurde. »Wir kriegen sie alle!«, war das Credo von Horst Herold.[107]

Horst Herold und Werner Maihofer 1974.

Doch seine Tragik war, dass seine Bemühungen, die RAF zur Strecke zu bringen, vor allem als ein Vorantreiben des Überwachungsstaats empfunden wurden. Und auch innerhalb der Polizei war Herold umstritten. Computergläubigkeit und perfektionistisches Denken wurden ihm vorgeworfen, er sei fern der polizeilichen Realität.[108] Als nach seinen Förderern Hans-Dietrich Genscher und Werner Maihofer mit Gerhart Baum 1978 ein Innenminister anderen Schlags Teil der Bundesregierung wurde, ahnte Herold wohl, dass es nun Probleme geben würde.

Baum war zuvor unter Genscher und Maihofer Parlamentarischer Staatssekretär und schon damals nicht auf Herolds Kurs gewesen. Zudem konnte Herold am Ende des Jahrs 1977 keinen wirklichen eigenen Erfolg vorweisen. Im Gegenteil: Die Suche nach den Schuldigen, die den richtigen Hinweis auf das Versteck von Hanns

Martin Schleyer nicht ordentlich bearbeitet hatten (S. 178), beschädigte auch Herold.

Beispielhaft für damalige Angriffe auf den BKA-Präsidenten ist ein Zwischenfall 1979, den der damals 32 Jahre junge linke Journalist Henryk M. Broder erlebte, der zu dieser Zeit für die »Frankfurter Rundschau« und den WDR arbeitete. Broder wollte im Mai 1979 von Köln-Bonn nach Zürich fliegen, um dort einen Vortrag über »Neonazismus in der Bundesrepublik« zu halten. Bei einer Kontrolle des Bundesgrenzschutzes stellte sich eher zufällig und unabsichtlich heraus, dass er zur »beobachtenden Fahndung« (Befa) ausgeschrieben war, einem bis heute genutzten Fahndungsinstrument, bei dem die Polizei eigentlich nur verdeckt mitteilen soll, wann eine zur Fahndung ausgeschriebene Person wo festgestellt wurde, ohne dass der Betroffene davon erfährt.

Bei Broder ging das gründlich daneben. Ein Beamter verplapperte sich, Broder ging auf offenen Konfrontationskurs und machte die Sache publik. Erst auf dem Flughafen, dann deutschlandweit in den Medien. Der »Spiegel« berichtete darüber im fünften Teil einer siebenteiligen Serie mit dem Titel »Das Stahlnetz stülpt sich über uns. Westdeutschlands Polizei- und Geheimdienst-Computer«.[109]

Herold war angezählt – und geriet immer mehr ins Abseits. Im Innenministerium hatte er nun nicht nur den Minister selbst, sondern mit Heinrich Boge auch den wichtigen Leiter der Polizeiabteilung gegen sich, den Herold kurz zuvor noch für diese Aufgabe empfohlen hatte.[110]

Hinzu kam eine weitere schwere Panne in der Terrorismusbekämpfung. Der Hamburger Verfassungsschutz und das Landeskriminalamt Hessen hatten eine Spur der RAF-Terroristen Christian Klar und Adelheid Schulz aufgenommen und observierten die beiden mit Wissen von Generalbundesanwalt Kurt Rebmann, allerdings ohne Kenntnis des BKA. Der Hamburger Verfassungsschutzchef Christian Lochte vermutete ein unmittelbar bevorstehendes Gesamttreffen der RAF in Hamburg und hoffte auf den ganz großen Fahndungserfolg. Dabei wollte er den Super-Polizisten Herold offenbar ausbooten und die Lorbeeren für sich allein beanspruchen.

Observationsfoto Christian Klar.

Doch Lochte hatte sich verzockt: Klar und Schulz wurden im März 1980 auf dem Weg von Frankfurt am Main nach Bremen und weiter nach Köln observiert, konnten den Observationskräften aber am 11. März 1980 in der Kölner Innenstadt entwischen. Die Panne wurde erst in Sicherheitskreisen und dann auch öffentlich bekannt.[111] Die deutschen Sicherheitsbehörden standen erneut blamiert da, und Horst Herold erkannte, dass man gezielt an ihm vorbei gearbeitet hatte – bis hin zu Kurt Rebmann, dessen Stellvertreter Gerhard Löchner und dem Herold eigentlich persönlich verbundenen Bundesanwalt Wolfgang Pfaff.

Verbittert zog sich Herold zurück, er erkannte, dass seine Tage als BKA-Chef gezählt waren. 1982 wurde er schließlich »aus gesundheitlichen Gründen« in den Ruhestand versetzt. Der BKA-Chef war zu diesem Zeitpunkt noch kein *politischer Beamter,* den man sofort entlassen kann. Doch Horst Herold blieb eine der gefährdetsten Personen der Republik – und die Landespolizei seiner Bayerischen Heimat lehnte es ab, ihn in seinem freistehenden Elternhaus mitten in Nürnberg zu schützen, denn das sei nicht praktikabel.

So kaufte und bezog Horst Herold ein Fertighaus, das er auf dem Gelände einer Polizeikaserne in Rosenheim errichten ließ – nachdem er dem Staat das nötige Grundstück abgekauft hatte. Wer zu ihm wollte, musste zunächst die Torwache des Bundesgrenzschutzes passieren, und viele Jahre lang danach noch einmal eine Kontrolle vor seinem Wohnhaus. »Mein Stammheim« wurde zu einem geflügelten Wort für das Anwesen Herolds, auch wenn er Wert darauf legt, diesen Begriff nicht selbst erfunden zu haben.[112]

Das BKA hat Horst Herold viel zu verdanken. Er hat aus der ursprünglichen Zentralstelle eine weltweit beachtete Polizeibehörde gemacht. Doch Anerkennung dafür blieb man ihm öffentlich schuldig. In »seinem« BKA wird er bis heute als Visionär geschätzt. Der Journalist Heribert Prantl von der »Süddeutschen Zeitung«, der zu den besten Herold-Kennern gehört, urteilt 2001 rückblickend: »Herold ist süchtig. Herold säuft Informationen wie ein Alkoholiker seinen Fusel. Das war die Krankheit, die man vor 25 Jahren bei ihm diagnostizierte und wegen der man ihn letztendlich für dienstunfähig erklärte. Es war eine furchtbare Fehldiagnose. Herold war nicht süchtig, er war auch nicht berauscht, er war ein Visionär – aber wohl zu oft zu euphorisch, der Zeit zu weit voraus.«[113]

Die beiden BKA-Präsidenten nach Horst Herold – Heinrich Boge und Hans-Ludwig Zachert – hatten es einfacher und schwerer zugleich: Einfacher, weil durch die Demission Herolds ein öffentliches Bedürfnis erfüllt worden war und seine Nachfolger nicht annähernd so sehr im Rampenlicht standen. Doch sie hatten es auch schwerer, weil sie in ihrer jeweiligen Amtsführung Horst Herold nicht gewachsen waren. Der Kriminologe und BKA-Kenner Dieter Schenk brachte es auf den Punkt: Für Boge seien die Stiefel des BKA-Präsidenten zu groß und für Zachert seien es schlichtweg die falschen Stiefel gewesen.[114]

Eine echte öffentliche Rolle spielte erst wieder Jörg Ziercke, BKA-Präsident von 2004 bis 2014. Seine Amtszeit war ebenfalls nicht frei von Turbulenzen, weil er entschieden den Kampf gegen die steigende Internetkriminalität aufnehmen wollte, dabei aber auch die Ideen von Internetsperren und Onlinedurchsuchungen offensiv befürwortete. Im NSU-Ermittlungsverfahren sorgte er im Innenausschuss des Bundestages für Verwirrung, weil er kurz nach Auffliegen des NSU den Mord an der Polizistin Michèle Kiesewetter in Heilbronn irrtümlich eine Beziehungstat nannte[115] und dadurch erhebliche Spekulationen auslöste.

Trotzdem war Jörg Ziercke ein im BKA und der Fachwelt geachteter Präsident, wie ihn die Behörde lange nicht erlebt hatte. Die Einrichtung des GTAZ unter der Führung des BKA im Dezember 2004, die damals kontrovers diskutierte »Anti-Terror-Datei« 2007, die Änderung des BKA-Gesetzes unter anderem mit der Einführung von präventiven Befugnissen 2008 sowie die Einrichtung eines Nationalen Cyber-Abwehrzentrums 2011 waren Meilensteine seiner Amtszeit.

Kurz nach deren Ende wurde es für Jörg Ziercke allerdings noch einmal ungemütlich: Die Affäre um den früheren SPD-Bundestagsabgeordneten Sebastian Edathy holte ihn noch einmal ein. Edathy war im Rahmen einer BKA-Ermittlung im Bereich Kinderpornografie in den Jahren 2011 und 2012 als möglicher Verdächtiger aufgetaucht, wurde im BKA jedoch offenbar nicht als Bundestagsabgeordneter identifiziert. 2013 leitete das BKA Namen möglicher Beschuldigter an die Landeskriminalämter zur weiteren Ermittlung weiter, darunter auch Edathy. Nun wurde der Name erkannt und auch Ziercke informiert. Der gab die Information an den damaligen Innenstaatssekretär Fritsche weiter, der seinerseits Bundesinnenminister Friedrich informierte. Weil Friedrich in den zeitgleich stattfindenden Koalitionsverhandlungen zwischen Union und SPD Frank-Walter Steinmeier informierte, das Ermittlungsverfahren schließlich einem größeren Personenkreis in der SPD bekannt wurde und wohl auch Edathy zugetragen wurde, trat Friedrich, inzwischen Bundeslandwirtschaftsminister, am 14. Februar 2014 zurück.

BKA Präsidenten

Holger Münch	seit Dezember 2014
Jörg Ziercke	2004–2014
Klaus Ulrich Kersten	1996–2004
Hans-Ludwig Zachert	1990–1996
Heinrich Boge	1981–1990
Horst Herold	1971–1981
Paul Dickopf	1965–1971
Reinhard Dullien	1955–1964
Hanns Jess	1952–1955
Max Hagemann	1951–1952

An Jörg Ziercke ging die »Edathy-Affäre« bis zu seiner Pensionierung im November 2014 folgenlos vorbei. Ein Fehlverhalten war ihm nicht nachzuweisen, die Meldung »nach oben« ins Bundesinnenministerium entsprach den Gepflogenheiten. Doch kurze Zeit später beschuldigte Edathy Ziercke, er sei es gewesen, der den SPD-Abgeordneten Michael Hartmann über die Ermittlungen gegen Edathy informiert habe. Und Hartmann, so Edathy, habe ihn dann gewarnt. Beweise für diese Behauptung gibt es nicht.

Aktueller BKA-Präsident ist Holger Münch. Er hat, wie Jörg Ziercke, den Polizeiberuf von der Pike auf gelernt und ist seit 1978, damals war er siebzehn, Polizist. Vor seinem Wechsel zum BKA war er Staatsrat für Inneres in Bremen und davor Polizeipräsident im Stadtstaat.

Sachsen, immer wieder Sachsen

»Ich bin die, wegen der Sie das hier machen.«
Beate Zschäpe am Polizeinotruf

Als der Islamist Dschaber al-Bakr, der in Chemnitz einen Sprengstoffanschlag plante am Montag, dem 10. Oktober 2016 in der Wohnung dreier syrischer Flüchtlinge in Leipzig festgenommen wird, liegt der Haftbefehl gegen ihn wegen des dringenden Tatverdachts der »Vorbereitung einer schweren staatsgefährdenden Straftat« bereits vor. Noch am selben Tag wird er dem Ermittlungsrichter zur Verkündung der Untersuchungshaft vorgeführt. Der Richter verkündet den Haftbefehl und ordnet dem Beschuldigten den erfahrenen Dresdner Strafverteidiger Alexander Hübner als Pflichtverteidiger bei. Auf dessen Rat schweigt al-Bakr ab sofort. Kurz vorher hatte er gegenüber der Polizei noch versucht, seine Gastgeber zu belasten. Sie seien die Terroristen, hätten ihm alles anhängen wollen.

Sowohl Strafverteidiger Hübner als auch der Ermittlungsrichter bemerken, dass Dschaber al-Bakr psychisch auffällig ist. Der Richter hält ihn für suizidal, also selbstmordgefährdet. Er verfügt Untersuchungshaft in der Justizvollzugsanstalt Leipzig. Dort nimmt sich al-Bakr zwei Tage später, am Mittwoch, dem 12. Oktober 2016, das Leben.

Ein Aufschrei geht durch das Land. Strafverteidiger Hübner ringt nach dem Tod seines Mandanten am nächsten Morgen im Radio um Worte: »Bestürzung, Fassungslosigkeit, Entsetzen«.[116]

Dass sich der mutmaßliche Selbstmordattentäter tatsächlich selbst etwas angetan hat, sorgt innenpolitisch für Erstaunen, das teilweise an Heuchelei grenzt. Einerseits gab es – unabhängig vom Tatvorwurf eines Sprengstoffanschlags – klare Warnhinweise darauf, dass sich al-Bakr etwas antun könnte: Er war in einen Hungerstreik getreten, hatte in seiner Zelle eine Steckdose manipuliert, war insgesamt psychisch auffällig. Eine Gefängnispsychologin hatte nach zunächst fünfzehnminütigen Kontrollen ein Dreißig-Minuten-Intervall angeordnet. Zuletzt wurde er um 19.30 Uhr lebend gesehen. Zufällig kontrollierte bereits gegen 19.45 Uhr eine Auszubildende erneut die Zelle – und fand Dschaber al-Bakr erhängt vor.

In der allgemeinen Aufregung über den Suizid wurde oft übersehen, dass die Selbsttötung für einen mutmaßlichen islamistischen Selbstmordattentäter keinesfalls eine Zwangsläufigkeit ist. Im Gegenteil. Es bedarf für gewaltbereite Islamisten einer ausdrücklichen Rechtfertigung, die Sünde des Suizids zu begehen. Sie ist gerechtfertigt, weil zugleich Ungläubige getötet werden. Und auch nur deshalb wird der Attentäter zum Märtyrer, darf auf die 72 Paradiesjungfrauen hoffen und für 70 Angehörige bei Gott Fürsprache halten.[117]

Depression oder Wahnsinn scheint aus westlicher Sicht für Selbstmordattentäter naheliegend zu sein. Zu unfassbar sind ihre Taten aus der europäischen Perspektive. Doch aus der Sicht der Terroristen sind die Taten klar kalkuliert, häufig aufwendig vorbereitet und choreographiert. So wundert es bei genauer Betrachtung nicht, dass einige Terrororganisationen, wie der »Palästinensische Islamische Jihad« oder die »Aksa-Märytyrer-Brigaden« sogar ganz ausdrücklich psychisch Kranke als Selbstmordattentäter ausschließen, stellt die Harvard-Professorin Louise Richardson in ihrer Analyse »Warum töten Terroristen sich selbst?« fest.[118]

Im Gefängnisalltag der JVA Leipzig scheinen in den Stunden vor dem Suizid von al-Bakr solche feinsinnigen Überlegungen ebenso wenig eine Rolle zu spielen wie in der aufgeregten politischen Debatte in den Tagen nach dem Tod des Verdächtigen. Für die politische Opposition ist es zu verlockend, über die vermeintliche Dummheit der Beteiligten zu ätzen, den Selbstmordattentäter nicht als pauschal selbstmordgefährdet erkannt zu haben. Andererseits sind aber eben doch Warnhinweise übersehen, nicht weitergegeben und falsch gedeutet worden, kritisiert der niedersächsische Kriminologe Christian Pfeiffer schon kurz nach dem Suizid in einem Interview.[119]

Absurde Rufe werden laut: Ein »Zentralgefängnis für Terroristen« wird von Innenpolitikern in der Hauptstadt gefordert – obwohl in Berlin eigentlich bekannt sein dürfte, dass Justizvollzug uneingeschränkt Ländersache ist und man sich seit Jahrzehnten gerade bei Terroristen sogar ausdrücklich Mühe gegeben hat, möglichst nie mehrere Mitglieder einer Terrorgruppe in der gleichen Haftanstalt zusammenzulegen – was wiederum Linksterroristen von RAF und der »Bewegung 2. Juni« unter dem Stichwort »Zusammenlegung der Gefangenen« immer wieder mittels Hungerstreiks zu erzwingen versuchten. Die Forderung nach dem »Bundesgefängnis« ist populär, wenn nicht sogar populistisch. Aber wenig durchdacht.

Bundesjustizminister Heiko Maas lehnt ein solches Bundesgefängnis entsprechend schnell und konsequent in einem Interview ab – allerdings nicht ohne die groteske Bemerkung, in Stammheim habe ein Gefängnis für mehrere Terroristen deren Suizide auch nicht verhindert.[120] Was soll das bedeuten? Dass der Staat aus den Fehlern in Stammheim 1977 nichts gelernt hat oder dass die Suizide dort nur möglich waren, weil mehrere Terroristen im gleichen Gefängnis gesessen haben? Beide Schlußfolgerungen wären falsch – und die JVA Stuttgart war auch nie ein Bundesgefängnis. Doch es scheint in diesen Tagen im Politikbetrieb auch weniger um Fakten als mehr um Befindlichkeiten zu gehen.

Deshalb gerät auch Generalbundesanwalt Peter Frank kurzzeitig in die Schusslinie. Warum er denn al-Bakr nicht nach Karlsruhe geholt habe, wird ausgerechnet aus Sachsen gefragt – so als wäre man selbst froh gewesen, das Problem al-Bakr (von dem man kurz zuvor noch gesagt hatte, dass man ihn gar nicht als Problem, sondern als normalen Untersuchungshäftling gesehen habe) vom Hals gehabt zu haben. So äußert sich der sächsische Generalstaatsanwalt Klaus Fleischmann am Tag nach dem Suizid mit dem Satz: »Sicherlich hätte der Generalbundesanwalt al-Bakr nach Stammheim oder Bruchsal verbringen lassen«.[121]

Allerdings weiß man eigentlich auch in Sachsen, dass es in Deutschland aus verschiedenen Gründen zum einen eben keine Bundesgefängnisse gibt und dass zum anderen keine Staatsanwaltschaft unmittelbar für die Unterbringungen von Untersuchungsgefangenen verantwortlich ist. Zuständig sind jeweils die Haftanstalten in den Ländern – und auch die Bundesanwaltschaft bedient sich ihrer. Dabei gibt es verschiedene Grundsätze, nach denen das jeweils geeignete Gefängnis ausgesucht wird. Heimatnähe ist ein wichtiges Kriterium. Al-Bakr wäre also zur Umstellung seines Haftbefehls des Amtsgerichts Dresden auf einen Haftbefehl des Ermittlungsrichters am Bundesgerichtshof (BGH) nur wenige Stunden in Karlsruhe gewesen und dann (mit einem abgeänderten Haftbefehl) sehr wahrscheinlich wieder in eine Landes-JVA nach Sachsen gekommen. Wahrscheinlich sogar wieder nach Leipzig.[122]

Eile bestand hier aber nicht – da ihm ja bereits ein Haftbefehl in Dresden eröffnet worden war.

In Sicherheitskreisen außerhalb Sachsens herrscht Fassungslosigkeit über das Agieren von Polizei und Justiz im Freistaat. Nicht zum ersten Mal. Spätestens seit 2007, als die »Sachsensumpf-Affäre« bekannt wurde, bei der es um Akten des Landesamtes für Verfassungsschutz über ein mutmaßliches Netzwerk von Immobilienspekulanten und korrupten Politikern ging – die allerdings vom Verfassungsschutz außerhalb seines Auftrags beschafft worden waren[123] –, herrschen Zweifel über die Zustände im Land. Selbst ein Untersuchungsausschuss des Landtags konnte nicht befriedigend klären, warum und wie weit einerseits der Verfassungsschutz seine Kompetenzen überschritten hatte und was denn nun andererseits die fragwürdigen Akten an tatsächlichen Fakten enthalten hatten.[124]

Im Rahmen der NSU-Ermittlungen geriet Sachsen wiederum in den Blickpunkt der Öffentlichkeit. Schon vom ersten Moment der Entdeckung der Terrorzelle an war klar, dass das Trio jahrelang von Polizei und Verfassungsschutz unbemerkt in Sachsen leben konnte. Zudem kam heraus, dass Beate Zschäpe im Zusammenhang mit einem Wasserschaden in einem Wohnhaus mehrfach mit der Polizei unter falschem Namen in Kontakt stand, ohne dass es den Beamten aufgefallen war. Zschäpe machte sogar persönlich – wenn auch unter einem anderen Namen – eine Aussage auf einem Polizeirevier.[125]

Auch nach der Entdeckung des NSU wurde der sächsischen Polizei vorgeworfen, Probleme mit rechter Gewalt und neonazistischen Bestrebungen nicht deutlich genug zu benennen bzw. nicht entschlossen genug zu verfolgen. Besonders rund um den Ort Freital, südwestlich von Dresden, in dem es 2015 und 2016 zu einer besonderen Häufung von rechten Straftaten kam.[126]

Bereits Ende 2015 ermittelte die sächsische Polizei im Auftrag der Generalstaatsanwaltschaft Dresden gegen fünf Personen aus dem Raum Freital wegen des »Verdachts des Herbeiführens einer Sprengstoffexplosion«, maß dem Fall aber keine größere Bedeutung zu. Der Generalbundesanwalt forderte daraufhin Anfang 2016 die Akten zur Überprüfung an (üblicherweise legt die Landesjustiz Verdachtsfälle, bei denen eine Übernahme durch den Generalbundesanwalt denkbar scheint, von sich aus dort vor) und düpierte dann die sächsische Justiz, indem er nicht nur eine terroristische Vereinigung (»Gruppe Freital«) als gegeben ansah und das Verfahren deshalb an sich zog, sondern statt auf fünf Beschuldigte auf acht mutmaßliche Mitglieder kam, die inzwischen auch angeklagt wurden.[127] Der Beginn der Hauptverhandlung wurde auf den 7. März 2017 festgesetzt.

Damit hat Dresden den ersten großen Staatsschutzprozess. Am Oberlandesgericht Dresden und bei der Bundesanwaltschaft in Karlsruhe hat man sich im Vorfeld wechselseitig kritisch beäugt – und hat gemischte Gefühle. Die sächsischen Juristen fühlen sich hinter vorgehaltener Hand aus Karlsruhe bevormundet und in die falsche Ecke gestellt. Beim Generalbundesanwalt weiß man um die geringen Erfahrungen des Freistaats mit Staatsschutzsachen und zweifelt an der nötigen Professionalität und Entschlossenheit. Offiziell ist alles in bester Ordnung.

Auf dem Schleudersitz: Warum die Terroristenjäger immer auch Gejagte sind

» Wenn hier was schiefgeht, muss ich künftig Filmförderung machen.«
Ministerialbeamter im Bundesinnenministerium

Woran messen Terroristenjäger ihren Erfolg? Daran, dass die vergangene Woche ohne einen Anschlag in Deutschland zu Ende ging? Oder an einer spektakulären Festnahme? Oder muss erst ein hartes Gerichtsurteil gegen heimische Terroristen her, damit die staatlichen Terrorjäger zufrieden sind? Das Problem mit der eigenen Erfolgsbilanz liegt auf der Hand: Einen ruhigen Sommer kann man schlecht als Erfolg verkaufen. Ein nicht entdeckter Terrorist oder ein Gefährder wie Anis Amri, der plötzlich zum Täter wird, kann dagegen beim Spitzenpersonal deutscher Sicherheitsbehörden die eigene Karriere schon dann gefährden, wenn die mediale Aufregung nur groß genug wird.

Dabei haben die Ermittler nicht in erster Linie die Sorge vor dem Rauswurf, der bei Beamten ausgesprochen selten vorkommt und strafbares Verhalten oder gröbste Pflichtverletzungen verlangt. Es ist vor allem die Sorge um die Bedeutung der eigenen Person, Behörde oder Ermittlungsgruppe. Wer wird den nächsten spektakulären Fall bekommen? Wie ausführlich muss künftig nach oben berichtet werden? Wie viel Personal wird zur Verfügung gestellt? – so lauten die Währungen. Läuft es nicht gut, droht das behördeninterne Abstellgleis.

Echte Erfolgskriterien für eine gute Arbeit gibt es dabei kaum – beziehungsweise sie werden weder in der Politik noch in den Medien anerkannt. »Unser Erfolg ist ja der, wenn nichts passiert, das heißt, wenn es zu keinem Anschlag kommt auf Busse oder Bahnen«, benennt Torsten Voß, Leiter des Verfassungsschutzes Hamburg, diesen Umstand.[128] Viele seiner Verfassungsschutz-Kollegen würden das eher für eine typische Antwort der Polizei halten, und tatsächlich war Voß vor seiner Zeit beim Verfassungsschutz unter anderem Leiter des Mobilen Einsatzkommandos (MEK) der Hamburger Polizei. Trotzdem zeigt seine Einschätzung das doppelte Dilemma: Der Nicht-Anschlag ist Teil des Erfolgs guter Arbeit in den Sicherheitsbehörden, darüber reden fällt häufig schwer und ist manchmal unmöglich. Und trotzdem kann man seinen Job verlieren, wenn man aus Sicht der Politik das Falsche (oder jedenfalls: nicht das Richtige) getan hat. Entscheidet man falsch, ist man schnell weg vom Fenster.

Spricht man zu viel, inszeniert sich zu sehr, gilt man als geltungsbedürftig und stiehlt dem Minister die Schlagzeilen. Ist man zu stumm, gilt man als führungsschwach und nicht durchsetzungsfähig. Insbesondere Präsidenten des Bundesnachrichtendienstes und des Bundesamtes für Verfassungsschutz können davon ein Lied singen. Zuletzt ereilte dieses Schicksal den BND-Präsidenten Gerhard Schindler, dem Führungsschwäche vorgeworfen wurde.[129]

An der Spitze vieler Behörden stehen politische Beamte, die jederzeit ohne Begründung in den einstweiligen Ruhestand verabschiedet werden können, selbst wenn sie schon vor ihrem Spitzenjob Beamte auf Lebenszeit waren.[130] Diese Jobs sind Schleudersitze, und

gerade weil es beamtenrechtlich so einfach ist, missliebiges Spitzenpersonal zu feuern, gehört der Ruf nach dem *Kopf* der entsprechenden Behörden zum Standardrepertoire der politischen Opposition
(ebenso wie im Fall der erreichten Entlassung die akribische Berech-
nung der nun fälligen Übergangs- und Pensionszahlungen die Stan-
dardmaßnahme der Boulevardmedien ist).

Sonst sind nur die Staatssekretärinnen und Staatssekretäre der
Bundesministerien sowie die Ministerialdirektoren in den Ministerien politische Beamte – hier treffen das Wort und der Sinn der
Regelung auch zu. Unterhalb der Ministerien sind es wenige Aufgaben, über denen das Damoklesschwert der sofortigen Verset-
zung in den einstweiligen Ruhestand schwebt. Interessant ist in
diesem Zusammenhang nicht nur die Liste der Schleudersitz-Jobs
im Bundesbeamtengesetz. Auch die Fragen, welches Amt es wann
und wie auf diese Liste geschafft hat und welche Spitzenposten
man auf der Liste nicht findet, verdient eine Betrachtung. Kurz
gesagt: Die Liste ist unlogisch und durch Skandale geprägt. Rückt
eine Behörde ins Zentrum einer Affäre, gehört zu den Bewälti-
gungsmaßnahmen, mindestens die Behördenleitung künftig feuern zu können.

So kam das Amt des BKA-Präsidenten nach der gescheiterten
Polizeiaktion in Bad Kleinen auf die Liste.[131] Das Zollkriminalamt
(ZKA) stand dagegen niemals auf der Liste. Inzwischen gehört das
ZKA zur neuen, noch weithin unbekannten Generalzolldirektion
(GZD) und hat dort den Rang einer Direktion.[132] Doch im Gegensatz zum Bundesnachrichtendienst und dem Bundesamt für Verfassungsschutz, in denen auch bestimmte leitende Beamte politische
Beamte sind, ist in der Generalzolldirektion nur der Präsident ein
politischer Beamter – der Direktor des Zollkriminalamts also nicht.
Logisch ist das nur unter einem Gesichtspunkt: Im Zollkriminalamt
hat es nie einen großen öffentlichen Skandal gegeben, überhaupt
operiert das Amt fast immer außerhalb der öffentlichen Aufmerksamkeit, obwohl es zu einer der leistungsfähigsten Sicherheitsbehörden mit den größten Befugnissen in Deutschland gehört. Darüber
wird hier noch zu sprechen sein (S. 133 ff.).

Dies soll allerdings kein Plädoyer für die Ausweitung der Zahl politischer Beamter in deutschen Sicherheitsbehörden sein. Zu groß ist die Gefahr, durch den Schleudersitz-Paragraphen eine mutige, couragierte Amtsführung zu unterbinden. Zu offenkundig auch der Nachteil, dass starke Persönlichkeiten an den Spitzen der Behörden von der Bundesregierung ohne inhaltliche Gründe und nur mit einem Federstrich abgesägt werden können, wenn ihre Auffassungen (oder auch nur ihr Auftreten) im Ministerium missfallen.

Aber es gehört eben zu den vielen, historisch gewachsenen Kuriositäten in der deutschen Sicherheitsarchitektur, dass es kein System darin gibt, wer politischer Beamter ist und wer nicht. Warum sollte die Abteilungsleiterin Spionage bei der Bundesanwaltschaft weniger *politisch* handeln als ein Abteilungsdirektor im Bundesamt für Verfassungsschutz? Zumal doch die beiden jeweiligen Behördenleiter (der Generalbundesanwalt und der Präsident des Bundesamtes für Verfassungsschutz) politische Beamte sind?

Im Auswärtigen Amt, also dem deutschen Außenministerium, sind bereits Botschafterinnen und Botschafter ab der (für diese Aufgabe untersten) Besoldungsgruppe A16 politische Beamte. Insgesamt arbeiten im Auswärtigen Amt deswegen rund 300 politische Beamte.[133] Dagegen fehlt auf der Liste beispielsweise der Präsident des Bundesamts für Sicherheit in der Informationstechnik (BSI) oder die Leitung des riesigen Bundesamtes für Migration und Flüchtlinge (BAMF). Ihre Tätigkeiten müssten nach der vorhergehenden Logik eigentlich ebenfalls Aufgaben für einen politischen Beamten sein. Das BAMF ist nämlich nicht nur für die Registrierung der Hunderttausenden Flüchtlinge in Deutschland zuständig, sondern auch für die Asylverfahren und – worauf noch einzugehen sein wird (S. 198) – inzwischen auch für die Deradikalisierung im Bereich Islamismus. Das BAMF zählt zum weiteren Kreis der Sicherheitsbehörden, sitzt regelmäßig im Gemeinsamen Terrorismusabwehrzentrum in Berlin-Treptow mit am Tisch, der Behördenchef ist aber von der Last befreit, politischer Beamter zu sein wie der Chef des Bundesamtes für Sicherheit in der Informationstechnik. Verstehen muss man das nicht.

Der Generalbundesanwalt

»Mit einer Flucht aus dem Strafrecht ist der Politik nicht geholfen«
Rainer Griesbaum

Die Behörde des obersten deutschen Strafverfolgers ist nach dem Chef benannt. »Der Generalbundesanwalt beim Bundesgerichtshof« lautet der Titel korrekt, seine Behörde ist die Bundesanwaltschaft. Manchmal wird sie – selbst in Justizkreisen – zur »Generalbundesanwaltschaft« verballhornt, ein Wort, das schon bei oberflächlicher Betrachtung keinen Sinn ergibt. Und trotzdem immer wieder Verwendung findet.

Der Dienstsitz in der Brauerstraße 30 in Karlsruhe ist nicht nur von außen eine Trutzburg. Er beherbergt die kleinste, aber vielleicht mächtigste Bundesbehörde in der deutschen Terrorbekämpfung: Kaum einhundert Staatsanwältinnen und Staatsanwälte arbeiten dort. Sie gehören organisatorisch zur Bundesjustiz, tragen deshalb, wie die Bundesrichter, vor Gericht rote Roben. Die Bundesanwälte sind nur für besondere Fälle im Staatsschutzstrafrecht zuständig, für Fälle, in denen es um die innere oder die äußere Sicherheit des Landes geht. Also Terrorismusverfahren, Spionage und Landesverrat sowie Verbrechen nach dem Völkerstrafgesetzbuch.

Die Grenzen sind eng gesetzt. Einige Fälle kommen zwingend zum Generalbundesanwalt (GBA), andere kann er an sich ziehen, *evozieren*, wie es in der Sprache der Juristen heißt. Eine solche Evokation kann zum Beispiel erfolgen, wenn der Generalbundesanwalt eine *besondere Bedeutung* eines Falles bejaht – so wie es in den ersten Stunden nach dem Anschlag am Breitscheidplatz geschehen ist, als der Bezug zu einer Terrororganisation noch nicht nachgewiesen war.[134] Oder nach dem Mordanschlag am 17. Oktober 2015 auf die parteilose Kölner Beigeordnete und damalige Kandidatin für das Amt der Kölner Oberbürgermeisterin, Henriette Reker.

Der Angriff einen Tag vor der Oberbürgermeisterwahl in Köln durch einen damals 44-jährigen Täter war dem ersten Anschein nach ein Mordversuch durch einen Einzeltäter. Auch wenn dessen rechte Gesinnung schon kurz nach Beginn der Ermittlungen zutage kam, so war es doch kein Regelfall für eine Übernahme des Falls durch den Generalbundesanwalt.

Zwei Tage nach der Tat, am 19. Oktober 2015, fand die feierliche Einführung des neuen Generalbundesanwalts Peter Frank in der Bundesanwaltschaft statt. Parallel liefen die ersten Ermittlungsergebnisse aus Nordrhein-Westfalen in der Behörde ein, die Bundesanwaltschaft hatte um entsprechende Berichte gebeten. Mit Blick auf die gesellschaftliche Bedeutung des Falls in einem sich im Herbst 2015 zuspitzenden Klima der politischen Auseinandersetzung rund um Fragen der hohen Flüchtlingszahlen, lag die Frage nahe, ob der GBA den Fall nicht wegen eben dieser besonderen Bedeutung an sich ziehen solle.

Nach den Festreden und während des anschließenden Stehempfangs zogen sich deshalb der frisch ernannte Generalbundesanwalt Peter Frank, sein Abteilungsleiter Terrorismus Thomas Beck, der zuständige Bundesanwalt Walter Hemberger und Oberstaatsanwalt Jörn Hauschild in einem Seitenflur zurück und berieten die Lage. Teilen der Festgesellschaft blieb das nicht verborgen. Es wurde gerätselt: Was würde »der Neue« tun? Eine Evokation gleich am Tag der Amtseinführung? Ja, entschied der Generalbundesanwalt. Er zog den Fall an sich[135] und klagte den Täter im Februar 2016 vor dem Oberlandesgericht Düsseldorf an. Es wurde ein kurzer Prozess, die Sache war eindeutig, das Urteil erging im Juli 2016.[136]

Die Entscheidung des Generalbundesanwalts, den Mordversuch an Henriette Reker an sich zu ziehen, war nicht unumstritten. Bedenkenträger in der Justizverwaltung fürchteten, es könne zu weiteren ähnlichen Fällen kommen und die Behörde in den Zwang geraten, aus Gründen der Vergleichbarkeit auch diese Fälle zu übernehmen und im Uferlosen zu enden. Für Peter Frank ging es dagegen um ein »klares Zeichen« und ein »deutliches Signal«, dass einer solchen Tat aus solchen Motiven klar entgegengetreten werden müsse. Tatsächlich stellte sich die Frage nach weiteren Evokationen in den kommenden Monaten aber nicht mehr.

Eine solche Evokation ist – wie die gesamte Zuständigkeit des GBA – eine besondere, manchmal heikle juristische Konstruktion.

Denn eigentlich gilt im Rechtsstaat das Prinzip des gesetzlichen Richters: Schon bei der Begehung der Tat muss abstrakt feststehen, welcher Richter das Urteil sprechen wird. So sollen Begünstigung und Benachteiligung gleichermaßen verhindert werden. Übernimmt aber der Generalbundesanwalt einen Fall, schlägt er die »normale« Staatsanwaltschaft aus dem Rennen und klagt auch nicht am Amts- oder Landgericht des Tatorts an, sondern an dem jeweils zuständigen Staatsschutzsenat am Oberlandesgericht.[137] Eine Übernahme durch den GBA bedeutet also immer einen anderen als den ursprünglich vorgesehenen Richter.

Deswegen gibt es strenge Voraussetzungen und eine penible Kontrolle durch den Bundesgerichtshof (BGH). 2007 entschied der BGH beispielsweise, dass der Generalbundesanwalt bei einem Ermittlungsverfahren gegen eine mutmaßliche terroristische Vereinigung, die Anschläge gegen Sachen während des G8-Gipfels in Heiligendamm geplant haben sollte, für solche Ermittlungen überhaupt gar nicht zuständig gewesen ist, weil die besondere Bedeutung des Falls nicht gegeben war.[138] Damit kassierte der Bundesgerichtshof eine Entscheidung seines eigenen Ermittlungsrichters. Sie hatten zuvor auf Antrag des Generalbundesanwalts Durchsuchungen bei G8-Gegnern genehmigt. Denn auch das ist Teil der Bundesjustiz: Wenn die Mitarbeiter des Generalbundesanwalts einen Durchsuchungsbeschluss brauchen oder ein Telefon abhören wollen, müssen sie sich nicht wie ihre Kollegen in den normalen Staatsanwaltschaften mit einem Amtsrichter als Ermittlungsrichter herumschlagen. Sie gehen wenige Straßen weiter zu einem der sechs Ermittlungsrichter des Bundesgerichtshofs und treffen dort nicht nur auf Spitzenjuristen, sondern außerdem auf Ermittlungsrichter, die genau für ihr Gebiet spezialisiert sind.

Die Ermittlungsrichter am Bundesgerichtshof 2016:[139]

Ermittlungsrichter I:
Allgemeine Staatsschutzsachen und Landesverrat

Ermittlungsrichter II:
Ausländische terroristische Vereinigungen mit fundamental-islamistischem Hintergrund

Ermittlungsrichter III:
Staatsschutzsachen mit rechtsextremem Hintergrund

Ermittlungsrichter IV:
Taten nach dem Völkerstrafgesetzbuch

Ermittlungsrichter V:
Ausländische terroristische Vereinigungen ohne fundamental-islamistischen Hintergrund

Ermittlungsrichter VI:
Türkische inländische und ausländische terroristische Vereinigungen

Für das Jahr 2017 hat der Bundesgerichtshof zusätzliche Stellen für Ermittlungsrichter geschaffen und weitere Richter als Vertretung abgestellt. Das Gericht geht offenbar von weiter steigenden Fallzahlen aus.[140]

Auch für die Polizeiarbeit bedient sich der GBA in der Regel der Spezialisten auf Bundesebene. Bei Festnahmen schickt er die GSG9 der Bundespolizei, die man in Karlsruhe gerne »unser Spezialeinsatzkommando« nennt. Und Ermittlungen führt häufig das Bundeskriminalamt – oder eines der sechzehn Landeskriminalämter. Die Zeiten allerdings, in denen man in Karlsruhe auch von »unserem Bundeskriminalamt« sprach, sind vorbei: Je mehr eigene Aufgaben das BKA in den vergangenen Jahren zugewiesen bekam, je selbstständiger es rechtlich und vor allem je größer es wurde, umso mehr emanzipierte sich das BKA von *seinem* Generalbundesanwalt.

Regelmäßige, leidenschaftliche Fußballturniere zwischen beiden Behörden sind dagegen bis heute geblieben.

Irgendwie sitzt die Bundesanwaltschaft trotzdem immer zwischen den Stühlen – und pflegt dieses Image auch selbst mit Hingabe – auch wenn man das nie zugeben würde. Sie ist zwar gegenüber dem Bundesjustizminister weisungsgebunden, dabei aber noch für viel mehr als für Spionage und Terrorbekämpfung zuständig: Der Generalbundesanwalt vertritt alle strafrechtlichen Revisionsverfahren vor dem BGH und hat es insofern mit kompliziertesten Rechtsfragen zu tun. Man sieht sich im Zentrum des deutschen Strafrechts und hat gerne – und nach eigener Wahrnehmung auch häufig – Recht.

Der Weg in die Behörde ist schwierig, die Auswahl hart: Nur wenigen Strafjuristen aus der Landesjustiz gelingt es, nach exzellenten Bewertungen oder herausragenden Fällen eine der begehrten Abordnungen nach Karlsruhe zu bekommen. In der Regel für drei Jahre arbeiten diejenigen, die es geschafft haben, dann als Wissenschaftliche Mitarbeiter dem Stammpersonal der Behörde zu. Doch selbst wer sich bewährt, hat nur eine Fünfzig-Prozent-Chance auf eine dauerhafte Übernahme als Staatsanwalt beim Bundesgerichtshof und ein Gehalt, das gegenüber dem der Landeskollegen stets mindestens eine Stufe höher ausfällt. Dafür werden in der Behörde bei den E-Mail-Adressen nicht nur Vor- und Nachname, sondern, sofern vorhanden, sogar die Doktortitel erwähnt.

Dazu kommt das Prestige der roten Robe. Die einen kaufen sie sich selbst, um »sie mal den Enkeln zeigen zu können«, andere bekommen sie von ihrem behördeninternen Mentor vermacht oder erwerben sie gegen einen Abstand von »einer Kiste guten Weins«. Auf einem solchen Weg tauchte beispielsweise 2012 die Robe des früheren Generalbundesanwalts Kay Nehm wieder am Oberlandesgericht Koblenz im Verfahren gegen das al-Qaida-Mitglied Ahmad Sidiqi auf.[141]

Im Sprachgebrauch ist häufig pauschal von »Bundesanwälten« die Rede. Doch das sind nur die Referatsleiterinnen und Referatsleiter in den drei Abteilungen Spionage, Terrorismus und Revision. Unter ihnen arbeiten Oberstaatsanwälte und Staatsanwälte, die als Planbeamte die Zusatzbezeichnung »beim Bundesgerichtshof« tragen. Bundesanwälte und die Abteilungsleiter werden vom Bundesjustizminister vorgeschlagen, vom Bundesrat bestätigt und dann vom Bundespräsidenten ernannt.

Frauen als Staatsanwälte sind in der Behörde lange eine Ausnahme gewesen, in den Geschäftsstellen dafür eine Selbstverständlichkeit. Die Justiz ist männlich – in Karlsruhe blieb das länger so als anderswo. Noch in den 1980er-Jahren organisierten die »Damen von der Bundesanwaltschaft« eigene Veranstaltungen – und luden den Generalbundesanwalt offiziell zum Kaffee ein. In den vergangenen Jahren bewegt sich in der Frage der Gleichberechtigung auch die Bundesjustiz. Langsam, wie es ihre Art ist: Eine Abteilungsleiterin sitzt neben zwei Kollegen, 2015 befanden sich unter 25 Bundesanwälten 6 Frauen[142] und mit der Staatsanwältin beim Bundesgerichtshof Frauke Köhler hat die Behörde seit 2013 (zum zweiten Mal in ihrer Geschichte) eine Pressesprecherin, die sich – im Gegensatz zu ihren Vorgängern – auch selbst öffentlich vor der Kamera äußern darf. Sonst sieht es mit Gleichberechtigung eher mau aus. Insbesondere Spionage und Terrorismusbekämpfung sind in der – ohnehin wenig weiblichen – Bundesjustiz überwiegend Männersache.

Der Generalbundesanwalt und seine Bundesanwälte sehen sich nicht als Politiker, sondern als unpolitische, objektive Staatsanwälte. Deshalb wirken sie im Berliner Politikbetrieb hin und wieder wie aus der Zeit gefallen. Für manche Ministeriale in der Hauptstadt sind die »Besserwisser aus Karlsruhe« geradezu ein rotes Tuch. Gerne wird hinter verschlossener Tür über sie gelästert.

Das hat viele Gründe. Die große räumliche Entfernung zwischen Berlin und Karlsruhe, die jede Begegnung zu einer Besonderheit macht (aus Sicht mancher Bundesanwälte aber auch für eine wohltuende Ruhe in der Behörde sorgt), die unterschiedlichen Mentalitäten des aufgeregten Politbetriebs in Berlin und der badisch angehauchten Beharrlichkeit (andere sagen Starrköpfigkeit) in der Residenz des Rechts, nicht zuletzt aber auch ein latentes intellektuelles Minderwertigkeitsgefühl des Berliner Beamtenapparats gegenüber den »Schlaubergern« im Karlsruher Elfenbeinturm. An der Affäre um »Netzpolitik.org« wird das besonders deutlich.

Der Verfassungsschutzchef bringt den Generalbundesanwalt zu Fall

»Herr Präsident des BfV Dr. Maaßen erstattet Strafanzeige unter allen rechtlichen Gesichtspunkten.«
Dr. Willems, Bundesamt für Verfassungsschutz

Alles begann im Mai 2015 per Post. Mit einer simplen Strafanzeige. Sie kam vom Präsidenten des Bundesamtes für Verfassungsschutz, Hans-Georg Maaßen. Ihm und seiner Behörde war ein Berliner Ritual schon seit Monaten ein Dorn im Auge: Wann immer sich das Parlamentarische Kontrollgremium des Bundestages (PKGr) mit sensiblen, ja sogar als geheim klassifizierten Vorgängen rund um das Bundesamt für Verfassungsschutz (BfV) beschäftigte, sickerten die mitgeteilten Informationen und Papiere binnen Stunden an bestimmte Journalisten durch – vor allem an die beiden Blogger Markus Beckedahl und André Meister von der Internetseite »Netzpolitik.org« sowie eine Handvoll anderer Hauptstadtjournalisten.

Rational betrachtet kamen als Leck nur Mitarbeiter des Verfassungsschutzes, des Bundesinnenministeriums, wenige Mitarbeiter der Verwaltung des Deutschen Bundestages und die Abgeordneten des PKGr selbst als Quellen bzw. undichte Stelle in Frage. Aus Sicht des Verfassungsschutzes offenkundig alles keine besonders guten Kandidaten für eine Strafanzeige. Das BfV konnte, wenn es sich nicht der Lächerlichkeit preisgeben wollte, kaum den Generalbundesanwalt um ein Ermittlungsverfahren gegen eigene Mitarbeiter (zumal der Verfassungsschutz dafür eine eigene Sicherheitsabteilung hat) oder die eigene Aufsichtsbehörde, das Bundesinnenministerium, bitten. Auch Abgeordnete des Deutschen Bundestages, zumal solche, die für die Aufsicht des Verfassungsschutzes zuständig sind, konnte man schlecht explizit anschwärzen.

So wählte Hans-Georg Maaßen den vermeintlich sicheren Weg einer schriftlichen Strafanzeige gegen die beiden Blogger und gegen »Unbekannt«, wer auch immer das am Ende sein möge. Es war ein kurzer Brief aus seinem Bundesamt an das Landeskriminalamt Berlin, allerdings ein Brief mit erheblicher Sprengkraft.

Dass der Vorgang eine gewisse Brisanz hatte, erkannte der damalige Generalbundesanwalt Harald Range, bald nachdem ihm das Schreiben des Bundesamts für Verfassungsschutz vom LKA Berlin mit der Bitte um Prüfung einer Übernahme vorgelegt wurde. Wie gefährlich ihm selbst das Ganze aber werden könnte, unterschätzte der Generalbundesanwalt. Hans-Georg Maaßen hatte ihm mit der Anzeige – bewusst oder unbewusst – ein trojanisches Pferd überstellt. Doch Range hielt die Sache wohl zunächst für so etwas wie einen ungelegenen Gaul, dem man mit dem richtigen Umgang schon beikommen könne. Die Brisanz eines Ermittlungsverfahrens gegen Journalisten sei ihm klar gewesen, sagte er hinterher, er glaubte allerdings auch fest daran, diese Herausforderung juristisch sauber lösen zu können.

Die erste und alles entscheidende Frage war dabei: Hatten Beckedahl und Meister tatsächlich ein Staatsgeheimnis verraten? Oder nur Dinge veröffentlicht, die dem Amt zwar unangenehm waren, aber unter die Meinungsfreiheit fielen? Das BfV legte dazu ein »ausführliches« Rechtsgutachten vor, in dem das Vorliegen eines Staatsgeheimnisses bejaht wurde.[143] Harald Range versuchte zweigleisig vorzugehen. Er leitete am 13. Mai 2015 förmlich ein Ermittlungsverfahren ein, wollte aber die Frage, ob es sich tatsächlich um Staatsgeheimnisse handelte, zunächst nochmals durch einen unabhängigen Gutachter klären lassen.

Die Frage, wie geheim die veröffentlichten Informationen waren, war juristisch aus zwei Gründen alles andere als trivial. Erstens bedurfte es eines großen rechtlichen und sicherheitspolitischen Sachverstandes, um die veröffentlichten Unterlagen richtig bewerten zu können. Zweitens wird der Begriff des Staatsgeheimnisses in der deutschen Rechtswissenschaft selten gebraucht, es gibt wenige Präzedenzfälle und Entscheidungen dazu. So musste der Gutachter zwar nicht gerade Neuland betreten, hatte aber eine schwere Aufgabe vor sich – verbunden mit der Gewissheit, eine Untersuchung an einem Wespennest vorzunehmen. Entsprechend schwierig gestaltete sich die Suche nach dem Gutachter. Mehrere Kandidaten, darunter Professoren und ehemalige Richter,[144] sagten der Bundesanwaltschaft ab. Harald Range hatte sogar höchste Vertreter der Karlsruher Justiz gefragt. Am Ende erklärte sich der junge Jurist Professor Jan-Hendrik Dietrich vom Fachbereich Nachrichtendienste der Hochschule des Bundes für Öffentliche Verwaltung bereit, das Gutachten zu erstellen.

Dietrich ist zu diesem Zeitpunkt noch keine vierzig Jahre alt und bittet die Bundesanwaltschaft arglos um etwas Aufschub, da er zunächst einen geplanten Urlaub antreten will. Karlsruhe akzeptiert das. Man ist froh, endlich einen Gutachter gefunden zu haben.

Allerdings ist in der Bundesanwaltschaft inzwischen ein neues Problem aufgetaucht. Möglicherweise muss in dem Fall neben dem Strafgesetzbuch auch eine Vorschrift des Berliner Pressegesetzes beachtet werden: Die Blogger leben und arbeiten in Berlin, es gibt gute Gründe, dass für ihre Internetseite die Regeln des Berliner Presserechts gelten. Dann könnte es aber sein, dass eine mögliche Straftat durch ihren Blogartikel schon nach sechs Monaten – also Anfang August 2015 – verjähren würde. Die Bundesanwaltschaft macht deshalb etwas aus ihrer Sicht sehr Naheliegendes und Harmloses: Sie teilt Markus Beckedahl und André Meister mit einem einfachen, nur eine Seite langen Brief mit, dass ein Ermittlungsverfahren gegen sie eingeleitet wurde. Damit wird die Frist unterbrochen, die Beschuldigten wissen nun, woran sie sind, und können sich in aller Ruhe Verteidiger besorgen. Eine – theoretisch denkbare – Redaktions- und Wohnungsdurchsuchung unterlässt der Generalbundesanwalt ganz bewusst, er glaubt, die Situation damit entschärfen zu können.

Doch der harmlos gedachte Brief aus Karlsruhe verwandelt sich in den Händen der beiden Blogger zu politischem Sprengstoff: Beckedahl und Meister lassen sich mit dem Schreiben der Bundesanwaltschaft fotografieren und halten dabei eine soeben an sie überreichte Urkunde der Bundesregierung »Deutschland, Land der Ideen« in die Kamera. Binnen Stunden werden sie zu Stars der Online-Gemeinde. Das Bild verbreitet sich in rasender Geschwindigkeit. Die Fronten sind der Netzgemeinde dabei völlig klar: Robin Hood und Little John in Berlin, der böse Sheriff von Nottingham in Karlsruhe.

Im Elfenbeinturm der Bundesanwaltschaft versteht man die Welt nicht mehr. Warum ist man plötzlich der Buhmann? Bewusst hatte man doch all das unterlassen, was man bei einem »normalen« Fall von Landesverrat getan hätte: Festnahme, Beschuldigtenvernehmung, Hausdurchsuchung, Antrag auf Untersuchungshaft. Man glaubte den sanften Weg gewählt zu haben, hatte nur einen freundlichen Brief geschrieben, um eine Frist zu unterbrechen.

Doch es fehlte der politische Instinkt – und jede Vorbereitung.

Markus Beckedahl und André Meister mit GBA-Brief und Förderpreis.

Ob Innenpolitiker, Medien oder der Bundesjustizminister. Alle werden von der Nachricht »Generalbundesanwalt ermittelt gegen Blogger wegen Landesverrats« überrumpelt. Zwar weiß das Bundesjustizministerium – und wohl auch Minister Heiko Maas selbst – von dem Ermittlungsverfahren und dem Vorgehen der Bundesanwaltschaft. Doch alle schätzen die öffentliche Wirkung falsch ein. Heiko Maas, zu dieser Zeit noch Medienliebling der Hauptstadt, möchte sich ungestört seiner Schirmherrschaft über die 13. Makkabiade in Berlin widmen. Erste Anfragen zu dem Ermittlungsverfahren erwischen ihn völlig unvorbereitet, sagen Mitarbeiter. So etwas schätzt der Minister nicht.

Ministerium und Behörde haben kein Konzept, wie sie mit dem Sturm der Entrüstung umgehen sollen. Medienanfragen werden zunächst abgebügelt. Es beginnt ein chaotisches Hin und Her, das im Nachhinein nicht völlig aufzuklären ist. Am Ende wird Generalbundesanwalt Harald Range in den einstweiligen Ruhestand versetzt werden. Nach Alexander von Stahl als zweiter Generalbundesanwalt in der Geschichte der Bundesrepublik.

Doch der Reihe nach: Zunächst distanziert sich Bundesjustizminister Heiko Maas vor Journalisten in Berlin öffentlich von den Ermittlungen: »Ich habe heute dem Generalbundesanwalt mitgeteilt, dass ich Zweifel daran habe, ob die Journalisten mit ihrer Veröffentlichung die Absicht verfolgt haben, die Bundesrepublik Deutschland zu benachteiligen oder eine fremde Macht zu begünstigen.«[145] Zudem, fügt Maas hinzu, habe er Zweifel, dass es sich bei den veröffentlichten Dokumenten tatsächlich um ein Staatsgeheimnis handele.

Heiko Maas ist Politprofi, seine Sätze klingen gut. Doch in Karlsruhe ist man fassungslos. Natürlich kann man an den Motiven der Blogger im Guten wie im Bösen zweifeln. Aber das Metier der Staatsanwälte ist nicht der Glaube oder das Bauchgefühl. Sie ermitteln. Und halten sich dabei für die objektivste Behörde der Welt. Sollen sie ihre Ermittlung nun fallenlassen, weil ihr Minister an etwas »nicht zweifelt«? Ihr Verständnis als Staatsanwälte ist ein gänzlich anderes. Dass außerdem der Charakter des Staatsgeheimnisses die entscheidende Frage in dieser Sache sei, ist doch eine Binsenweisheit, gärt es in Karlsruhe. Eben deswegen hat man sich um ein weiteres Gutachten bemüht, obwohl das BfV-Gutachten schon ausdrücklich von einem Staatsgeheimnis sprach.

Doch für solche Feinheiten ist in der Debatte kein Platz mehr. Es ist ein illustres Dreieck entstanden: Die Medienprofis Heiko Maas und Markus Beckedahl stehen zwar nicht beieinander, aber auf ihre Weise jeweils gegen den vermeintlich bösen Generalbundesanwalt. Der ist ohnehin angeschlagen. Die Diskussion, warum er wegen des möglichen Abhörens des Handys von Bundeskanzlerin Angela Merkel durch den US-amerikanischen Geheimdienst NSA (National

Security Agency) ein Ermittlungsverfahren eingeleitet hat, nicht aber wegen des wohl millionenfachen Abhörens von »normalen« Bürgern, hat die Öffentlichkeit nicht verstanden. Und Harald Range wurde durch Versprecher wie »NASA« statt »NSA« mehrfach zum Objekt der »heute Show« und anderer Satiren.

Der Bundesjustizminister rückt schnell und deutlich ab. Nicht nur in der Bundesanwaltschaft ist man entsetzt. Es entsteht der Eindruck, Minister Maas versuche sich auf Kosten der eigenen Behörde aus der Affäre zu ziehen, weil er für die wenig populären Ermittlungen nicht verantwortlich sein will.

In dieser Situation, am Freitag, dem 31. Juli 2015, ruft die beamtete Staatssekretärin im Bundesjustizministerium Stefanie Hubig den Generalbundesanwalt mehrfach an und spricht mit ihm über das Ermittlungsverfahren. Harald Range sagt nach dem letzten Gespräch an diesem Tag, sie habe die Einstellung angewiesen. So notiert es auch Oberstaatsanwalt beim BGH Michael Greven in einem Aktenvermerk. Stefanie Hubig sagt dagegen später, sie sei mit dem Generalbundesanwalt im Gespräch übereingekommen, dass das Verfahren eingestellt werde. Angewiesen haben sie ihn nicht und ebenso wenig habe sie ihm gedroht.

Einige Wochen darauf sind die Telefonate zwischen der Staatssekretärin und dem Generalbundesanwalt Thema in einer nicht-öffentlichen Sitzung des Rechtsausschusses des Deutschen Bundestags. Den Vorsitz hat die Abgeordnete Renate Künast (Bündnis90/Die Grünen). Laut Protokoll kommt es zu folgendem Dialog:

Abg. Katja Keul (BÜNDNIS 90/DIE GRÜNEN): Wer hat zu Ihnen gesagt: Jetzt geht es um Ihren Kopf – entweder Sie stellen ein oder Sie werden entlassen? War das Frau Hubig oder wer sonst und war das? Persönlich oder telefonisch?

GBA Harald Range: Telefonisch, Frau Hubig.

Die Vorsitzende: Dazu möchte der Minister etwas sagen. Jetzt erhält er das Wort und die anderen überlegen, welche Fragen noch offen sind.

BM Heiko Maas (BMJV): Ich würde das gerne zurückweisen. Ich weise noch einmal daraufhin, dass Frau Hubig sich hier im Haus befindet und jederzeit bereit ist, das auch noch einmal zu bestätigen. Ich weise auch daraufhin, dass es völlig unlogisch ist, am Freitag eine solche Behauptung oder eine solche Drohung auszusprechen, wenn verabredet ist, dass das Justizministerium eine Stellungnahme in der Woche danach vorlegt, die dann über das weitere Verfahren Aufschluss geben soll und dann gleichzeitig sagt: Jetzt stellen Sie innerhalb von einer Stunde ein, sonst kostet das Ihren Kopf.

Die Vorsitzende: Da stehen jetzt Aussagen gegen Aussagen, Angaben gegen Angaben. Das ist so. Ob das jetzt logisch ist oder nicht, ist eine andere Frage. Ich habe gelernt, dass manchmal mehr Dinge unlogisch sind, als ich mir erträumen konnte.«[146]

Bis heute bleibt die Frage offen, ob der Generalbundesanwalt oder die Staatssekretärin mit ihrer Darstellung der »Freitags-Telefonate« Recht haben. Stefanie Hubig sagt gut ein Jahr später, im September 2016, sie habe nicht die Unwahrheit gesagt, unterstelle Range aber auch nicht, dass er gelogen habe.[147] Fest steht: Der Generalbundesanwalt hätte in den Freitags-Telefonaten auf eine schriftliche Weisung bestehen können, das Verfahren einzustellen. Ob das Ministerium diese Weisung dann tatsächlich auch schriftlich erteilt hätte, ist spekulativ. Dass Range es nicht verlangt hat, dürfte er sich heute selbst vorwerfen. Nicht viel mehr als acht Monate trennten ihn noch vom regulären Ruhestand.

Sein Nachfolger, Peter Frank, ist hinter den Kulissen schon für den regulären Wechsel im Amt auserkoren. Wie schnell er es antreten wird, zeichnet sich erst nach dem Wochenende ab: Am Montag, dem 3. August, kommt Harald Range nach einem unruhigen Wochenende wieder in die Bundesanwaltschaft. Bundeskanzlerin Angela Merkel hat sich inzwischen durch ihre Sprecherin Christiane Wirtz von ihm distanziert.[148] Er selbst hat an diesem Wochenende kaum geschlafen, viel gegrübelt, sich immer wieder gefragt, ob er gegenüber Berlin vorschnell klein beigegeben hat. Sein Gedanke: Ein Staatsanwalt, der gegen seine eigene Überzeugung aufhört zu ermitteln, muss sich zwangsläufig fragen, ob er sich der Strafvereitelung schuldig macht.

Da kommt plötzlich aus seinem Ermittlungsreferat eine erstaunliche Nachricht: Der Gutachter, Prof. Dietrich, hat sich gemeldet und mitgeteilt, dass er bereits ein erstes Teilergebnis festgestellt hat: Zumindest in einem Punkt liege ein Staatsgeheimnis vor! Harald Range wittert die Chance, die unselige Sache aus seiner Sicht doch noch sauber zu Ende führen zu können. Doch das Bundesjustizministerium will davon nichts wissen. Man habe doch eine klare Vereinbarung getroffen, die Sache ruhen zu lassen, heißt es verärgert aus Berlin.

Am nächsten Morgen, es ist der 4. August 2015, tritt der Generalbundesanwalt in seiner Behörde vor die Medien. Er verliest vor dem Siegfried-Buback-Saal ein Statement. Der Platz scheint mit Bedacht gewählt: In seinem Rücken hängen die Porträts seiner Vorgänger. Die Erregung Harald Ranges ist spürbar:

»Zur Wahrung und Sicherung der Objektivität der Ermittlungen habe ich am 19. Juni 2015 ein externes Gutachten in Auftrag gegeben. Der unabhängige Sachverständige sollte klären, ob es sich bei den veröffentlichten Dokumenten um ein Staatsgeheimnis handelt. Der Sachverständige teilte mir gestern mit, dass es sich nach seiner vorläufigen Bewertung bei den am 15. April 2015 veröffentlichten Dokumenten um ein Staatsgeheimnis handelt. […] Die Bewertung des unabhängigen Sachverständigen habe ich dem Bundesministerium der Justiz gestern unverzüglich mitgeteilt. Mir wurde die Weisung erteilt, das Gutachten sofort zu stoppen und den Gutachtenauftrag zurückzuziehen. Dieser Weisung habe ich Folge geleistet.«

An dieser Stelle macht Range eine längere Pause – und fährt fort: »Die Presse- und Meinungsfreiheit ist ein hohes Gut. Dieses Freiheitsrecht gilt aber nicht – auch nicht im Internet – schrankenlos. Es entbindet Journalisten nicht von der Einhaltung der Gesetze. Über die Einhaltung der Gesetze zu wachen, ist Aufgabe der Justiz. Diese Aufgabe kann sie nur erfüllen, wenn sie frei von politischer Einflussnahme ist. Daher ist die Unabhängigkeit der Justiz von der Verfassung ebenso geschützt wie die Presse- und Meinungsfreiheit. Auf Ermittlungen Einfluss zu nehmen, weil deren mögliches Ergebnis politisch nicht opportun erscheint, ist ein unerträglicher Eingriff in die Unabhängigkeit der Justiz. Mit Blick auf diese im Raum stehenden Vorwürfe und die anderen Vorwürfe habe ich mich auch gehalten gesehen, die Öffentlichkeit heute darüber zu informieren.«[149]

Harald Range hat den Fehdehandschuh geworfen. Er ahnt, dass er im Amt keine Perspektive mehr hat. Aber er will nicht klein beigeben.

Streit zwischen dem Generalbundesanwalt und dem Bundesjustizministerium hat es in der Geschichte der Bundesrepublik schon oft gegeben. Auch Ranges Vorgänger Kay Nehm und seine Vorgängerin Monika Harms fochten ihre Sträuße, insbesondere in der Amtszeit von Sabine Leutheusser-Schnarrenberger.[150] Aber noch nie wurde ein Streit so öffentlich und mit so deutlichen Worten ausgetragen. Wahrscheinlich ahnt Harald Range schon seit Tagen, dass er vorzeitig abgelöst werden soll. Aber er will sich nicht als geprügelter Hund vom Hof schleichen. Am gleichen Abend teilt Heiko Maas mit, dass der Generalbundesanwalt in den einstweiligen Ruhestand versetzt wird. Der Abteilungsleiter Revision, Bundesanwalt Gerhard Altvater, übernimmt kommissarisch die Leitung der Behörde.

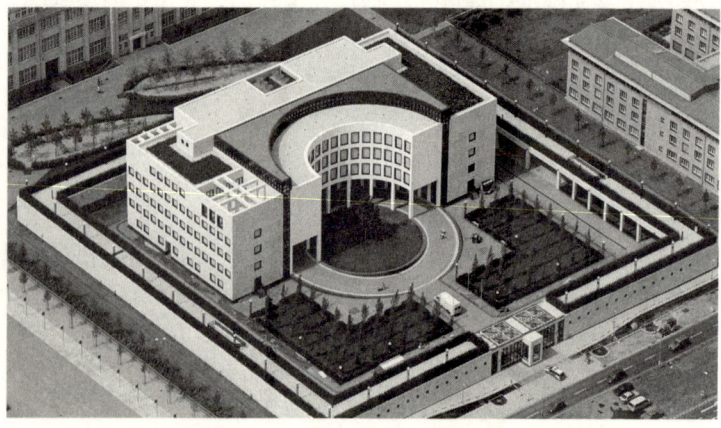

Bundesanwaltschaft.

Als Harald Range am nächsten Tag noch einmal in die Bundesanwaltschaft kommt, stehen Mitarbeiterinnen und Mitarbeiter in den Gängen und applaudieren ihm, erzählt Range später.

Es gibt in der Behörde intensive Diskussionen darüber, was im Fall »Netzpolitik.org« rechtlich richtig ist. Aber das Aufbegehren gegen eine als opportunistisch empfundene Weisung aus Berlin eint die Karlsruher Juristen hinter ihrem gerade geschassten Chef. So beliebt wie am letzten Tag war der in seiner ganzen Amtszeit nicht, hört man aus der Bundesanwaltschaft. Am gleichen Abend feiert die Mitarbeiterschaft Harald Range im Innenhof. Es ist ein spontaner Ausstand. Mit Spanferkel und Bier.

Generalbundesanwälte 1950 bis heute:

Peter Frank	seit Oktober 2015
Harald Range	2011–2015
Monika Harms	2006–2011
Kay Nehm	1994–2006
Alexander von Stahl	1990–1993
Kurt Rebmann	1977–1990
Siegfried Buback	1974–1977
Ludwig Martin	1963–1974
Wolfgang Fränkel	1962–1962
Max Güde	1956–1961
Carlo Wiechmann	1950–1956

Die Reaktion der Bundesanwaltschaft ist typisch für die Behörde. Wenn einer der ihren von außen in die Kritik gerät, schließen sich solidarisch die Reihen – unabhängig davon, wie man intern die Sache sieht. »Man kann in der Behörde kaum mehr Rückhalt bekommen, als wenn man öffentlich kritisiert wird«, sagt einer von innen. Das gilt für die Chefs, aber auch für die Staatsanwälte »an der Front«, wie man die Öffentlichkeit vor Gericht oder in den Medien nennt. Man sieht sich als eine Art Familie, als Schicksalsgemeinschaft. Manche würden wohl noch das Adjektiv »ausgewählt« hinzufügen. Was bei BKA, BND oder BfV schon durch die reine Größe der Behörden undenkbar ist, wird in der Karlsruher Behörde möglich: Man kennt sich bestens. Fluktuation ist selten. Wer auf eine Planstelle nach Karlsruhe kommt, geht meistens nicht mehr fort.

Hinzu kommen die Angriffe von außen: Die Ermordung von Siegfried Buback, Wolfgang Göbel und Georg Wurster im April

1977 sowie der gescheiterte Anschlag der RAF mit einem Raketen-werfer im August 1977 haben bis heute Spuren hinterlassen. Schon architektonisch ist der heutige Dienstsitz eine Festung. Christian Rath notiert anlässlich der Einweihung in der »tageszeitung«, dass »jedes der Fensterelemente 1,4 Tonnen wiegt und sogar einer Panzer-faust standhalten würde.«[151]

Vor einigen Jahren verirrte sich ein Mann mitsamt seinem Auto in die Tiefgarage der streng gesicherten Behörde. Er wolle zum Ar-beitsamt, erklärte er dem Sicherheitsdienst, und sei einfach hinter dem Auto vor ihm hergefahren. Das Arbeitsamt in Karlsruhe ist direkt neben der Bundesanwaltschaft. In dem Auto, das vor dem ungebetenen Besucher gefahren war, soll Generalbundesanwältin Monika Harms gesessen haben.

Der Bundesnachrichtendienst und der Militärische Abschirmdienst

»No risk, no fun.«
Ehemaliger BND-Präsident Gerhard Schindler

Es sind die beiden geheimnisvollsten Behörden, über die wohl in der Öffentlichkeit die meisten Missverständnisse beziehungsweise das größte Unwissen herrschen: der Bundesnachrichtendienst (BND) und das Amt für den Militärischen Abschirmdienst (MAD). Erste-rer ist der Auslandsnachrichtendienst Deutschlands, der zweite der Nachrichtendienst »für den Geschäftsbereich des Bundesministeri-ums der Verteidigung«, also kurz gesagt der Bundeswehr.[152] Die bei-den Behörden sind zwei von drei Nachrichtendiensten des Bundes. Der dritte ist das »Bundesamt für Verfassungsschutz« (BfV) – und schon über die Frage, warum Inlands- und Auslandsgeheimdienst sowie die Sicherheit der Bundeswehr in drei völlig getrennten Be-hörden aufgestellt sind, kann man ordentlich streiten.

Die aktuellen Präsidenten von BND und MAD sind kaum öf-fentlich bekannt. Bei BND-Chef Bruno Kahl, ist das noch relativ einfach zu erklären. Er steht erst seit Juli 2016 an der Spitze des Bundesnachrichtendienstes, die Ablösung seines Vorgängers Gerhard Schindler erfolgte plötzlich und überraschend. Obwohl Schindler zu seinem Amtsantritt mit dem markigen Spruch »no risk, no fun« aufgefallen war und als früherer Fallschirmjäger und langjähriger Leiter der Abteilung »Öffentliche Sicherheit« im Bundesinnenministerium nach einer Idealbesetzung für den BND aussah, wurde ihm am Ende im Bundeskanzleramt mangelnde Durchsetzungsfähigkeit vorgeworfen. Sein Nachfolger Bruno Kahl ist durch seine vorherigen Aufgaben im Bundesinnen- und Bundesfinanzministerium vorher nur Insidern bekannt gewesen.

Bei MAD-Präsident Christof Gramm hat das Unbekanntsein fast schon Methode, weil der MAD an sich kaum von sich Reden macht. Gramm selbst hat in den Jahren vor seiner Berufung für die Öffentlichkeit ebenfalls kaum sichtbar im Verwaltungsapparat des Verteidigungsministeriums gearbeitet – und sich eine Zeit lang just mit der Aufgabe der Rechts- und Fachaufsicht über den MAD beschäftigt. Der Jurist ist also vom ministerialen Kontrolleur zum Chef der Behörde geworden, die in der Vergangenheit zumeist von hochrangigen Militärs geleitet wurde.

Auf den ersten Blick kann man die Aufgaben der beiden Behörden rasch und leicht voneinander trennen: Der Bundesnachrichtendienst ist für die gesamte Auslandsaufklärung zuständig, soll also die Bundesregierung, insbesondere das Bundeskanzleramt, mit allen relevanten Informationen versorgen, die die Regierung benötigt.

Standen früher vor allem militärische und sicherheitspolitische Aspekte im Vordergrund, so gehören heute auch Fragen der wirtschaftlichen Entwicklung, des Klimas, der Rohstoffversorgung und andere Gebiete zu den Berichtsthemen des BND. Seine Erkenntnisse gewinnt er dabei teilweise völlig »offen«, also durch die systematische Auswertung von unbeschränkt zugänglichen Informationsquellen, wie Radio, Fernsehen, Zeitungen, Online-Veröffentlichungen oder Büchern, teils mit Hilfe von »nachrichtendienstlichen« Mitteln, also Telekommunikationsüberwachung, Einsatz von Spitzeln, Observationen und im Extremfall auch Undercover-Operationen. Bei der Terrorismusbekämpfung kommt für den BND aber noch eine weitere, heikle Rolle dazu: Der Dienst besorgt Informationen über Terroristen und ihre Pläne im Ausland. Auf eigene Faust oder mit Hilfe von »Freunden«, wie sich weltweit Geheimdienste, die miteinander kooperieren, gerne gegenseitig nennen.

Der MAD beschäftigt sich dagegen mit der Sicherheit der Bundeswehr. Dies geschieht ebenfalls teilweise mit offenen, aber auch mit nachrichtendienstlichen Mitteln und betrifft auch Sicherheitsüberprüfungen innerhalb der Bundeswehr, bei denen die Zuverlässigkeit von Soldaten geprüft wird, bevor sie Verschlusssachen der unterschiedlichen Geheimhaltungsstufen bearbeiten dürfen. So soll der MAD die Bundeswehr auch vor der Unterwanderung durch Extremisten schützen.

Präsidenten des MAD seit 1955

Christof Gramm	seit Dezember 2014
Ulrich Birkenheier	2012–2014
Karl-Heinz Brüsselbach	2010–2012
Generalmajor Georg Freiherr von Brandis	2008–2010
Richard Alff	2003–2008
Rudolf von Hoegen	1991–2003
Generalmajor Winfried Schwenke	1987–1991
Generalmajor Hubertus Senff	1984–1987
Brigadegeneral Helmut Behrendt	1983–1984
Flottillenadmiral Elmar Schmähling	1982–1983
Brigadegeneral Klaus Vollmer	1980–1982
Brigadegeneral Gerd-Helmut Komossa	1977–1980
Brigadegeneral Paul-Albert Scherer	1972–1977
Brigadegeneral Armin Eck	1967–1972
Brigadegeneral Heinrich Seeliger	1964–1967
Brigadegeneral Josef Selmayr	1955–1964

Neonazis in der Truppe sollen erkannt und entfernt werden. 1995 fiel dem Dienst tatsächlich die rechtsradikale Einstellung des späteren NSU-Terroristen Uwe Mundlos auf. Als das Amt aber Anfang

Dezember 2011, einen Monat nach dem Auffliegen der Terrorzelle, nach Mundlos gefragt wurde, steckte man den Kopf in den Sand. Fast drei Monate später antwortete ein Kapitän zur See einsilbig, man habe keine Akte über Mundlos: »MAD-eigene Erkenntnisse, die Ihnen übermittelt werden könnten, liegen zu M. nicht vor. Es existiert keine Akte des MAD zu ihm.«[153]

Das war richtig und falsch zugleich. Die Akte war tatsächlich nicht mehr vorhanden, der MAD wusste allerdings noch sehr genau, dass man versucht hatte, Mundlos als Spitzel anzuwerben. Und zwar gemäß des eigenen Auftrags und in der Hoffnung, der Soldat könne dem Dienst Informationen über geplante Aktionen und Straftaten zukommen lassen. Doch Mundlos lehnte kategorisch ab, die eigenen Kameraden zu verraten – was die Bundeswehr ihrerseits nicht davon abhielt, den rechtsextremen Soldaten während seines Wehrdienstes erst zum Gefreiten und dann zum Obergefreiten zu befördern.

Neben der Suche nach möglichen Neonazis in der Truppe soll der MAD aber aktuell auch mögliche Islamisten finden, die sich bei der Bundeswehr eine Kampfausbildung erschleichen wollen. Solche Fälle machen immer wieder Schlagzeilen. Bis zu zwanzig Fälle will der MAD in den vergangenen zwei Jahren entdeckt haben.[154]

Im Vergleich zum Bundesnachrichtendienst ist der MAD ein Zwerg. 1086 Mitarbeiter hatte der Militärische Abschirmdienst im Jahr 2015.[155] Das Arbeitsgebiet des BND ist dagegen viel größer – so wie auch die Behörde mit ihren ca. 6500 hauptamtlichen Mitarbeitern[156] eine völlig andere Dimension hat.

Auf den ersten Blick verwirrend ist, dass der BND operativ grundsätzlich nur im Ausland arbeiten darf, der MAD durch Auslandseinsätze der Bundeswehr jedoch ebenfalls im Ausland zum Einsatz kommt – wenn Bundeswehreinheiten vor Ort sind. So überprüft der MAD dann die Sicherheitslage vor Ort, versucht, Spionageangriffe auf die Bundeswehr abzuwehren und die »Ortskräfte« zu überprüfen, also einheimische Mitarbeiter der Bundeswehr im Einsatzgebiet, die als Scouts, Dolmetscher oder Lieferanten arbeiten.

Der MAD tut dies im Ausland aber grundsätzlich nur von Bundeswehreinrichtungen aus. Operativ werden die Camps und Stützpunkte in der Regel nicht verlassen, solche Form der Aufklärungsarbeit übernimmt dann der BND. Wenn man nun noch bedenkt, dass ein gewichtiger Teil des BND-Personals frühere Bundeswehroffiziere und Soldaten sind, im BND also eine gehörige Bundeswehrkompetenz vorhanden ist und die sonstigen Sicherheitsüberprüfungen der deutschen Behörden durch das Bundesamt und die Landesämter für Verfassungsschutz gemacht werden, stellt sich rasch die Frage, wozu es das Amt für den Militärischen Abschirmdienst überhaupt noch gibt. Tatsächlich stand es in den vergangenen Jahren mehr als einmal kurz vor der Auflösung.[157]

BND-Präsidenten seit 1956

Bruno Kahl	seit Juli 2016
Gerhard Schindler	2012–2016
Ernst Uhrlau	2005–2011
August Hanning	1998–2005
Hansjörg Geiger	1996–1998
Konrad Porzner	1990–1996
Hans-Georg Wieck	1985–1990
Heribert Hellenbroich	August 1985
Eberhard Blum	1982–1985
Klaus Kinkel	1979–1982
Gerhard Wessel	1968–1978
Reinhard Gehlen	1956–1968

Der Bundesnachrichtendienst scheint im Vergleich einen sichereren Stand unter den Bundessicherheitsbehörden zu haben. Seine Aufgaben sind klar umrissen, manchmal gab es in der Vergangenheit sogar regelrechte Erfolgsmeldungen, wie etwa den Ankauf von Daten-CDs über systematischen Steuerbetrug oder Vermittlungserfolge zwischen Israel und den Palästinensern durch eine beharrliche BND-Geheimdiplomatie. Doch es gab auch eine Menge Pannen und Skandale.

Das Image des BND hat in den vergangenen Jahren vor allem durch die sogenannte NSA-Affäre, in der eine umfangreiche Zusammenarbeit des BND mit dem US-amerikanischen Geheimdienst NSA[158] deutlich wurde, Schaden genommen.

Der BND ging wohl in der »Hilfe« für die USA weit über die verfassungsrechtlich zulässigen Möglichkeiten hinaus und schien dabei der Bundesregierung außer Kontrolle geraten zu sein, gleichzeitig wirkte es aber auch so, als sei die Aufklärung des ganzen Komplexes weder vom BND noch von der Bundesregierung wirklich gewollt. Die Sache blieb und bleibt im Vagen.

Gleichzeitig hat der Bundesnachrichtendienst eine Schlüsselrolle in der deutschen Terrorismusabwehr. Denn durch eigene Erkenntnisse und Kontakte zu den ausländischen »Freunden« kommen täglich, ja stündlich neue Hinweise und Erkenntnisse im Lagezentrum des BND an. Sie müssen bewertet und gesteuert werden, also auf ihre Relevanz überprüft und dahin geleitet werden, wo sie nach dem Eindruck des Dienstes hingehören: in eigene Auswertungsabteilungen oder zu anderen deutschen Sicherheitsbehörden.

Oft ist der Weg auch umgekehrt. So wie am 23. Dezember 2015.

Alarm an Silvester 2015: Zwei Brüder und Drei Könige

»Und siehe, der Stern, den sie im Morgenland gesehen hatten, ging vor ihnen hin.«
Matthäus 2,9

Deutschland bereitete sich auf Heiligabend und die Feiertage vor, als am 23. Dezember 2015 gegen Mittag ein Mann aus dem Irak in Karlsruhe das Polizeipräsidium betrat. Er habe eine wichtige Mitteilung zu machen, sagte der Mann den erstaunten Beamten.[159] Die Polizei solle doch bitte dringend mit seinem Bruder sprechen. Der sei im Irak. Es gehe um einen drohenden Terroranschlag in Deutschland.

Badener sind grundsätzlich gelassene Menschen. Aber selbst für einen gelassenen Beamten war die Sache klar: Das ist ein Fall für höhere Stellen. Das Landeskriminalamt in Stuttgart, Abteilung Staatsschutz, wurde informiert. Dort beschloss man, der Sache zügig auf den Grund zu gehen, und rief kurzerhand den Bruder des Hinweisgebers im Irak an. Es wurde ein längeres Telefonat. Am Ende standen folgende Informationen fest: Der Mann warnte vor einem islamistischen Terroranschlag in München. Dieser sollte von einem Team von sieben Männern verübt werden – auf den »öffentlichen Nahverkehr«. Und zwar kurz vor, am oder kurz nach dem 6. Januar 2016, dem Fest der Heiligen Drei Könige. Die Sache kam zum BND und der nahm seinerseits Kontakt zu dem Mann im Irak auf. Codename der Ermittlungen: »Januar«.

Über die Weihnachtsfeiertage 2015 ermittelten Polizei, Verfassungsschutz und BND intensiv: Der Hinweisgeber hatte arabische Allerweltsnamen genannt und ein Hotel in München beschrieben, doch die Ermittler fanden – selbst nach der Durchsuchung eines Hotels, das auf die Beschreibung passte – keinen konkreten »Anfasser«. Sie legten also den Fall am Morgen des Silvestertags zu den Akten. Das kam nicht ungelegen: Feiern im Familienkreis schien plötzlich doch wieder möglich zu sein.

Doch zu früh gefreut: Am späten Nachmittag des Silvestertags erreichte das Bundeskriminalamt in Berlin eine Warnmeldung aus Frankreich. Wieder war von einem Anschlagsplan für München die Rede, doch diesmal viel konkreter. In wenigen Stunden, in der Silvesternacht, sollte etwas passieren. Auch der Ort schien klar zu sein: am Hauptbahnhof München oder am Bahnhof München-Pasing. Das BKA warnte die bayerischen Kollegen – und die gingen schnell auf Nummer sicher. Die Bahnhöfe wurden geschlossen, eine Terrorwarnung herausgegeben.

Der Silvesterabend in München wurde zum Ausnahmezustand.

Passiert ist damals nichts. Der BND und seine französischen Kollegen wurden allerdings sehr nachdenklich. Offenbar hatte sich der Mann im Irak nicht nur an deutsche Behörden gewandt. Und sein Wissen – oder seine Geschichte – mit leichten Variationen an Geheimdienste mehrerer Länder herangetragen. Weil seiner Meinung nach die deutschen Behörden nicht genug unternommen haben, lautet eine Version. Eine andere: Weil andere Länder bereit waren, für die Information Geld zu bezahlen.

Geheimdienstarbeit ist ein schwieriges Geschäft mit schwierigen Leuten. Das gilt nicht nur für Spitzel und Informanten. Auch das eigene Personal macht den Diensten manchmal Kopfzerbrechen.

Bildung bewaffneter Gruppen

Die Strafanzeige des BND-Präsidenten vom Mai 2012 wurde bei der Staatsanwaltschaft Heidelberg durch einen Boten abgegeben. Wenn man Staatsanwalt Alexander Schwarz heute danach fragt, erinnert er sich nicht mehr daran. Damals schien die Sache in Heidelberg einigen Eindruck gemacht zu haben. Ein »Dr. Bartling« vom BND soll persönlich in der Sache vorgesprochen und sich als »Ermittlungsführer« vorgestellt haben.

Schon das machte einen gewissen Eindruck. Auch der Inhalt der Anzeige gehörte nicht gerade zum Alltag einer deutschen Staatsanwaltschaft: Auf fünf Seiten mit zahlreichen Anlagen schilderte der BND-Präsident höchstpersönlich, dass mehrere Zeugen bei einer BND-internen Ermittlung des besagten Dr. Bartling besorgniserregende Angaben gemacht hätten, und bat den Oberstaatsanwalt darum, »kurzfristig« für einen Besprechungstermin mit dem BND-Ermittlungsführer zur Verfügung zu stehen.

Möglicherweise würde sich ein Mitarbeiter seines Dienstes mit dem Namen Freiherr von S. im Rhein-Neckar-Raum »strafrechtlich relevant« verhalten: So hätten es jedenfalls Zeugen aus dem BND berichtet. Der Mitarbeiter plane ein Waldgrundstück zu kaufen, um dort paramilitärische Übungen abzuhalten, und habe auf dem Grundstück vielleicht auch schon eine »Kiste mit Waffen vergraben«. Zudem fürchte der Mann offenbar einen »Kampf der Kulturen« in Deutschland und treffe Vorbereitungen, »damit sich das *deutsche Volk erwehren* könne«. Zu seinen Bekannten gehörten ein anderer Mitarbeiter des BND (»der als Kampfsportexperte gilt«) sowie Beamte des Bundeskriminalamts, des Militärischen Abschirmdiensts, ein »Oberst im Generalstab a. D.« sowie eine Psychologin.[160]

Kampfsportexperte, Waffenkiste im Wald, paramilitärische Übungen und Kampf der Kulturen, die genannten Stichworte skizzierten wenig dezent den Tatbestand für § 127 Strafgesetzbuch: »Bildung bewaffneter Gruppen«.[161] Die Staatsanwaltschaft Heidelberg begann gegen Freiherr von S. zu ermitteln. Zuvor hatte der Generalbundesanwalt die Akte schon auf dem Tisch gehabt – und dankend abgewunken. Auch die Staatsanwaltschaft Heidelberg konnte trotz umfangreicher Maßnahmen nichts Anstößiges finden, trotz Observation des BND-Mitarbeiters, Telefonüberwachung, Finanzermittlungen und Hausdurchsuchung. Reinhard Mußgnug, emeritierter Professor für Öffentliches Recht in Heidelberg und Rechtsvertreter für den beschuldigten Freiherrn, nennt den Vorgang eine »dümmliche Dreyfusiade«.[162]

Auch fast fünf Jahre nach der Strafanzeige ist der Fall noch nicht endgültig abgeschlossen. Die strafrechtlichen Vorwürfe sind zwar vom Tisch, doch der Freiherr verklagt nun die Bundesrepublik Deutschland vor dem Bundesverwaltungsgericht. Er will, dass eine Disziplinarverfügung gegen ihn aufgehoben wird. Auch dieser Vorgang gibt bizarre Einblicke in das Innenleben des BND. Seitenlang geht es um mögliche rechtspopulistische Äußerungen, politisches Schwadronieren, Gezänk zwischen Vorgesetzten und Untergebenen und allerlei Spitzfindigkeiten. So wurde dem BND-Mann vorgehalten, er habe das Bild des Bundespräsidenten abgehängt sowie illegal Munition zu einem ebenso illegalen Schießtraining bei der Bundeswehr beschafft und in seinem Büro Hakenkreuze aufgehängt – sein Anwalt konterte: Es handele sich um eine Reihe historischer Abbildungen des Brandenburger Tors. Darunter eben auch eine aus der NS-Zeit. Ein Bild zur Deutschen Einheit sei auch dabei.

Das ist keine typische BND-Geschichte. Auch Prof. Reinhard Mußgnug, der Anwalt des Freiherrn, räumt unumwunden ein, der BND leiste in weiten Teilen eine hervorragende Arbeit. Seine Verwaltung aber sei ein Graus. Und die Sache mit der Munition könne schon deswegen nicht stimmen, weil es eine Laserschießanlage gewesen sei. Das Problem ist: Die Geschichte des Freiherrn befördert ein Bild des BND und den Zuständen dort, das in Teilen der Öffentlichkeit auf fruchtbaren Boden fällt. Die Deutschen verbindet mit ihrem

Auslandsgeheimdienst eine Art Hassliebe. Was der BND eigentlich ist, hält der Dienst geschickt verborgen.

So entstehen Mythen. Es könnte sich um eine Ansammlung skurriler Personen und Schrate handeln, die sich gegenseitig mit kunstvollen Tarnnamen anreden und ihren Operationen Namen aus der griechischen, am besten aber aus der germanischen Mythologie geben und es sich in Berliner Nobelrestaurants gut gehen lassen, »zwölf Gläser Grappa zu je 18,60 Euro« inklusive.[163]

Es könnte sich auch um übergriffige Datensammler handeln, die, willfährig gegenüber US-Geheimdiensten, keine Scheu haben, auch europäische Verbündete auszuspähen und mitten in Deutschland Internetknotenpunkte zu überwachen – wie es in der NSA-Affäre offenkundig geschehen ist. Und es könnte ein Dienst sein, der erst bemerkt, dass ein Mitarbeiter geheime Informationen an den doch eigentlich befreundeten US-Geheimdienst CIA weiterleitet, als der eigene Mitarbeiter so dreist ist, seine Dienste zusätzlich noch per E-Mail dem russischen Konsulat anzubieten, dabei erwischt wird und ohne Not auch noch seine Dienste für die USA zugibt.[164]

Es gibt aber auch eine andere Sichtweise: Der BND als ein brauchbarer Auslandsnachrichtendienst in der europäischen Oberklasse, der im Nahen Osten gute Kontakte und gute »Zugänge« hat, wie es im Jargon der Geheimdienste heißt. Der insbesondere in der »technischen Aufklärung« hervorragende Arbeit leistet und im Mittelmeer zusammen mit der Bundeswehr und mit modernster Technik auch im internationalen Vergleich hervorragende Ergebnisse erzielt. Und der manchmal in stillen Operationen handelt, wie im besten Agentenfilm, wenn es zum Beispiel darum geht, drei von Deutschland ins syrische Raqqa verschleppte Kinder zusammen mit dem BKA und dem Landesverfassungsschutz Berlin sowie der kurdischen »Volksverteidigungseinheit« YPG schnell und heimlich aus dem Kriegsgebiet herauszuschaffen, wie im Fall Ali R.[165]

Der deutsche Verfassungsschutz

»Der Verfassungsschutz macht seine Arbeit zugleich rechtmäßig und recht mäßig.«
Behördenkalauer

Der deutsche Verfassungsschutz ist in der Sinnkrise. Schon wieder und immer noch. Das NSU-Debakel ist nicht recht überstanden, das Erstaunen über US-Spionage in Deutschland nicht richtig verhallt, nun herrscht höchste Terrorgefahr, aber wie vermittelt man nach außen, dass man ordentlich arbeitet? Denn weite Teile der Arbeit sind geheim. Der Verfassungsschutz steht in einem ewigen Dilemma: Ein Geheimdienst steht eigentlich nur dann richtig gut da, wenn einerseits nichts passiert und man andererseits trotzdem zeigen kann, dass man daran einen wesentlichen Anteil hat.

Wie soll man aber den Nicht-Anschlag als Erfolg verkaufen? Das geht gar nicht, sagt Torsten Voß, Leiter des Hamburger Verfassungsschutzes: »Es war ein ruhiger Sommermonat, weil wir drei Anschläge auf Gleis 7 verhindert haben, es war ein ruhiger Sommermonat, weil wir vier Anschläge von Linksextremisten auf Politikerbüros verhindert haben – ich denke, das passt nicht«,[166] bekennt er selbstkritisch.

Deswegen steht für Torsten Voß fest, dass seine Mitarbeiterinnen und Mitarbeiter dauerhaft mit dem Problem leben müssen, dass der Erfolg schwer messbar ist und die öffentliche Anerkennung oft ausbleibt. Aber an den Mitarbeiterinnen und Mitarbeitern nagt das. Und die (Medien-)Öffentlichkeit wartet insgeheim auf die nächste Panne.

Früher war das anders, seufzen altgediente Mitarbeiter. Wer den Kalten Krieg, die Blockkonfrontation, aktiv im Nachrichtendienstgeschäft erlebt hat, sieht die Dinge naturgemäß anders. Damals wurde viel weniger hinterfragt, es gab klare Regeln und Feindbilder. Die operative Arbeit war mit hohen persönlichen Risiken verbunden, Geheimhaltung – auch vor den Aufsichtsbehörden und dem Parlament – selbstverständlich. Als sich das Haus der Geschichte der Bundesrepublik Deutschland 2002 dem Thema der Nachrichtendienste im geteilten Deutschland widmet, zitiert der damalige Stiftungspräsident Hermann Schäfer einen Insider, dass »in der Welt der Spionage und Gegenspionage die Wirklichkeit oft die Phantasie überhole«.[167]

Gordian Meyer-Plath, Chef des sächsischen Verfassungsschutzes, formuliert es anders. Er sieht in dem speziellen Image, das der Verfassungsschutz in Deutschland hat, fast schon eine Chance: »Wir werden ja als Nachrichtendienst zum Teil maßlos über- und zum Teil maßlos unterschätzt in dem, was wir können«.[168] Meyer-Plath hat im deutschen Landesverfassungsschutz eine besondere Stellung. Einerseits ist der studierte Mediävist einer der wenigen Verfassungsschutzchefs, die ihr Amt von der Pike auf gelernt haben, also Praktiker sind. Andererseits hat Meyer-Plath, damals noch im brandenburgischen LfV tätig, mit »Piatto« 1998 einen V-Mann geführt,[169] der dem Verfassungsschutz Brandenburg indirekt Hinweise zum untergetauchten Trio Uwe Böhnhardt, Uwe Mundlos und Beate Zschäpe gab. Allerdings wurden die Hinweise von »Piatto« behördenintern nicht richtig zugeordnet – eine frühe Chance, die flüchtigen Neonazis zu fassen, wurde vertan. Mit dieser Panne geht Gordian Meyer-Plath offen um, auch wenn er zum Zeitpunkt, als der Fehler passierte, für einige Monate nicht in der Behörde, sondern im übergeordneten Ministerium gearbeitet hat:

»Was wäre, wenn ich mich noch mal erinnert hätte, was ist denn damals eigentlich daraus geworden? Ich habe nie nachgefragt, weil es für mich keine Rolle mehr spielte, zu sagen, ja, hat man die jetzt eigentlich gefunden? Das wird mich nicht verlassen, dieses Gefühl, wenn du das gemacht hättest, könnte da jemand noch leben?«.[170]

Das Versagen, den NSU nicht erkannt zu haben, ist bis heute eine große Hypothek für den gesamten deutschen Verfassungsschutz. Das Frühwarnsystem hat versagt, das System selbst durch Fehler einzelner Personen, wie dem »Schredder-Mann«, der wohl aus Sorge vor der Entdeckung eigenen Fehlverhaltens für die Ermittlungen wesentliche Akten in den Reißwolf schickte, Misstrauen in der Bevölkerung gesät. Gesten der Entschuldigung hat es zwar durch einzelne Präsidenten und Amtschefs gegeben. Eine Initiative einiger Verfassungsschutzmitarbeiter, sich bei den Angehörigen der Opfer zu entschuldigen, dass man die Tatserie weder entdecken noch aufklären konnte, ist – auch durch Intervention von Vorgesetzten – im Ansatz steckengeblieben.[171]

Doch der Schatten NSU bleibt dem Verfassungsschutz. Carlo Weber, Chef des Verfassungsschutzes von Brandenburg und zuvor Staatsanwalt im Land, gehört zu denen, die bei diesem Thema kein Blatt vor den Mund nehmen: »Da können wir so viel reden, wie wir wollen, und die Schuld hin und her schieben, wie wir wollen, das ist eine ganz große Niederlage gewesen. Der Faule, Oberflächliche sagt, na und, Gehalt läuft weiter, aber die tüchtigen Mitarbeiter sind natürlich betroffen davon.«[172]

Personalstärke des Verfassungsschutzes in Deutschland (2015)

Landesamt für Verfassungsschutz Baden-Württemberg:	40[173]
Landesamt für Verfassungsschutz Bayern:	43[174]
Verfassungsschutz Berlin:	227[175]
Verfassungsschutz Brandenburg:	90[176]
Landesamt für Verfassungsschutz Bremen:	51[177]
Landesamt für Verfassungsschutz Hamburg:	153[178]
Landesamt für Verfassungsschutz Hessen:	265,5[179]
Verfassungsschutz Mecklenburg-Vorpommern:	99[180]
Verfassungsschutz Niedersachsen:	226[181]
Verfassungsschutz Nordrhein-Westfalen:	388[182]
Verfassungsschutz Rheinland-Pfalz:	162[183]
Landesamt für Verfassungsschutz Saarland:	84[184]
Landesamt für Verfassungsschutz Sachsen:	187[185]
Landesamt für Verfassungsschutz Sachsen-Anhalt:	101[186]
Verfassungsschutz Schleswig-Holstein:	102[187]
Verfassungsschutz Thüringen:	97[188]

Summe Landesbehörden:	**3.015**
Bundesamt für Verfassungsschutz:	**2.813[189]**

(In Ländern, in denen die Behörde nicht Landesamt heißt, ist sie eine eigenständige Abteilung des Innenministeriums)

Der unterschätzte Zoll

Zoll klingt unspektakulär und unangenehm. Zoll klingt nach der Überlegung an der Grenze, ob man zu viele Zigaretten oder Spirituosen bei sich hat. Wer sich etwas besser mit dem Zoll auskennt, wird auch beim Thema Schwarzarbeit an die Bundesbehörde mit zahlreichen Außenstellen denken. Aber irgendwie klingt Zoll seit dem unkontrollierten Reisen im Schengenraum für viele wie eine aus der Mode gekommene Angelegenheit, die nur noch mit Fernreisen zu tun hat. Dabei ist der Zoll, insbesondere das Zollkriminalamt (ZKA) in Köln, die vielleicht unterschätzteste deutsche Sicherheitsbehörde. Schon deswegen, weil sie kaum jemand kennt.

Bis Ende 2015 war das ZKA eine Bundesbehörde, seit Anfang 2016 ist sie als Mittelbehörde (Direktion VIII) Teil der neu geschaffenen Generalzolldirektion (GZD). Der gesamte Zoll untersteht dem Bundesministerium der Finanzen in Berlin. Rund 3200 Menschen arbeiten im Zollfahndungsdienst. Rund 850 im Zollkriminalamt in Köln und insgesamt etwa 2400 in den nachgeordneten acht Zollfahndungsämtern in Berlin, Hamburg, Hannover, Dresden, Essen, Frankfurt, München und Stuttgart.[190]

Wofür der Zoll da ist und was er darf, ist zunächst im Zollverwaltungsgesetz geregelt. Es ist auf den ersten Blick kein sonderlich aufregendes Gesetz. Nur 32 Paragraphen regeln den Zoll sowie die Zusammenarbeit mit der Bundespolizei und internationalen Stellen. Zollfahndungsbehörden und ihre Beamten haben dabei grundsätzlich die gleichen Rechte und Pflichten wie die Polizei.[191]

Wesentlich interessanter ist allerdings das *Zollfahndungsdienstgesetz*, das die Arbeit des Zollkriminalamts und seiner Zollfahndungsämter regelt. Beim Anblick dieser Vorschrift schlägt das Herz mancher anderer Sicherheitsbehörde schneller. ZKA und Fahndungsämter, genannt »der Zollfahndungsdienst«, haben bei der Wahrnehmung ihrer Aufgaben viele Möglichkeiten außerhalb der Strafprozessordnung, die normalerweise im Strafverfahren gilt. Abhören, Aufzeichnen, Videoüberwachung, Einsatz von V-Leuten – hinter komplizierten und abstrakten Bezeichnungen im Gesetz verbergen sich umfangreiche Befugnisse für die Zollfahnder. So hat jedes der acht Zollfahndungsämter beispielsweise eine eigene Observationseinheit, die bei Bedarf auch bundesweit eingesetzt werden kann. Der Zoll ist eine völlig unterschätzte Sicherheitsbehörde, dies allerdings immer unter dem Vorbehalt, dass ihre Ermittlungen »den Aufgaben des Zolls dienen«, die andererseits gerade erst vom Bundestag zur Bekämpfung der Organisierten Kriminalität erweitert wurden.[192]

Doch in der Terrorismusbekämpfung ist das fast immer der Fall. Zum Beispiel, sobald Geld und Waffen im Spiel sind. Die Durchsetzung von deutschen und internationalen Vorschriften gegen Terrorismusfinanzierung ist zum Beispiel auch Aufgabe des Zolls. Dazu kommt Waffenhandel, der fast immer internationale Bezüge und Strukturen der Organisierten Kriminalität hat. So ist es nicht nur konsequent, dass auch der Zoll durch das Zollkriminalamt mit im GTAZ in Berlin sitzt. Immer wieder gab es in der Vergangenheit auch hilfreiche Erkenntnisse durch den Zoll, wenn es um aktuelle Anti-Terror-Operationen ging. Allerdings auch eine ordentliche Pleite. In der Hansestadt Bremen.

Operation Gold

Der Terror-Alarm in Bremen Ende Februar 2015 schreckte die Republik auf. Wie aus dem Nichts tauchte die Meldung auf, dass die Polizei einen möglicherweise unmittelbar bevorstehenden Terroranschlag befürchte. Schwer bewaffnete Polizisten standen in der Hansestadt an strategisch wichtigen Punkten, Polizei und Politik reagierten und kommunizierten chaotisch. Passiert ist damals nichts. Doch die Sache hatte ein parlamentarisches Nachspiel. Und plötzlich war der Zoll, konkret das Zollfahndungsamt in Hannover Dreh- und Angelpunkt der Geschichte. Und igelte sich ein. Bis heute streitet die Bremische Bürgerschaft, also das Landesparlament, mit der Bundesbehörde und will mehr Auskünfte, als der Zoll zu geben bereit ist. Der Fall zeigt exemplarisch die verborgene Welt der Zollfahndung.

Angefangen hatte alles mit einer dubiosen Verfassungsschutzinformation über ein angeblich geplantes Waffengeschäft. »Wir brauchen Waffen und Munition, alles was du hast. 60 Uzis oder 38er-

Automatik-Pistolen für den Anfang, mit der Option auf mehr«,[193] wollte eine Hinweisgeberin gehört haben, wie sie dem Bremer Verfassungsschutz verriet, dem kleinsten Nachrichtendienst Deutschlands, einer Behörde mit rund fünfzig Mitarbeitern. Die Hinweisgeberin war dem Amt von der Pressesprecherin des Innensenators vermittelt worden. Die Pressesprecherin kannte die frühere Journalistin persönlich.[194]

Der Verfassungsschutz versuchte Licht in die Sache zu bekommen. Doch so recht kam man nicht voran. Die Polizei wurde eingeweiht, ein Ermittlungsverfahren wegen möglicher Verstöße gegen das Kriegswaffenkontrollgesetz eingeleitet. Inzwischen war es Januar 2015 und in Paris kam es zu den Anschlägen auf die Redaktion von »Charlie Hebdo« und einen koscheren Supermarkt. Europaweit ging man von einer steigenden Anschlagsgefahr aus. In Bremen überlegte man, was man denn in der Sache mit den Uzis noch tun könne. Verfassungsschutz und Staatsschutz überprüften, ob man vielleicht über verdeckte Quellen, also Informanten und V-Leute, weiterkommen könnte. So kam der Zoll ins Spiel, denn auch das zuständige Zollfahndungsamt in Hannover hatte V-Leute in der Szene. Der Zoll bot an, dem Land Bremen eine geeignete Quelle zu leihen.

In der Praxis läuft es so: V-Personen werden von sogenannten »V-Personen-Führern« betreut. Diese Beamten sind in der Regel der einzige Kontakt der Spitzel zur Behörde. Meist wissen nur sie, wer die Quelle ist und wie sie aussieht. Nur sie treffen die Quellen und sind die Brandmauer, über die ihre Angaben in die Behörde wandern. Eine intensive Arbeit ist das, erzählt ein Verfassungsschutzmitarbeiter unabhängig vom Fall in Bremen: »Mit den Quellen, die ich aktuell bearbeite, die führe ich seit vielen, vielen Jahren. Man kennt sich, und ich würde von mir behaupten, ich wüsste, wenn die mich anlügen.«[195]

Der Zoll überstellt also seine Quelle, die Bremer wissen jedoch nicht, wer es ist. Praktisch läuft das so: Die Polizei formuliert ihre Fragen und Aufträge an den V-Mann. Also beispielsweise, was er über Waffenbeschaffung wisse und ob er sich mal umhören könne. Übermittelt werden Fragen und Aufträge an den V-Mann-Führer des Zolls. Der spricht dann im Geheimen mit seiner Quelle und trägt später deren Ergebnisse wieder zurück nach Bremen. Die Glaubhaftigkeit dieser Informationen kann also – wenn überhaupt – nur der die Quelle führende Zollbeamte selbst beurteilen. Und er überbringt in den Mittagsstunden des 27. Februar dramatische Nachrichten. Was er nach Bremen meldete, legte »die konkrete Gefahr eines terroristischen Anschlags mit Kriegswaffen durch eine Gruppe islamistischer Gefährder aus dem Ausland« nahe, heißt es im Abschlussbericht des Untersuchungsausschusses.[196]

In Bremen handelt man unverzüglich und maximal: Die »BAO Gold« wird einberufen, der besondere Plan der Polizei für einen unmittelbar drohenden Anschlag aktiviert. In der Öffentlichkeit werden Schutzmaßnahmen getroffen, schwerbewaffnete Polizisten stehen in der Stadt, die Aufregung ist groß. Doch woher der Hinweis eigentlich kam, wusste kaum jemand. Bundesweit ging das Rätselraten los. Auch in den Sicherheitsbehörden. Der BND und andere Bundesbehörden hätten an diesem Tag verunsichert in Bremen angerufen und sich erkundigt, ob sie vielleicht selbst mit der Sache zu tun hätten, stellt der Grüne Bürgerschaftsabgeordnete Mathias Güldner hinterher in einer Dokumentation von Radio Bremen konsterniert fest: »Das ist ja fast wie Slapstick«.[197]

Noch heute streitet die Bürgerschaft in Bremen mit dem Zoll, um mehr über die damaligen Vorgänge zu erfahren. Bislang vergeblich.

Graue Eminenzen: Die »intergalaktische« Rolle des Bundeskanzleramts

Alle Fäden in der deutschen Sicherheitsarchitektur laufen in der Hauptstadt zusammen. Die Bundessicherheitsbehörden BKA und BfV haben Präsidentenbüros, wichtige Stabsstellen und einzelne Bereiche dort, der Bundesnachrichtendienst einen seiner beiden Standorte. Alle drei Behörden unterhalten darüber hinaus noch weitere Standorte.[198] Doch in Berlin spielt die Musik der gemeinsamen Arbeit im Gemeinsamen Terrorismusabwehrzentrum (GTAZ) und im Gemeinsamen Internetzentrum (GIZ).

Zudem sind in Berlin mit dem Bundeskanzleramt (intern: BKAmt) und Bundesinnenministerium die beiden wesentlichen Aufsichtsbehörden angesiedelt: Das Bundesinnenministerium hat die Aufsicht über BKA, BfV und Bundespolizei (deren Präsidium vor den Türen Berlins im brandenburgischen Potsdam residiert), und dem Bundeskanzleramt untersteht der BND. Letztlich wird im BKAmt aber die gesamte Sicherheitspolitik des Bundes verantwortet, getragen von der Richtlinienkompetenz der Bundeskanzlerin.

Das Bundeskanzleramt ist eine weitgehend unbekannte Behörde. Ihr Chef, Peter Altmaier, hat einen Mitarbeiterstab, der nicht nur die Arbeit der Bundessicherheitsbehörden, sondern die Arbeit aller Bundesministerien koordiniert. Für alle Bundesministerien, bzw. die wesentlichen Bereiche, die sie verantworten, gibt es sogenannte »Spiegelreferate« im Bundeskanzleramt. Die Referatsleiter behalten für ihren Chef und letztlich für die Bundeskanzlerin die Arbeit der Ministerien im Auge. Im Amt spricht man lieber davon, dass man die Arbeit »begleitet«.

Für die Sicherheitsbehörden, insbesondere für den Bundesnachrichtendienst und das Bundesamt für Verfassungsschutz, ist die Abteilung 6 zuständig. An ihrer Spitze steht Ministerialdirektor Günter Heiß, ehemaliger Verwaltungsrichter und früherer Präsident des Verfassungsschutzes von Niedersachsen. Seine Biografie klingt wie eine Erfindung aus einem Spionageroman von John le Carré: Günter Heiß ist im deutschen Zonenrandgebiet aufgewachsen, hatte die Mauer vor Augen, als er zunächst Musik studierte, Klavierlehrer wurde (und der heutigen Verteidigungsministerin Ursula von der Leyen Unterricht gab[199]), um dann Rechtswissenschaften zu studieren und über den Umweg des Verwaltungsrichters zum Verfassungsschutz zu kommen. Ein hochbegabter Musiker in der Welt der Spione. Heute »koordiniert« Heiß unterhalb des Staatssekretärs die Arbeit des BND. Er soll dafür sorgen, dass der Dienst tut, was die Bundeskanzlerin von ihm erwartet. Möglichst nicht mehr und nicht weniger. Es ist eine Mischung aus »Aufsicht und Wegsicht« sagt einer, der in diesem Bereich gearbeitet hat. Im Amt selbst spricht man von der »intergalaktischen« Perspektive, mit der man auf die Sachen sieht – wobei von dort bei einer Panne zugleich ein tiefer Fall droht.

In früherer Zeit waren die Geheimdienstkoordinatoren mit einem gewissen Ruf ausgestattet, heute wird die Arbeit selten öffentlich wahrgenommen. Bernd Schmidbauer war der Koordinator unter Helmut Kohl, er wurde in Anlehnung an James Bond auch »008« genannt. Nach ihm folgten Ernst Uhrlau und August Hanning, beide wurden später BND-Präsidenten. Graue Eminenz des Bundeskanzleramts ist der beamtete Staatssekretär Klaus-Dieter Fritsche. Auch er war – vor Heiß – Geheimdienstkoordinator, davor Staatssekretär im Bundesinnenministerium und hat nun den Titel »Beauftragter für die Nachrichtendienste des Bundes«. Er bezeichnet sich selbst als die »Firewall der Bundeskanzlerin« und ist operativ für die beiden wöchentlichen Koordinierungssitzungen der Sicherheitsbehörden im BKAmt zuständig: die »Nachrichtendienst-Lage« (intern: »ND-Lage«) und die Präsidentenrunde. In der ND-Lage sind alle Bundessicherheitsbehörden und die jeweiligen Ministerien vertreten, in der Präsidentenrunde nur die Behördenchefs.

Ein früherer Mitarbeiter des Bundeskanzleramtes trägt heute an anderer Stelle zur Terrorismusbekämpfung bei: Dr. Guido Steinberg, Islamwissenschaftler bei der Stiftung Wissenschaft und Politik (SWP) in Berlin, war von Anfang 2002 bis Ende 2005 Terrorismusreferent im Bundeskanzleramt unter Frank-Walter Steinmeier. Heute ist er gefragter islamwissenschaftlicher Gutachter zu al-Qaida, der irakischen Ansar al-Islam, den Deutschen Taliban Mujahidin und zum »Islamischen Staat«.[200]

Kapitel 6

Wie funktioniert der deutsche Sicherheitsapparat?

Deutsche Gewaltenteilung vs. Deutscher Föderalismuswahn?

Die Bundesrepublik Deutschland steht mit ihrer Verwaltungsstruktur nicht im Ruf, einfach oder leicht verständlich zu sein. Allein die Konstruktion des föderalen Bundesstaats mit sechzehn Bundesländern schafft komplexe Situationen. Bezogen auf die Sicherheitsbehörden, neuerdings gerne als »Sicherheitsarchitektur« bezeichnet, wird das Bild noch deutlich vielfältiger. Schuldige sind schnell gefunden: der Föderalismus, in dem Polizei grundsätzlich Ländersache ist,[201] sowie das deutsche Trennungsgebot von Polizei und Nachrichtendiensten, wonach die deutschen Verfassungsschutzbehörden keine polizeilichen Aufgaben und Befugnisse bekommen dürfen.[202]

Länderpolizei und Trennungsgebot, produzieren in Deutschland 32 Sicherheitsbehörden: 16 (Landes-)Verfassungsschutzämter und 16 Landeskriminalämter.[203] Hinzu kommen die entsprechenden Bundesbehörden:
- Bundeskriminalamt (BKA)
- Bundesamt für Verfassungsschutz (BfV, Inlandsgeheimdienst)
- Bundesnachrichtendienst (BND, Auslandsgeheimdienst)
- Militärischer Abschirmdienst (MAD, Nachrichtendienst der Bundeswehr)
- Bundespolizei
- Generalzolldirektion (bzw. Zollkriminalamt)

Damit sind schon 38 Behörden beisammen. Für die Terrorismusbekämpfung sind aber noch weitere wichtige Akteure zuständig: die Behörde des Generalbundesanwalts als Staatsanwaltschaft des Bundes[204] sowie das Bundesamt für Migration und Flüchtlinge (BAMF), das nicht nur bei der Registrierung von Flüchtlingen und der Anerkennung von Asylbewerbern Informationen gewinnt, sondern, wie erwähnt, auch bei der Prävention und Deradikalisierung von Islamisten eine wichtige Rolle spielt. Prävention ist aber auch zunehmend ein Thema für die Landeszentralen für politische Bildung und vergleichbare Einrichtungen. Somit sind es also vierzig Behörden, die sich in Deutschland mit der Terrorabwehr beschäftigen. In einer erweiterten Definition, in der die Generalstaatsanwaltschaften in den Ländern hinzugerechnet werden, sind es mehr als sechzig. Kann das gut gehen? Sind da Fehler und Kommunikationspannen nicht vorprogrammiert?

Mit einem Blick zurück ist die Antwort einfach: Bei der NSU-Terrorzelle ist es dramatisch schiefgegangen. Uwe Böhnhardt, Uwe Mundlos, Beate Zschäpe und ihre Helfer blieben nicht trotz so vieler Behörden mehr als elf Jahre im Untergrund verborgen, sondern eindeutig wegen so vieler Behörden. Etliche Puzzlestücke, die ein Bild ihrer Zelle hätten geben können, lagen in unterschiedlichen Behörden. Behörden, die nicht, nicht ausreichend und in schlimmen Fällen sogar absichtlich nicht miteinander sprachen. Und deswegen nicht sahen, was man hätte sehen können, wenn alle Puzzlestücke auf einem Tisch gelegen hätten.

Dieses Versagen im Austausch miteinander hat in Deutschland eine Vorgeschichte. Das macht aber das NSU-Versagen der Behörden noch dramatischer. Und auch aus den Erfahrungen der USA nach dem 11. September 2001 hätte Deutschland eigentlich mehr lernen müssen. Der »9/11-Commisson Report«, der parlamentarische Untersuchungsbericht der USA zur Vorgeschichte der Anschläge von New York und Washington, benennt als einen der größten Fehler, dass im Vorfeld der Anschläge vorhandene Erkenntnisse nicht geteilt wurden, wo es nötig gewesen wäre, und fordert einen entsprechenden Kraftakt der US-Sicherheitsbehörden. »Unity of effort in sharing information« ist das entsprechende Kapitel des Reports überschrieben.[205]

Neu ist diese Erkenntnis in Deutschland keinesfalls. Nicht nur, weil Deutschland eine jahrzehntelange Erfahrung mit der Kehrseite des Föderalismus hat, nämlich mit der Schaffung von Parallelstrukturen in den Bundesländern. Auch in der Frage aneinander vorbeiarbeitender Sicherheitsbehörden lohnt sich heute der Blick vierzig Jahre zurück in die Hochzeit der RAF-Fahndung.

Bereits damals spielten Rivalitäten und unterschiedliche Zuständigkeiten im deutschen Polizeiapparat eine Rolle. Hanns Martin Schleyer dürfte das 1977 mit seinem Leben bezahlt haben. Denn der konkrete Hinweis auf seinen möglichen Aufenthaltsort ging im Behördenwirrwarr verloren. Bis heute ist nicht geklärt, weshalb genau der (zutreffende) Hinweis eines örtlichen Polizisten auf das mögliche Versteck Schleyers in den ersten Tagen seiner Entführung nicht den Weg zur BKA-Einsatzleitung fand. War es Pech, polizeiliches Chaos oder der Rivalität zwischen der nordrhein-westfälischen Landespolizei, die örtlich zuständig war, und dem agilen BKA geschuldet? Mehr dazu später (S. 178). Nach dem »Deutschen Herbst« wurde die polizeiliche Zusammenarbeit und auch die Zusammenarbeit zwischen Polizei und Nachrichtendiensten jedenfalls immer wieder beschworen. Und trotzdem blieben Rivalitäten und »Spielchen« zwischen einzelnen Behörden und zwischen den Welten von Verfassungsschutz und Polizei an der Tagesordnung.

Nach dem 11. September 2001 gab es – allerdings kurzzeitig – ein Umdenken in Deutschland. Das Entsetzen über die Anschläge von New York und Washington und der Schock darüber, dass Mohammed Atta, Ramzi Binalshibh und Said Bahaji unbehelligt in der Hamburger Marienstraße gelebt und dort ihre Anschläge vorbereitet hatten, war groß genug, um eine Wirkung zu zeitigen. Hinzu kam die Erkenntnis, dass die USA selbst viele Chancen vertan hatten, die entstehende Bedrohung ihres Landes rechtzeitig zu entdecken. Ihre Geheimdienste waren zu groß und zu ignorant einander gegenüber, als dass sie gemeinsam die richtigen Schlüsse gezogen und die Attentäter rechtzeitig entdeckt hätten.

Es ist eine Ironie der Geschichte, dass es nach dem 11. September 2001 mit dem damaligen Bundesinnenminister Otto Schily (SPD) ausgerechnet ein ehemaliger Terroristenanwalt[206] war, der für gravierende Änderungen in der Zusammenarbeit von Polizei und Nachrichtendiensten in Deutschland sorgte. Unter anderem gelang es Schily trotz anfänglich erheblicher Widerstände in den Bundesländern, das Gemeinsame Terrorismusabwehrzentrum in Berlin einzurichten, in dem seit Ende des Jahres 2004 Polizei- und Verfassungsschutzbehörden aus Bund und Ländern ständig an einem Tisch sitzen und aktuelle Fragen und Gefährdungslagen im Bereich des islamistischen Terrorismus besprechen. Aber eben nur des islamistischen Terrorismus.

Anfangs war schon das eine kleine Revolution. Der BND tat sich zunächst noch schwer, einige Behörden versuchten es kostensparend mit einer Di-Mi-Do-Präsenz.[207] Doch inzwischen hat sich das GTAZ in der Praxis oft bewährt. Von der »Sauerland-Gruppe« über die »Düsseldorfer Zelle« bis hin zu den Ausreisewellen der vergangenen Jahre: Häufig war das GTAZ der Knotenpunkt für den schnellen Informationsaustausch zwischen den Behörden.

Gemeinsames Terrorismusabwehrzentrum (GTAZ).

Das Prinzip der Einrichtung (das GTAZ ist keine eigene Behörde) ist schnell beschrieben: Jede der vierzig beteiligten Behörden hat ein eigenes kleines Büro in einem langgestreckten Kasernengebäude am Treptower Park in Berlin. In diese Büros entsenden die Heimatbehörden meist wochenweise Polizisten und Verfassungsschutzbeamte. Über spezielle Datenleitungen sind sie mit ihren Heimatbehörden verbunden. Täglich finden mehrere Sitzungen im GTAZ statt: regelmäßige, wie die große Lage aller Behörden im Sitzungssaal, in der jede Behörde wiederum einen eigenen Computer besitzt, aber auch kleine Besprechungen zu einzelnen Fällen oder regionalen Phänomenen, nur innerhalb des Polizeiverbundes (»PIAS-Schiene«) oder nur unter den Verfassungsschutzbehörden (»NIAS-Schiene«). In diesen Sitzungen ist im Laufe des Jahres 2016 auch Anis Amri als Gefährder mehrfach besprochen worden.

Nach dem Anschlag am Breitscheidplatz wurden diese Besprechungen skandalisiert: Wie kann es sein, dass ein Terrorist mindestens elf Mal Thema im Abwehrzentrum sein und doch seinen Anschlag planen kann? Müssen da nicht Fehler gemacht worden sein? Diese Frage ist Anfang 2017 nicht abschließend zu beantworten. Tatsache ist: Mindestens acht Mal war Amri Thema in der Arbeitsgruppe »Operativer Informationsaustausch«, zwei Mal in der »Täglichen Lage« und einmal in der »PIAS-Besprechung«, in der es um den polizeilichen Informationsaustausch geht.

Wie man diese Sitzungen bewertet, hängt wesentlich davon ab, wann Amri denn tatsächlich seine Planungen begonnen hat. Dass er Thema im GTAZ war, ist nicht nur nicht verwunderlich, es ist exakt der Grund, warum es diese Einrichtung gibt: um alle Informationen aus Bund und Länder über Gefährder, Fälle und Situationen beisammen zu haben – und nichts zu übersehen. Das Zentrum ist eine Kommunikationsbörse. Aber besprochen werden kann nur, was auch bekannt ist. Anhaltspunkte dafür, dass es im Herbst 2016 wichtige Erkenntnisse gab, die nicht geteilt wurden, gibt es bislang nicht.

Mindestens so wichtig – und ausdrücklich gewollt – sind im GTAZ deshalb auch die informellen Kontakte. Der Austausch auf dem Flur, beim zweiten Frühstück im Büro des Bundeslandes A oder zum Nachmittagskaffee im Bundesland B, auch beim Feierabendbier in Treptower Gaststätten sollen schon so manche Erkenntnisse über bis dahin nicht entdeckte Zusammenhänge zustande gekommen sein.

In normalen Lagen ist das GTAZ eine Werktagsbehörde. An Wochenenden ist eine Einsatzbereitschaft innerhalb von acht Stunden vorgesehen, auch verschlüsselte Telefonschaltkonferenzen der Teilnehmer sind denkbar. Federführend ist das BKA. In angespannten Lagen, und das ist seit dem Jahr 2016 eher der Regelfall, hat sich das GTAZ eine Rund-um-die-Uhr-Bereitschaft auferlegt.

Im Prinzip klappt die Zusammenarbeit gut, in Einzelfällen gab es allerdings auch schon Ärger. So bei der Festnahme des Kölner »Kofferbombers« el-Hajdib und einer damit verbundenen Grenzalarmfahndung im Norden. Das BKA handelte für sich, bezog nur die betroffenen Länder, nicht aber das GTAZ ein. Manche Behörden fühlten sich damals übergangen, inzwischen sind die Abläufe besser eingespielt. Deutliche Kritik gab es auch nach dem »Bremer Terroralarm« am letzten Februarwochenende 2015.

Die Sicherheitsbehörden in der Hansestadt hatten den Lagefall ausgerufen, fürchteten über mehrere Stunden eine konkrete Anschlagsgefahr. Die Sache entpuppte sich, wie geschildert, als Luftnummer. Bei der parlamentarischen Aufarbeitung waren allerdings auch Klagen über das GTAZ zu hören: Das BKA habe eine Sondersitzung ausdrücklich nicht angeboten, wurde moniert.[208] Dass sie in der damaligen Lage etwas gebracht hätte, darf allerdings bezweifelt werden.

Das Prinzip GTAZ ist aufwendig. Besonders für kleine Behörden kleiner Bundesländer ist es ein erheblicher Personal- und Kostenfaktor, ständig Beamtinnen und Beamte in Berlin präsent zu haben. Und nicht in jeder Behörde ist es einfach, Freiwillige zu finden, die die ständigen Dienstreisen nach Berlin auf sich nehmen und gleichzeitig bereit sind, sich in den Heimatbehörden auf dem aktuellen Stand zu halten. Der finanzielle und personelle Aufwand, aber auch die Sorge, von den Bundesbehörden BKA und Bundesamt für Verfassungsschutz vereinnahmt zu werden, ließ anfangs viele Bundesländer zögern, am GTAZ teilzunehmen. Otto Schily und seinem Stab gelang es, diese Widerstände zu überwinden. Doch der Kompromiss hatte einen Preis. Und Folgen.

Zu den starken Kritikern des GTAZ gehörte der bayerische Innenminister Günther Beckstein (CSU). In der Tradition aller bisherigen bayerischen Innenminister stehend, hielt er seine eigene Polizei für vorbildlich und tat sich schon aus prinzipiellen Gründen schwer, einem Verbesserungsvorschlag aus Berlin zu folgen. Vor allem aber war der bayerischen Polizei in dieser Zeit ein anderes Anliegen des Bundes ein Dorn im Auge: Zeitlich parallel zur Diskussion über das GTAZ, aber völlig unabhängig davon, bemühte sich das Bundeskriminalamt um die Zustimmung Bayerns, sich eine Serie von Morden näher anschauen zu dürfen, die die bayerische Kriminalpolizei seit dem Jahr 2000 beschäftigte. Morde, bei denen stets die gleiche Waffe Česká CZ 83 eine Rolle spielte. Morde, bei denen überwiegend türkische Kleinunternehmer die Opfer waren.

Federführend war in diesem Fall die Staatsanwaltschaft Nürnberg, weil dort im Fränkischen die ersten beiden Taten begangen worden waren. Den Franken passte die Einmischung des BKA überhaupt nicht, und das konnte der ebenfalls aus Nürnberg stammende Innenminister gut verstehen. Also gab es einen Deal: Bayern machte beim GTAZ mit, das BKA ließ die Finger von dem, was man heute NSU-Morde nennt.

Es ist eine schwere Hypothek des GTAZ: Vier Morde der Česká-Serie und die Ermordung der Polizeibeamtin Michèle Kiesewetter geschahen nach der Einrichtung des Zentrums. Niemand kann sagen, ob das BKA damals die Zusammenhänge richtig erkannt hätte, später wird darauf noch einzugehen sein (S. 192). Aber klar ist: So richtig die Einrichtung des GTAZ 2004 war, so nötig wäre es schon damals gewesen, sich nicht nur auf den islamistischen Terror zu beschränken. Eine ähnliche Halbherzigkeit zeigt sich – trotz aller anderslautenden Beteuerungen – bei der politischen Reaktion auf die Entdeckung des NSU: Konsequenzen wurden gefordert und versprochen, doch es wurde keine ähnlich effektive Einrichtung wie das GTAZ geschaffen, sondern eine halbgare Lösung in Gestalt eines zunächst GAR (Gemeinsames Abwehrzentrum Rechts) und dann GETZ (Gemeinsames Extremismus- und Terrorismusabwehrzentrum) genannten Zentrums, das beim Bundesamt für Verfassungsschutz angesiedelt wird.

Ist man ein Freund des deutschen Föderalismus, wofür es wahrlich gute Gründe gibt, kann man sich daran erfreuen, dass alle 32 Landesbehörden (Verfassungsschutz und Landeskriminalämter) in die beiden Zentren GTAZ und GETZ eingebunden sind. Unbestritten wird bei vielen Ermittlungsansätzen und Bewertungsfragen auch eine Rolle spielen, dass Landesbehörden regionale Gegebenheiten, Szenen und Einzelpersonen besser kennen, als es Bundesbehörden je möglich sein wird.

Systematisch denkbar wäre allerdings, im Bereich Verfassungsschutz die Aufgabe insgesamt dem Bund zu übertragen und aus den Landesämtern nachgeordnete Behörden zu machen. Die Befürworter haben dafür ein auf den ersten Blick schlagendes Argument: Verfassungsfeindliche Aktivitäten werden sich im Zweifel nie gegen ein Bundesland, sondern immer gegen die Bundesrepublik an sich richten. Das Argument kann man allerdings auch umdrehen: Warum sollten sich Verfassungsfeinde vertiefte Gedanken über die Staatsorganisation? Ist es nicht naheliegender, dass Verfassungsfeinde den Staat dort angreifen, wo es für sie einfach, naheliegend, symbolhaft richtig scheint?

Tatsächlich gibt es viele Belege dafür, dass das Auftreten von verfassungsfeindlichen Schwerpunkten eher biografische als geografische oder politische Gründe hatte. Der NSU wird auch »Zwickauer Zelle« genannt, weil sich im sächsischen Zwickau der letzte Unterschlupf befand. Entstanden ist die Terrorzelle allerdings aus der thüringischen Neonazi-Szene in Jena und der Umgebung – schlicht und einfach, weil die Beteiligten dort lebten und sich dort kennenlernten. Die »Sauerland-Gruppe« ging in der letzten Phase ihrer Tatplanung ins Sauerland, weil sie dort eine aus ihrer Sicht geeignete Ferienwohnung gefunden hatte. Zuvor war sie unter anderem im Großraum Ulm, im südhessischen Langen und im Raum Saarbrücken unterwegs. Ihr Lager befand sich in Freudenstadt im Schwarzwald, der Chemikalienlieferant im niedersächsischen Hodenhagen. Für die Ermittlungen waren also viele Behörden und eine bundesweite Koordination erforderlich. Geistiger Nukleus der Gruppe war allerdings wiederum eine eng begrenzte regionale Szene: das Multikulturhaus in Neu-Ulm und das Islamische Informationszentrum (IIZ) in Ulm. Weitere Beispiele ließen sich anführen.

Erfolg oder Fehlschlag beim Entdecken solcher Strukturen liegt also sehr häufig in der Region, wie die beiden genannten Beispiele ebenfalls zeigen. Zwar bedurfte es im »Sauerlandfall« eines US-amerikanischen Geheimdiensthinweises, um die Ermittlungen in Gang zu bringen. Danach war dann allerdings neben den beiden Bundesbehörden BKA und BfV die regionale Kompetenz der Landeskriminalämter und Landesämter für Verfassungsschutz in Bayern und Baden-Württemberg gefragt. Umgekehrt ist der NSU auch deshalb so lange nicht entdeckt worden, weil die thüringischen Landesbehörden die verschwundenen Neonazis aus dem Blick verloren hatten, wohingegen die sächsischen Behörden die Gruppe in Zwickau gar nicht erst erkannten. Und mit Blick auf die Taten, also auf die damals ungeklärte Česká-Mordserie sollte das BKA auf Wunsch und Befindlichkeit der bayerischen Polizei nicht ermitteln und das *Frühwarnsystem* des Bundesamtes für Verfassungsschutz erkannte die rassistische Mordserie nicht als rassistische Mordserie.

Warum sollte im Bereich des Verfassungsschutzes also eine Super-Behörde mit zentralistischer Steuerung erfolgreicher sein, zumal schon die bestehende Behörde aufgrund ihrer Größe als kaum führbar gilt? Enger Austausch, Berichtspflichten an den Bund und Anforderungsrechte durch den Bund an die Länder, solche Maßnahmen sind viel geeigneter. Bei kleinen Ländern kommt die schon angesprochene Frage hinzu, ob nicht Teilbereiche der Verfassungsschutzarbeit im Verbund mehrerer Länder gelöst werden können. Ämter mit weniger als ca. 150 Mitarbeitern sind – unabhängig von der Größe ihres Bundeslandes – schon strukturell nicht geeignet, alle bisherigen Aufgaben gleichermaßen ordentlich zu bewältigen. Gerade deswegen bleiben die Systeme GETZ und GTAZ trotz ihres hohen logistischen und personellen Aufwands wichtige Plattformen der Zusammenarbeit. Eine Einebnung der föderalen Struktur bringt keine Verbesserung der Erkenntnislage – solange die Landesbehörden in der Lage sind, ihre regionale Arbeit zu bewältigen.

Andererseits leben die Zentren eben auch davon, dass sich die entsandten Beamten gegenseitig kennen und persönliche Kontakte aufbauen. Ein ständiger Wechsel des Personals soll deshalb eigentlich vermieden werden. Trotzdem gelten solche Entsendungen auch als Karrierehelfer: Wer sich in den Zentren gut vernetzt, empfiehlt sich zugleich für höhere Aufgaben.

Wem gehört die GSG 9?

Im November 2011 ist die GSG 9 der Bundespolizei eine besonders gefragte Einheit. Seit dem 11. November hat der Generalbundesanwalt die Ermittlungen gegen den »Nationalsozialistischen Untergrund« von den Staatsanwaltschaften in Meiningen und Zwickau übernommen. Was anfangs nach einem gescheiterten Bankraub (Eisenach) und einer schweren Brandstiftung (Zwickau) aussah, wird als Kriminalfall von Stunde zu Stunde größer und mysteriöser. Die Ermittler sind auf der Spur einer Terrorzelle, und die Speerspitze ist die GSG 9, das Spezialeinsatzkommando der Bundespolizei.

Am frühen Morgen des 24. November 2011 soll in Brandenburg André Eminger festgenommen werden. Er hat sich auf dem Hofgut seines Zwillingsbruders Maik vor den Medien und der Polizei versteckt. Beide Brüder werden der gewaltbereiten Neonazi-Szene zugerechnet, das Gehöft ist weitläufig und steht frei. Hunde, vielleicht Kampfhunde, sollen im Gebäude sein – andererseits aber auch Kinder. Kein einfacher Einsatz.

Die »9«, wie die Einheit bei der Bundespolizei intern genannt wird, schickt zunächst einen Erkundungstrupp. Parallel werden die Zugriffskräfte in die Region verlegt. Doch die Spezialeinheit stößt schon im Vorfeld auf ein unerwartetes Problem: Zwar liegt das Gehöft gut erreichbar unweit der Autobahn A9 auf der Höhe der Raststätte Fläming Ost, doch im näheren Umkreis ist es schwierig, die Einsatzkräfte unbemerkt in Bereitschaft zu halten: Die Gegend ist kaum besiedelt, Grabow hat nur 129 Einwohner,[209] in der gesamten Gemeinde Mühlenfließ leben kaum 900 Menschen, in der weiteren Umgebung sieht es nicht anders aus. Einsatz- und Führungstrupps der GSG 9 mit modernen Limousinen und Geländewagen würden große Aufmerksamkeit erregen. Also mietet sich die GSG 9 in einem Sporthotel in der Nähe ein und erzählt dort, man sei eine Gruppe junger erfolgreicher Geschäftsleute, die in Brandenburg auf Wolfsjagd gehen wollen. Eine Legende ganz nach dem Geschmack der Einheit.

Am frühen Morgen des 24. November beginnt der Zugriff. Durch ein Holztor will man in das Gehöft eindringen, die Bewohner noch im Schlaf überraschen, andererseits die anwesenden Kinder möglichst wenig erschrecken. Doch als die GSG 9 das Holztor vorsichtig öffnet, steht sie vor einer Steinwand. Der Eingang ist zugemauert. Damit haben die Beamten nicht gerechnet. Schnell muss ein neuer Plan her. Doch die Bewohner haben noch nichts gemerkt, nach wenigen Minuten ist der Einsatz vorbei, André Eminger, der auf einer Couch geschlafen hat, ist »festgelegt«. Als sich die Festnahme in Berliner Sicherheitskreisen herumspricht und die ersten Journalisten in Mühlenfließ eintreffen, ist die GSG 9 längst auf dem Rückweg.

Als Erste rein, als Erste wieder weg, so läuft ein Einsatz nach der Vorstellung der GSG 9 und aller deutscher Spezialeinheiten der Landespolizeien, von denen jedes Bundesland mindestens eine unterhält: Einheiten, die auf extreme Zugriffslagen spezialisiert sind, wie die Festnahme von Terroristen oder anderen gefährlichen Personen, Geiselbefreiungen und Einsätze in anderen Extremlagen (auf dem Wasser, in Flugzeugen und Bahnen, im Ausland).

Dabei genießt die GSG 9 als Einheit des Bundes einen besonderen Ruf – und ist zudem die erste polizeiliche Einheit ihrer Art in Deutschland. Die Geschichte der GSG 9 enthält Höhepunkte und Katastrophen, ist aber vor allem vom Nimbus des Geheimnisvollen umgeben. Die Einheit öffnet sich selten und nur geringfügig der Öffentlichkeit. Zwar gibt es gelegentlich spektakuläre Vorführungen, doch konkrete Einsatzdetails unterliegen strikter Geheimhaltung. Lediglich die Namen der Kommandeure und die ungefähre

Personalstärke sind offiziell bekannt. Im Gegensatz zu anderen Bereichen der Polizei sind die »Chefs« der GSG 9 bislang ausnahmslos früher selbst im aktiven Dienst der Einheit gewesen.

Kommandeure der GSG

Jerome Fuchs	seit 2014
Olaf Lindner	2005–2014
Friedrich Eichele	1997–2005
Jürgen Bischoff	1991–1997
Uwe Dee	1982–1991
Klaus Blätte	1980–1982
Ulrich Wegener	1972–1980

Die GSG 9 gehört zur Bundespolizei und untersteht damit dem Bundesinnenministerium. Ihr Name »Grenzschutzgruppe 9« hat historische Wurzeln. Nach dem Attentat, der anschließenden Geiselnahme und dem katastrophal gescheiterten Befreiungsversuch auf dem Flughafen Fürstenfeldbruck während der Olympischen Spiele 1972 in München beschloss der damalige Bundesinnenminister Hans-Dietrich Genscher den Aufbau einer Spezialeinheit, die künftig auf solche Lagen vorbereitet sein sollte.

In der deutschen Polizei gab es damals bundesweit keine Einheit, die für derartige Einsätze ausgebildet war. Und im Gegensatz zu anderen europäischen Staaten, in denen militärische Einheiten mit entsprechenden Fähigkeiten hatten (wie etwa den nach dem Zweiten Weltkrieg gegründeten britischen »Special Air Service«, SAS, der bereits seit Ende der 1960er-Jahre nicht mehr nur internationale militärische Operationen durchführte, sondern auch Anti-Terroreinsätze gegen die IRA), hatte sich auch die Bundeswehr offiziell nie mit solchen Lagen im Inland beschäftigt, da polizeiartige Inlandseinsätze für Soldaten schon verfassungsrechtlich undenkbar waren – auch wenn sich diese Haltung langsam zu ändern scheint. Für das Frühjahr 2017 ist eine erste gemeinsame Stabsübung von Polizei und Bundeswehr in Bremen und Baden-Württemberg geplant.

Bundesinnenminister Hans-Dietrich Genscher wollte also in jeder Hinsicht etwas Neues und hatte kein Vorbild, an dem er sich hätte orientieren können. Im Inland gab es nichts Vergleichbares, auch die Bundeswehr hatte keine ernsthaften Konzepte zum Umgang mit Terrorismus, und auch im Ausland gab es nur wenige Polizeieinheiten, die als Vorbild in Frage gekommen wären. Terrorismusbekämpfung war da, wo es sie gab, fast ausschließlich eine Aufgabe für Soldaten. Entsprechend unklar war anfangs, wo man die neue Einheit denn ansiedeln könne. Beim Bundesgrenzschutz (BGS, heute Bundespolizei) oder beim Bundeskriminalamt? Richtig »logisch« war keine der beiden Lösungen. Der Bundesgrenzschutz tat vor allem das, was sein Name vermuten lässt: Er stand an den Außengrenzen der Bundesrepublik und entlang der innerdeutschen Grenze. In der Fläche spielte er praktisch keine Rolle. Das Bundeskriminalamt hingegen war zwar für die Terrorismusbekämpfung zuständig, jedoch 1972 noch viel weniger operativ als in späteren Jahren. Das BKA wollte zwar etwas anderes werden, war aber auf dem Papier immer noch eine koordinierende Zentralstelle – und operative Polizei Ländersache.

Hinzu kam ein rechtliches Problem, infolge dessen das Bundeskriminalamt bis zum Jahr 2009 immer wieder in absurde Situationen geriet. Das BKA hatte keine Präventivbefugnisse. Zwar durfte die Behörde im Auftrag einer Staatsanwaltschaft oder des Generalbundesanwalts »repressiv« Verbrechen verfolgen, doch vorbeugendes, präventives Polizeihandeln war nur der Landespolizei erlaubt. Um es an einem fiktiven Beispiel zu verdeutlichen: Wenn vor 2009 der Generalbundesanwalt das BKA mit der Festnahme eines Terroristen beauftragt hätte, der Terrorist aber bei dem Festnahmeversuch entkommen wäre und eine Geisel genommen hätte, wäre der (bis dahin repressive und zulässige) Einsatz rechtlich in eine Situation umgeschlagen, in der es vor allem um die Rettung der Geisel hätte gehen müssen. Dafür hätten die BKA-Kräfte dann streng genommen keine Befugnis gehabt.[210] Seit dem 1. Januar 2009 hat das BKA durch § 20a BKA-Gesetz nun ebenfalls präventivpolizeiliche Befugnisse.

Bundesinnenminister Hans-Dietrich Genscher entschied sich 1972, die GSG 9 dem Bundesgrenzschutz zuzuordnen: »Ich fand, dass eine Polizeitruppe des Bundes auch deshalb richtig war, weil sie eine permanente Präsenz sicherstellen konnte. Hinzu kam, dass man sich ohnehin verschiedener Einrichtungen des BGS hätte bedienen müssen, angefangen mit den Hubschraubern, die man unbedingt brauchte«.[211] Zu diesem Zeitpunkt bestand der Bundesgrenzschutz aus zwei Abteilungen mit jeweils vier Gruppen. Die neue Einheit sollte unabhängig sein und wurde deshalb die »Grenzschutzgruppe 9«.[212]

Als der Bundesgrenzschutz 2005 in »Bundespolizei« umbenannt wurde, änderte man alle alten BGS-Bezeichnungen in Bundespolizei – mit Ausnahme der GSG 9. Sie wurde aus Traditionsgründen von der GSG 9 im Bundesgrenzschutz zur »GSG 9 der Bundespolizei«.[213] Ein Signal, das mehr nach innen in die Truppe ging als an die Öffentlichkeit. Denn 2005 war der »Mythos Mogadischu« schon lange verblasst und das Renommee der GSG 9 hatte durch die Einsätze in Bad Kleinen 1993 und im Irak 2004 gelitten. Die Wundertruppe hatte in Bad Kleinen Fehler gemacht, und sich durch die Opfer im Irak als verwundbar erwiesen. Die Beamten Thomas Hafenecker und Tobias Retterath wurden auf dem Weg mit dem Auto vom jordanischen Amann nach Bagdad bei Falludscha überfallen und verschleppt. Die Leiche von Tobias Retterath wurde gefunden, Thomas Hafenecker ist bis heute vermisst. Beide Beamte waren Personen- und Objektschützer der deutschen Botschaft in Bagdad.

Im April 2009 hätte aus Sicht der GSG 9 eine geglückte Befreiung des von Piraten entführten Containerschiffs »Hansa Stavanger« vor der Küste Somalias wieder die Schlagkraft der Einheit beweisen können. Doch der akribisch vorbereitete und geprobte Einsatz scheiterte an Streitereien in der Ministerialbürokratie über die Federführung und das mögliche Risiko. Dutzende GSG-9-Beamte, die bereits einsatzbereit in Afrika auf den Zugriffsbefehl warteten, flogen unverrichteter Dinge wieder nach Hause. Sie waren fest überzeugt, dass der Einsatz gelungen wäre. Der Frust in der Einheit war unermesslich, mehrere Beamte verließen die Einheit.

Am 20. Oktober 1977 war das gänzlich anders. Zwei Tage nach der Befreiung der Lufthansa-Maschine LH 181 »Landshut« in der somalischen Hauptstadt Mogadischu traten die beteiligten GSG-9-Männer in Bonn zusammen mit ihrem Kommandanten Ulrich Wegener öffentlich in Einsatzoveralls mit Koppel und grünem Barett vor Bundeskanzler Helmut Schmidt an. Der Triumph überwog das sonst so ausgeprägte Bedürfnis nach Geheimhaltung. Nur noch einmal sind in der Geschichte der GSG 9 – abgesehen von den jeweiligen Kommandeuren – derart viele Mitglieder der Einheit unmaskiert öffentlich aufgetreten: In Hamburg-Nienstedten bei der Beerdigung von Michael »Shorty« Newrzella, der am 27. Juni 1993 in Bad Kleinen von Wolfgang Grams erschossen worden war.

Helmut Schmidt und die GSG 9.

Der spektakuläre Erfolg in Mogadischu und das Desaster in Bad Kleinen sind die Meilensteine, die bis heute die Geschichte der GSG 9 prägen. Bad Kleinen hätte um Haaresbreite das Ende der Einheit sein können. Doch durch eine kluge Fehleranalyse des Einsatzes, der immerhin einem Mitglied der Gruppe das Leben gekostet hatte, wurde die GSG 9 auf eine gewisse Weise stärker als zuvor. Vor allem aber wurde sie zu einer Einheit, die nicht nur »für das Schaufenster trainierte«, sondern bei der Bewältigung von polizeilichen Lagen in Deutschland tatsächlich eine größere Rolle als früher spielte.

Nach dem »Triumph von Mogadischu« war das gänzlich anders. Zwar herrschte zunächst international großes Interesse an der Einheit, »jeder wollte Wundermänner und Supergeheimwaffen sehen«,[214] erinnerte sich der spätere Kommandeur Klaus Blätte. Er trat das schwere Erbe von Ulrich Wegener an und konnte nicht überzeugen. Er habe die Rolle als Kommandeur nicht gefunden, heißt es. Doch auch mit Kommandeuren aus anderen Bereichen der Bundespolizei wurde die Einheit nicht glücklich. Inzwischen gilt es als selbstverständlich, dass der Chef aus den eigenen Reihen kommen muss. Der heutige Kommandeur Jerome Fuchs ist ausgebildeter Kampftaucher der Einheit.

Nach Mogadischu wurde es still um die GSG 9. Einerseits, weil sich die Truppe selbst strengste Geheimhaltung auferlegte, vor allem aber, weil es nur wenige große Einsätze gab – und keinen weiteren Einsatz, der auch nur annähernd an die Wüstennacht in Somalia 1977 herangereicht hätte.

Öffentlich bekannt wurde die Mitwirkung der GSG 9 an der Festnahme von drei führenden RAF-Terroristen Anfang der 1980er-Jahre, wovon im folgenden Kapitel die Rede sein wird. Wochenlang observierte die Eliteeinheit im Oktober und November 1982 Erddepots der RAF, unter anderem im hessischen Heusenstamm und im Sachsenwald bei Hamburg. Diese Operation war das glatte Gegenteil der stürmischen Flugzeugbefreiung von Mogadischu: Über Wochen hinweg lagen Beamte der Spezialeinheiten regungslos bei Herbstkälte im Wald.

Doch die Mühe brachte Ertrag: Am 11. November 1982 konnte die GSG 9 bei Heusenstamm die Terroristinnen Brigitte Mohnhaupt und Adelheid Schulz festnehmen, am 16. November ging dann nach einer taktischen List des Bundeskriminalamts Christian Klar im Hamburger Sachsenwald ins Netz.

Innerhalb der GSG 9 wird zu den »Depotfestnahmen« bis heute folgende Anekdote erzählt: Als das erste Depot bei Heusenstamm gefunden worden war, bekam die ständig verfügbare Alarm-Einsatz-einheit den Auftrag, so schnell wie möglich die verdeckten Stellungen für die Überwachung des Depots im Wald einzurichten. Jederzeit konnte ja ein RAF-Terrorist an dem Depot auftauchen. Den teilweise gefrorenen Waldboden unbemerkt nur mit Schaufeln und ohne technische Hilfe aufzugraben, sei ein Knochenjob gewesen, sagen damals Beteiligte. Doch als man gerade fertig war, wurde die Alarm-Einheit zu einem anderen Einsatz gerufen und eine weitere Einheit der GSG 9 übernahm die Observation in den fertigen Stellungen. Keine 48 Stunden später seien Brigitte Mohnhaupt und Adelheid Schulz aufgetaucht – was der festnehmenden Einheit den augenzwinkernden Vorwurf einbrachte, man habe »abgesahnt«.

Die Aktion war ein großer Erfolg, ein Durchbruch bei der Fahndung nach den Terroristen, ein Meilenstein für das Wissen über die innere Struktur der Gruppe und eine Meisterleistung in Disziplin und Durchhaltevermögen der beteiligten Spezialkräfte. Übergroße Anerkennung in der Öffentlichkeit brachte sie aber nicht. Und dass neben der GSG 9 auch andere Polizeikräfte beteiligt waren, fiel fast gänzlich unter den Tisch.[215]

Bis Mitte 1996 hatte die GSG 9 seit ihrer Gründung lediglich 294 »echte« Einsätze absolviert,[216] das waren durchschnittlich knapp zwei pro Monat. Zum Vergleich: Heute absolvieren SEK-Einheiten der Länder im Schnitt rund 200 Einsätze pro Jahr und Bundesland.

Die GSG 9 hatte also großes Renommee, aber wenig praktische Erfahrung, als sie 1993 zur Festnahme von RAF-Terroristen nach Mecklenburg-Vorpommern verlegt wurde und schließlich in Bad Kleinen zum Einsatz kam. Der Einsatz endete in einer Katastrophe, ein Beamter und ein Terrorist starben, die Einheit kam in den – wohl unberechtigten – Ruf, einen Terroristen vorsätzlich getötet zu haben, aber auch sonst zeigte der Einsatz schwere Mängel in Vorbereitung und Ablauf (S. 184). Unter anderem mangelnde Routine der GSG 9 wurde hinterher als eine der Ursachen des Desasters festgestellt.

Die Truppe schottete sich ab, überdachte Übungs- und Einsatzpläne und suchte noch stärker als zuvor den internationalen Austausch. Sie nahm an zahlreichen internationalen Wettkämpfen teil und hatte großen Erfolg. Außerdem wurde die GSG 9 selbst zum gefragten Gastgeber der »Combat Team Conference« (CTC), einem internationalen Wettbewerb polizeilicher Spezialeinheiten, auch »SEK-Olympia« genannt. Über mehrere Tage hinweg treten Teams gegeneinander an: Körperliche Leistungsfähigkeit, Schießen, mentale Knobelaufgaben und reale Einsatzübungen stehen auf dem Programm, die GSG 9 ist Veranstalter, Gastgeber und Schiedsrichter zugleich. Die CTC hat mit Ehrgeiz und Kameradschaft zu tun, aber auch mit Kennenlernen und gemeinsamem Üben, denn grenzüberschreitende Einsätze werden immer selbstverständlicher – und wahrscheinlicher.

Außerdem wurde in Europa als Reaktion auf die Anschläge des 11. September 2001 der ATLAS-Verbund gegründet.[217] In ihm sind europäische Spezialeinheiten zusammengeschlossen, die sich in besonders großen oder grenzüberschreitenden Lagen gegenseitig unterstützen. ATLAS ist keine eigenständige Behörde, sondern eine Vereinbarung: Jedes europäische Land kann Unterstützung der Mitgliedseinheiten anfordern. Es gibt eine Koordinierungsstelle – derzeit bei der GSG 9 – und Regeln über Einsatzleitung, Haftung und Kosten. Der anfordernde Staat hat die Kommandogewalt, es gilt für jede Einheit bei den Befugnissen aber das jeweilige nationale Recht. Die Einsatzkosten trägt der Staat, der anfordert.

ATLAS ist übrigens keine Abkürzung, sondern eine Anspielung auf den gleichnamigen Titan in der griechischen Mythologie, der das Himmelsgewölbe trägt.

In der Praxis wird viel geübt, aber es gibt wenige bekannte Beispiele für »echte« ATLAS-Fälle. Bei den Anschlägen in Paris im Februar und November 2015 hatte die GSG 9 Frankreich Hilfe angeboten, wurde aber nicht angefordert. Anders dagegen bei der Amok-Lage am Olympia-Einkaufszentrum in München 2016: Bayern hatte um die Hilfe der österreichischen Spezialeinheit Cobra gebeten, die daraufhin Kräfte nach München verlegte, aber nicht zum Einsatz kam. An diesem Abend war auch die GSG 9 in München und das SEK Baden-Württemberg, das als einziges deutsches Landes-SEK dem ATLAS-Verbund angehört.

Kapitel 7

Gewinner und Verlierer im Anti-Terror-Kampf

*»Jeder Mensch weiß, dass es absolute Sicherheit nicht gibt. Aber diese
Einsicht kann nicht die staatlichen Organe davon abhalten, mit allen
verfügbaren Mitteln gegen den Terrorismus Front zu machen.«*
Helmut Schmidt, 5. September 1977

Spektakuläre Erfolge

»Mogadischu« – die Befreiung der Landshut

Am 13. Oktober 1977 bemerkte die Flugsicherung im südfranzösi-
schen Aix-en-Provence gegen 14 Uhr als Erste, dass mit dem Luft-
hansa-Flug LH 181 von Palma de Mallorca nach Frankfurt etwas
nicht stimmte. Das Flugzeug war von der vorgesehenen Route abge-
wichen und reagierte nicht auf Nachfragen. In Frankreich erkannte
man die Brisanz dieser Beobachtung sofort. Ganz Europa blickte
seit Wochen sorgenvoll auf die Lage in Deutschland. Mehr als einen
Monat zuvor, am 5. September 1977, war in Köln der Präsident des
Arbeitgeberverbandes, Hanns Martin Schleyer, von der RAF entführt und seine vier Begleiter ermordet worden. Seitdem lief ein
Nervenkrieg um die Forderung der Terroristen. Nicht nur in
Deutschland fürchtete man weitere Aktionen, von der RAF oder
von anderen linksterroristischen Gruppen in Europa.

Doch Schützenhilfe erhielten die Terroristen von außerhalb
Europas. Sie kam von der palästinensischen Terrororganisation
PFLP unter der Führung des Kinderarztes George Habash und des-

sen Operationschefs Wadi Haddad. Sie hatten die Entführung eines Lufthansa-Fluges beschlossen, um die Genossen der RAF zu unterstützen. Das Kommando bestand aus vier Libanesen, zwei Männern und zwei Frauen: Zohair Youssif Akache (der sich an Bord »Captain Mahmud« nannte), Nabil Harb, Hind Alameh und Souhaila Sayeh (spätere Andrawes).

Für Bundeskanzler Helmut Schmidt und seinen Krisenstab war es eine zusätzliche, riesige Herausforderung. Doch wie bei der Entführung von Hanns Martin Schleyer war der Bundeskanzler auch im Fall der entführten Lufthansa-Maschine offenbar von Anfang an entschlossen, nicht nachzugeben: Schon Stunden nach der Meldung über die Entführung sei er in das Bundeskanzleramt beordert worden, erinnert sich Kommandeur Ulrich Wegener an die ersten Stunden der Operation.[218] Die GSG 9 war zu diesem Zeitraum im Großraum Köln und beteiligte sich an der Fahndung nach den Schleyer-Entführern.

Der Auftrag an Ulrich Wegener war eindeutig: Mit einem Vorauskommando hinter der »Landshut« herfliegen, die Möglichkeiten eines Zugriffs sondieren und, wenn irgend möglich, die Geiseln befreien.

Der Ablauf der »Operation Feuerzauber« ist aus unterschiedlichen Perspektiven erzählt worden und Thema von zahlreichen Büchern, Dokumentationen und Spielfilmen. Zu keiner anderen Gelegenheit vor oder nach dem 18. Oktober 1977 hat sich die Bundesrepublik Deutschland so entschlossen und wehrhaft, zugleich aber auch so symbolträchtig und erfolgreich Terroristen entgegengestellt. Wäre der Einsatz gescheitert, wäre die Einheit wohl noch in derselben Nacht aufgelöst worden, vermutet ihr damaliger Kommandeur.

Viele der Beteiligten von damals stehen bis heute in Kontakt miteinander: Geiseln, Befreier und Personal der Lufthansa. Sie sind eine Schicksalsgemeinschaft geworden, deren Leben bis heute auf vielfältige Weise von den Ereignissen im Oktober 1977 geprägt wird.[219] Denn der Einsatz ist nicht nur die strahlende Heldengeschichte aus den Geschichtsbüchern. Er hat allen Beteiligten viel abverlangt und Opfer gefordert.

Für die deutsche Innen- und Außenpolitik hatte »Mogadischu« ebenfalls nachhaltige Auswirkungen. Innenpolitisch, weil die »harte Linie des Staats« nun etabliert war, nachdem die Regierung Schmidt 1975 bei der Entführung von Peter Lorenz noch den Fehler gemacht hatte, Terroristen freizulassen, und nun sowohl bei Hanns Martin Schleyer als auch bei der Flugzeugentführung Härte gezeigt hatte.[220] Außenpolitisch, weil Schmidt Somalia und anderen Ländern Zugeständnisse gemacht hätte.

»RAF-Depots« – der Anfang vom Ende der RAF
»Also, ich habe diese Pilzsammler nie zu Gesicht bekommen.«
Horst Herold

Eine Geschichte, zu schön, um sie zu glauben: Am 26. Oktober 1982 finden österreichische Pilzsucher in einem Waldstück nahe dem hessischen Heusenstamm ein sogenanntes Erddepot der RAF. Bei Nacht sollen sie auf Pilzsuche gewesen sein. Und sie stolpern dabei ausgerechnet über das zentrale »Depot I« der RAF, erkennen dessen Bedeutung und informieren die Polizei. Ihre Namen sind unbekannt, als Zeugen traten sie nie vor Gericht auf, über die Auszahlung einer Belohnung ist nichts bekannt. Alles spricht dafür, dass die »Pilzsucher« ein Märchen sind – und das Adjektiv »österreichisch« eine subtile Anspielung auf den Nationalfeiertag Österreichs ist, der am 26. Oktober begangen wird, oder eine hilflose Erklärung, warum die Pilzsucher an einem Dienstag Zeit hatten, sich nachts im Wald zu tummeln.

Erstaunlich ist auch, wie schnell der Behördenapparat auf den nächtlichen Fund reagieren konnte. Klaus Pflieger, späterer Generalstaatsanwalt am Oberlandesgericht Stuttgart und zu dieser Zeit wissenschaftlicher Mitarbeiter bei der Bundesanwaltschaft,[221] erinnert sich in seiner Autobiografie, dass ihn bereits »am frühen Morgen« des 26. Oktober sein Bundesanwalt Peter Zeis über den Fund unterrichtet und nach Hessen beordert habe.[222]

Die Entdeckung des »Depots I« und sein Inhalt bringen einen Durchbruch bei der Fahndung nach den Mitgliedern der zweiten RAF-Generation rund um Brigitte Mohnhaupt und Christian Klar.

Von einem »Depot I« wissen die Ermittler zwar bereits aus den »Haag/Mayer-Papieren«, die ihnen sechs Jahre zuvor, Ende November 1976, bei der Festnahme von Siegfried Haag und dessen Helfer und Komplizen Roland Mayer in die Hände gefallen waren.[223] Doch nun stehen sie an diesem Depot, finden Waffen, Munition und Aufzeichnungen der RAF. Vor allem aber finden sie Hinweise auf weitere RAF-Depots in der Bundesrepublik und entschließen sich zu einer Kriegslist.

Der Fund bleibt zunächst ein streng gehütetes Geheimnis. Nach dem »Depot I« entdecken die Ermittler die Depots »Sarg« und »Rotkehlchen« bei Aschaffenburg und Heusenstamm (30. Oktober 1982), dann »Daphne« im Sachsenwald bei Hamburg (31. Oktober 1982) und an Allerheiligen und am 2. November 1982 noch vier weitere bei Heidelberg, Schwetzingen und im Raum Hagen.

Die Depots werden überwacht, besonders groß scheint die Wahrscheinlichkeit, dass RAF-Mitglieder am »Depot I« auftauchen. Die GSG 9 und andere Polizeikräfte gehen in Stellung. Es werden für die Beamten lange, kalte Tage. Rund um die Uhr warten sie an den Depots. Am 11. November 1982, einem Donnerstag, wird die Geduld belohnt.

Der Bundesgrenzschutzbeamte Udo Fl., damals Ende zwanzig und Polizeihauptmeister im BGS, erinnert sich: »Am Nachmittag des 11. November 1982 beobachteten mein Kollege und ich aus einer Deckung heraus, dass sich 2 Personen in Richtung Depot bewegten. Wenige Augenblicke später hörte ich, wie die Beamten Nr. 2 und 4 aus ihrer Deckung aufsprangen und die Frauen anriefen ›Halt, Polizei, stehen bleiben!‹ Daraufhin verließen mein Kollege und ich sofort unsere Deckung, mein Kollege rannte zum Depot, ich rannte aus dem Wald heraus zu dem Trampelpfad. Als ich zum Depot zurückkam, lagen die beiden Personen bereits mit gespreizten Armen und Beinen, das Gesicht zur Erde, auf dem Boden.«[224]

Die beiden Personen sind, wie sich erst im Laufe des Tages herausstellt, Brigitte Mohnhaupt und Adelheid Schulz. Ein großer Erfolg, aber Bundeskriminalamt und Generalbundesanwalt wollen noch mehr – und greifen zu einer weiteren Kriegslist. Nachdem sie die Festnahme von Brigitte Mohnhaupt und Adelheid Schulz verkündet haben, zeigen die Ermittler eine Karte der Bundesrepublik mit den bislang gefundenen Depots. Dabei sparen sie allerdings ein Depot gezielt aus: »Daphne« im Sachsenwald bei Hamburg (allerdings im Land Schleswig-Holstein) steht nicht auf der veröffentlichten Karte des BKA. Dabei hat das Bundeskriminalamt das Depot schon zwei Wochen zuvor gefunden. Es liegt nur wenige hundert Meter vom Ort Aumühle entfernt in einem undurchsichtigen Mischwald an einer Bahnlinie.

Das Kalkül geht auf: Fünf Tage nach der Festnahme von Brigitte Mohnhaupt und Adelheid Schulz bemerken Polizisten des SEK aus Eutin einen Jogger, der sich dem Depot nähert. Sechs Beamte verharren in Zweierteams in Erdlöchern. Zwanzig Minuten vergehen, bis der Mann im Jogginganzug sich über das Depot beugt. Zuvor ist er auf Armlänge an den lauernden Beamten vorbeigelaufen, ohne sie zu bemerken. Es ist Christian Klar. Zwei Jahre später wird im Prozess gegen ihn und Brigitte Mohnhaupt die Erinnerung des Polizeibeamten Egon Bu. vom SEK Eutin verlesen:

»Ich lag in einem der drei Erdlöcher, und zwar in der Mitte zusammen mit Herrn We. Um die Mittagszeit erhielten wir die Meldung, dass sich eine Person mit Trainingsanzug nähere. Die Person tauchte 20 Minuten später in meinem Blickfeld auf. Es war ein Mann. Als er ganz nahe bei uns war, sprangen Herr We. und ich mit den Worten ›Halt, Polizei!‹ auf ihn zu. Die Person warf sich daraufhin sofort zu Boden. Wir stürzten uns auf den Mann und haben ihn gefesselt.

Zunächst haben wir ihn festgehalten und entkleidet. Die Sachen legten wir zur Seite. Socken, T-Shirt und Unterhose hat der Festgenommene aber anbehalten. Wir haben die Person dann auf eine Iso-Matte gelegt und mit einer Wolldecke und einem Parka zugedeckt.

Anschließend haben wir die Sachen untersucht. Die Pistole hatte ich dem Mann weggenommen. Bei der Prüfung stellte ich fest, dass sie mit spezieller Munition geladen war. Die Geschosse waren mit Plastik überzogen.

Außerdem hatte der Mann eine Schaufel, ca. 465.– DM Bargeld, ein Fernglas, zwei Schlüssel und einen dänischen Pass bei sich. Zusätzlich hatte er auch noch eine beigefarbene Jeans und einen Pullover.

Gleich nach der Festnahme wurden Fahndungsmaßnahmen nach eventuellen weiteren Personen eingeleitet. Wir blieben etwa 1 ½ Stunden am Festnahmeort. Wir haben dem Festgenommenen Kaffee angeboten. Den wollte er jedoch nicht.«[225]

Drei festgenommene RAF-Terroristen in fünf Tagen, die Ermittler können ihren Erfolg kaum fassen. Zumal die Erddepots »Pharaonengräber« sind, wie es Staatsanwalt Klaus Pflieger nennt. Knapp drei Dutzend Waffen, darunter Tatwaffen im Fall der Entführung und Ermordung von Hanns Martin Schleyer, Polaroidfotos, Briefe und Tonbänder von der Schleyer-Entführung, aber auch Belege für die Morde an Siegfried Buback, Wolfgang Göbel und Georg Wurster, für die Ermordung von Jürgen Ponto, für den Anschlagsplan auf die Bundesanwaltschaft im Juli 1977 und weitere RAF-Taten finden sich in den diversen Depots. Die Entschlüsselung der Papiere in den Depots ist die Aufgabe des BKA-Ermittlers Rainer Hofmeyer. Sein Fazit: »Das Entdecken der Depots und das Entschlüsseln ihres Codes brachte den Durchbruch im Kampf gegen die damalige Kommandoebene der RAF und ihre Logistik.«[226]

Offenbar geht es den Terroristen nicht nur darum, Waffen, Ausweise und Geld zu verstecken, bis die Gegenstände benötigt werden. Es scheint, als hätten sie auch eine Art Archiv angelegt, um bei Bedarf die Urheberschaft ihrer Taten beweisen zu können. Warum sonst sollte man etwa den Mietvertrag für das Tatmotorrad aufbewahren, von dem aus der Generalbundesanwalt und dessen Begleiter ermordet wurden?

Als das Bundeskriminalamt fast drei Jahrzehnte später den Umfang der Terrorzelle »Nationalsozialistischer Untergrund« um Uwe Böhnhardt, Uwe Mundlos und Beate Zschäpe zu erfassen versucht, spielt die Frage nach möglichen Erddepots genau deswegen ebenfalls eine Rolle. Wäre es nicht naheliegend, dass auch der NSU solche Depots angelegt hat? Rätselhafte Markierungen auf gefundenen

Landkarten führen zu einigen Suchaktionen in Sachsen und Thüringen in Wäldern und in der Nähe von Autobahnabfahrten. Doch ein »NSU-Depot« wurde bis heute nicht gefunden.

Zurück zu den österreichischen Pilzsammlern, die das »Depot I« entdeckt haben sollen: Von ihnen hat man nie wieder etwas gehört. Für einen der spektakulärsten Fahndungserfolge in der deutschen Terrorbekämpfung haben sie niemals öffentliche Anerkennung bekommen – und scheinbar auch keine Orden oder die ausgelobten Belohnungen. Allerdings ist die Belohnung für die Ergreifung von bestimmten RAF-Terroristen ausgerechnet zur Zeit der Festnahme eben dieser Terroristen von 50 000 DM auf 100 000 DM erhöht worden.[227]

Die vermeintlichen Pilzsammler sind in keinem RAF-Prozess als Zeugen aufgetreten. Die damaligen Wahl- und Pflichtverteidiger hat das nicht gestört. Vielleicht, weil es zu dieser Zeit einfach undenkbar war, dass die Depotfunde ein Verrat »von innen« gewesen sein könnten.

Der Verdacht liegt auf der Hand: Der Hinweis auf die Depots könnte von der gleichen Quelle aus der RAF gekommen sein, die um das Jahr 1982 aus eigenem Antrieb auf das Bundesamt für Verfassungsschutz zuging und Einzelheiten über die RAF sowie über die Durchführung des Attentats auf Siegfried Buback und seine Begleiter geliefert hat. Wer diese Quelle ist, hält der Verfassungsschutz bis heute geheim. Im Jahr 2010 eröffneten Strafverfahren gegen Verena Becker wegen des Verdachts, sie könnte Mittäterin der Karlsruher Morde gewesen sein, versuchte der Staatsschutzsenat des Oberlandesgerichts Stuttgart unter dem Vorsitz von Hermann Wieland diese Frage zu klären und das Bundesamt für Verfassungsschutz zur gerichtsverwertbaren Freigabe seiner Akten zu bringen. Doch Verfassungsschutzpräsident Heinz Fromm lehnte das kategorisch ab, und weder das vorgesetzte Bundesinnenministerium noch das von Wieland angerufene Bundeskabinett korrigierten die Sperrerklärung des Verfassungsschutzes.

Der Vorsitzende Richter Wieland zog alle Register und blieb doch erfolglos mit seinem Versuch, die Akten des Verfassungsschutzes für das Strafverfahren freizubekommen. Interessant ist dabei, wer die beiden Ministerialbeamten im Bundesinnenministerium waren, die die Sperrerklärung verteidigten: zunächst Gerhard Schindler, der spätere BND-Präsident, und dann Hans-Georg Maaßen, der nach Heinz Fromm Präsident des Bundesamtes für Verfassungsschutz wurde.

Richter Hermann Wieland und seinen Senat (internes Motto: »Der 6. Senat irrt nie!«[228]) hinderte das nicht, im Urteil gegen Verena Becker seine starke Vermutung zu äußern: »Der Senat kann nämlich nicht ausschließen, dass es sich bei der Quelle um die Angeklagte Verena Becker handelte.«[229] Dabei bezog sich der Senat unter anderem ausdrücklich auf eine Äußerung des damaligen Bundesinnenministers Gerhart Baum in der Fernsehsendung »Anne Will« vom 22. November 2009: »Ich war damals Innenminister. Ich weiß nicht, was in den Akten steht, aber ich weiß, dass Verena Becker mit dem Verfassungsschutz zusammengearbeitet hat und nützliche Hinweise gegeben hat …«[230]

Diese Hinweise sollen einige Monate vor dem Fund der Erddepots erfolgt sein. Hat also die Quelle, hat möglicherweise Verena Becker die Depots verraten? Viel spricht dafür, aber einen Beweis gibt es nicht. Und gab es für die Aussagen Gegenleistungen? Ja, Geld, sagt das Bundesamt für Verfassungsschutz abstrakt über seine Quelle: »Die Quelle hatte eine Aussage ohne Gegenleistung abgelehnt. Die Informationen wurden mit Geld honoriert. Die Quelle tätigte ihre Aussagen Anfang der 80er Jahre.«[231]

Die Entdeckung der Depots als den Anfang vom Ende der RAF zu bezeichnen, ist verfrüht. Aber es ist der »Durchbruch«, von dem auch Ermittler Hofmeyer spricht. Zwar dauert es nach der Festnahme von Brigitte Mohnhaupt, Adelheid Schulz und Christian Klar mehr als zwei Jahre bis zum nächsten Anschlag auf Ernst Zimmermann, den Vorstandsvorsitzenden der Maschinen- und Turbinen-Union (MTU), der in seinem Haus im bayerischen Gauting ermordet wird.[232] Doch bis zum Ende der RAF werden noch neun weitere Menschen durch Kugeln oder Sprengsätze der Terroristen sterben.

Trotzdem ist die Entdeckung der Erddepots 1982 ein Meilenstein in der Bekämpfung der »Roten Armee Fraktion« und das faktische Ende der sogenannten zweiten Generation. Wem auch immer dafür zu danken ist: unbekannten österreichischen Pilzsammlern – oder dem Bundesamt für Verfassungsschutz.

»Sauerland-Gruppe« – Homegrown terrorists

O ich Tropf,
ich träumender Tor!
Wie dumm traut' ich
dem diebischen Trug!
Alberich in Richard Wagner: Rheingold

Am Ende hatte der Erfolg viele Väter. Keine andere Anti-Terror-Operation hat in den vergangenen drei Jahrzehnten so oft und so nachdrücklich Schlagzeilen gemacht wie die Jagd auf die »Sauerland-Gruppe« um die deutschen Konvertiten Fritz Gelowicz und Daniel Schneider sowie den Türken Adem Yilmaz. Und bei keiner anderen Operation wollen so viele Spitzenermittler und Sicherheitspolitiker entscheidend an dem Erfolg beteiligt gewesen sein. Immerhin: Mehrere hundert Liter Grundmaterial zur Sprengstoffherstellung und professionelle, wenn auch überwiegend unbrauchbare Zünder sowie eine Menge teuflischer Ideen für die Tatausführung hatte die Gruppe schon. Doch längst waren ihr Heerscharen von Ermittlern auf den Fersen: Polizei und Verfassungsschutz aus dem Bund und mehreren Ländern, in seltener Eintracht. Dabei war der eigentliche Erfolg US-Geheimdiensten zu verdanken. Von dort kamen im Herbst 2006 die ersten Hinweise auf eine mögliche deutsche Islamistenzelle. Und es passt zur langsam einsetzenden Legendenbildung rund um die »Sauerland-Gruppe«, dass nicht wirklich klar ist, wer und wann genau den ersten Hinweis auf die Zelle bekam. Möglicherweise der damalige Abteilungsleiter 5 (Internationaler Terrorismus) beim BND, Heiner Wegesin, am Rande einer dienstlichen Besprechung mit der NSA in den Vereinigten Staaten. Dort soll jedenfalls bereits von verdächtiger Kommunikation über konkrete E-Mail-Adressen mit Bezug nach Deutschland die Rede gewesen sein.

Fest steht jedenfalls, dass es spätestens am 16. November 2006 einen US-amerikanischen Hinweis auf die spätere »Sauerland-Gruppe«

gegeben hat. Von der Sicherheitsabteilung der US-Air Force an das Landeskriminalamt Baden-Württemberg:

»GERMANY/ PAKISTAN: In late Oct 06, according to sensitive reporting, the Islamic Jihad Union (IJU)[233] established direct links to an ethnic Turkish associate in Germany, possibly in the vicinity of Stuttgart.

The associate may be either Muaz or Zafer, two ethnic Turks from Germany who attended IJU-sponsored training in Pakistan, beginning in late Jun or early Jul 06. Muaz was known to have completed his training by late Aug 06, at which time he traveled to eastern Iran. Materials describing the manufacture and use of poisons, the assembly of explosives and detonators, as well as other extremist training information, may have already been made available to the ethnic Turk in Germany.«[234]

»Muaz« und »Zafer« sollten die deutschen Staatsschutzermittler in den kommenden Monaten intensiv beschäftigen. Die Geschichte der »Sauerland-Ermittlungen« ist so spannend wie ein Krimi und voller Anekdoten und cleverer Ermittlungsideen. Höhepunkt der Polizeiaktion war der heimliche Austausch der großen blauen Chemikalienfässer, mit denen die Terroristen ihren Sprengstoff herstellen wollten. Im Schutz der Nacht tauschte das BKA fünf Fässer gegen identisch aussehende Exemplare aus, die sich jedoch in doppelter Hinsicht unterschieden: Das enthaltene Wasserstoffperoxid war so stark verdünnt, dass es zwar noch so stechend roch wie zuvor, für den Bombenbau aber unbrauchbar war. Außerdem hatte jedes Fass einen GPS-Sender, mit dem die Polizei stets nachvollziehen konnte, wo die Fässer gerade waren. Weitere Fässer, die Fritz Gelowicz nach dem Tausch kaufte, wurden vom BKA bereits vor der Übergabe präpariert.

Es war einer der größten Polizeieinsätze in der Geschichte der Bundesrepublik. Rückblickend hat der Vorsitzende Richter des Oberlandesgerichts Düsseldorf, Ottmar Breidling, der die Gruppe verurteilte, die Dimensionen beschrieben: »Bei Einzug der drei Angeklagten Fritz Martin Gelowicz., Adem Yilmaz. und Daniel Martin Schneider in das – im Sauerland gelegene – Ferienhaus und den anschließenden Durchsuchungsmaßnahmen waren bis zu 400 Polizeibeamte des Bundeskriminalamts und der Landeskriminalämter mehrerer Bundesländer eingesetzt. Nahezu das gesamte gesetzlich vorgesehene Repertoire an Überwachungsmaßnahmen bis hin zur Wohnraumüberwachung kam zum Einsatz«.[235]

Doch aus heutiger Sicht scheint es schon aus einer *guten alten Zeit* der islamistischen Terrorfahndung zu kommen. Einer Zeit, in der die Dinge noch halbwegs begreifbar, vor allem aber für die Sicherheitsbehörden zu bewältigen waren. Operationsname bei der Polizei war damals »Ermittlungsgruppe ZEIT«, die Abkürzung für »Zentrale Ermittlungen Islamistischer Terrorismus«. Beim Bundesamt für Verfassungsschutz sind die Operationsnamen seit jeher wohlklingender. Dort sprach man von der »Operation Alberich«, angelehnt an den germanischen Zwergenkönig mit Tarnkappe, der in der deutschen Geschichte schon für einen Rückzugsplan im Ersten Weltkrieg und eine Tarnbeschichtung für U-Boote herhalten musste. Nun stand Alberich für die größte Anti-Terror-Operation seit dem Ende der RAF. Und der Gral schien im Schwäbischen zu finden zu sein.

Eine kleine Gruppe deutscher Konvertiten und türkischer Islamisten traf sich in den Jahren 2005 und 2006 im schwäbischen Ulm und im benachbarten (bayerischen) Neu-Ulm in verschiedenen Moscheen und Gebetskreisen, darunter das berühmte Multikulturhaus (MKH) in Neu-Ulm und das Islamische Informationszentrum (IIZ) in Ulm.

Geistiger Vater der dortigen Radikalisierung war der ägyptische Arzt Yehia Yousif, der einerseits in den 1980er- und 1990er-Jahren an der Universität Freiburg eine exzellente wissenschaftliche Karriere machte (Promotion *summa cum laude*, für seine Arbeit sogar der Goedecke-Forschungspreis 1994) und sich andererseits schon damals dem gewaltbereiten Islamismus verschrieben hatte. Im Zusammenhang mit Aleem Nasir war von ihm schon die Rede.

Nachdem die Aktivitäten von Dr. Yousif dem baden-württembergischen Verfassungsschutz aufgefallen waren, versuchte man dort, ihn als Spitzel anzuwerben. Tatsächlich ließ sich der Arzt – wohl zum Schein – darauf ein, führte kluge Gespräche mit den Verfassungsschützern, die ihrerseits ausgesprochen zufrieden über ihre hochrangige Quelle waren, und baute währenddessen seinen Verein Multikulturhaus e. V. sowie seinen europaweiten Einfluss in der Szene weiter aus. Parallelen zum Umgang des Verfassungsschutzes mit dem Neonazi Tino Brandt drängen sich auf. Dort wie hier war die Quelle hochrangig – und wusste mit den Beamten zu spielen und sie zu »melken«.

Bezogen auf Dr. Yousif war die Verlockung für den Verfassungsschutz in Stuttgart groß: In der Zeit von 2001 bis zur Schließung des MKH und IIZ (2006 bzw. 2007) gab es praktisch keinen islamistischen Terroristen mit Deutschlandbezug, der nicht gelegentlich oder sogar regelmäßig bei ihm auftauchte und in der Ulmer Szene verkehrte. Nicht nur Fritz Gelowicz, Daniel Schneider, Adem Yilmaz, deren Helfer Atilla Selek, Dana Boluri, der dubiose Mevlüt Kar, die später steckbrieflich gesuchten Eric Breininger und Houssain al-Malla, auch Thomas Fischer, genannt »Hamza der Löwe«, oder Cüneyt Ciftci radikalisierten sich in der Ulmer/Neu-Ulmer Szene.

Aus heutiger Sicht wirken diese Namen fast schon wie aus den Geschichtsbüchern. Taten wie die ihren begeht der »Islamische Staat« jeden Monat im Dutzend. Doch damals waren ihre Fälle Besonderheiten, jeweils zunächst einzigartig. Eine Steigerung, wie wir sie heute erleben, schien unvorstellbar.

Thomas Fischer, geboren 1978 im schwäbischen Blaubeuren, starb 2003 als erster (islamistischer) deutscher Kämpfer in Tschetschenien. Seine junge Witwe soll nach der Todesnachricht weiter regelmäßig im MKH zu Gast gewesen und dort ebenfalls als Märtyrerin verehrt worden sein. Mit ihm reiste Mevlüt Polat aus Ulm nach Tschetschenien. Auch Polat starb dort im Kampf.

Cüneyt Ciftci.

Der im bayerischen Freising geborene, aus Ansbach stammende 28-jährige Türke Cüneyt Ciftci sprengte sich 2008 in Khost/Afghanistan als erster Selbstmordattentäter aus Deutschland mit seinem Fahrzeug in die Luft und tötete zwei US-Soldaten sowie zwei Afghanen. Wirkungsvoll wurde sein Anschlag aus mehreren Kameraperspektiven aufgezeichnet, das Propagandavideo wirkt aus heutiger Perspektive ebenfalls erstaunlich alt und unspektakulär – doch damals verfehlte das Video seine Wirkung nicht. Der stille freundliche Mann aus Ansbach hatte seinen Weg gemacht und war zum Helden geworden, das sprach sich in der Szene in Windeseile herum. Das beschauliche Städtchen Ansbach bekommt mit dem ersten Selbstmordattentäter *aus* Deutschland einen Platz in der Chronik internationaler Terroranschläge.

Ironie der Geschichte: Acht Jahre später, am 24. Juli 2016, sprengt sich der syrische Flüchtling Mohammad Daleel in Ansbach selbst in die Luft, wahrscheinlich bei dem Versuch, einen weit größeren Anschlag zu verüben. Fünfzehn Menschen werden verletzt. Fortan wird die Stadt in Mittelfranken mit beiden Attributen verbunden sein: der erste Selbstmordattentäter *aus* Deutschland und der erste Selbstmordanschlag *in* Deutschland. 2016 fällt das nicht weiter auf. Die aktuelle Bedrohungswelle durch den »Islamischen

Staat« gibt der Bevölkerung das Gefühl, vor einem völlig neuen Phänomen zu stehen. Auch wenn vieles nicht wirklich neu ist.

Als Cüneyt Ciftci sein Attentat in Afghanistan begeht, sitzen Fritz Gelowicz und seine Komplizen von der »Sauerland-Gruppe« bereits seit mehr als einem halben Jahr in Untersuchungshaft. Am 4. September 2007 waren sie den Ermittlungsbehörden im sauerländischen Medebach-Oberschledorn ins Netz gegangen. Und das BKA fahndet nach weiteren Mitgliedern aus der Ulmer Szene, darunter die schon erwähnten Eric Breininger und Houssain al-Malla, die ab Herbst 2008 mit Steckbriefen in Deutschland gesucht werden. Es sind die ersten Öffentlichkeitsfahndungen nach islamistischen Terroristen in dieser Art und mit diesem Nachdruck seit dem Ende der RAF.

Die Ermittler suchen weitere Terrorunterstützer im Umfeld der alten Gruppe, doch vor ihren Augen radikalisieren sich bereits neue Personen. Darunter ist Filiz Gelowicz, die türkischstämmige Ehefrau von Fritz Gelowicz, dem inhaftierten Anführer der »Sauerland-Gruppe«. Für das BKA ist sie zunächst nur die Partnerin des Hauptverdächtigen. Die Planungen der »Sauerland-Gruppe« scheinen ohne ihr Wissen erfolgt zu sein, die Ermittler haben den Eindruck, Fritz habe seine Filiz aus den Planungen regelrecht heraushalten wollen. Bei Besuchen in der Haft macht Filiz Gelowicz auf die Beamten einen fast unterwürfigen Eindruck.

So verlangt Fritz Gelowicz von seiner Frau, Spiele der Fußball-Europameisterschaft nicht in der Öffentlichkeit anzusehen. Und er gibt Filiz Gelowicz die Erlaubnis, einen Vortrag des Predigers Abu Hamza (Pierre Vogel) anhören zu dürfen, nur unter der Maßgabe, dass seine Frau dort in einer Gruppe von mehr als vier Freundinnen unterwegs ist.[236]

Behutsam und respektvoll habe ihre Beziehung begonnen, erzählt Fritz Gelowicz später vor Gericht. Zufällig habe er gesehen, wie seine Frau in Ulm an einer Bushaltestelle nach dem Freitagsgebet trotz völliger Verschleierung ein paar Breakdance Moves gemacht habe – und habe darüber lachen müssen. Filiz sei das peinlich gewesen, aber man sei über Umwege dann doch ins Gespräch gekommen.[237]

Auch Filiz Gelowicz landet schließlich wegen Unterstützung einer terroristischen Vereinigung und Werbung für eine solche vor Gericht und wird zu einer Haftstrafe verurteilt.[238] Ebenso müssen sich der Bruder von Adem Yilmaz und weitere Personen rund um die »Sauerland-Gruppe« vor Gericht verantworten.[239]

Die Prozesse fanden nicht nur am Oberlandesgericht Düsseldorf, sondern auch am Kammergericht Berlin und am Oberlandesgericht Frankfurt am Main statt und beschäftigten die Justiz bis in das Jahr 2011 – vier Jahre nach der Festnahme der eigentlichen »Sauerland-Gruppe«. Für Ermittler und Justiz war es das bislang größte und umfangreichste Verfahren dieser Art, das sie in vieler Hinsicht vor neue Herausforderungen stellte.

Aus heutiger Sicht wirkt das alles wie ein Probelauf. Denn der Druck wurde nicht geringer, sondern größer. Kaum war die »Sauerland-Guppe« abgeurteilt, kamen noch größere Herausforderungen durch die NSU-Ermittlungen, weiteren rechten Terror und dann den »Islamischen Staat«.

»Oldschool Society« (OSS) – die rechten Feierabend-terroristen

»Wenn es Glauben gibt, der Berge versetzen kann,
dann der Glaube an die eigene Kraft.«
OSS-Bekennervideo

Offener kann man seine Gesinnung kaum zeigen. Als die »Oldschool Society« (OSS) im Sommer 2014 dabei ist, sich richtig zu organisieren, begnügt man sich nicht mit einer internen Rangordnung und der Vergabe von Titeln und Aufgaben, wie etwa »Vollstrecker«, »Sprengmeister« oder »Präsident«. Der hierarchische Aufbau der Gruppe orientierte sich an den »Outlaw Motorcycle Gangs« (OMCG), notiert der Verfassungsschutz in einer ersten zusammenfassenden Bewertung.[240]

Die Gruppe wird immer aktiver. Man gestaltet ein Logo: ein schwarz-weißer Totenschädel, flankiert von Runen und blutig-roten Schlachterbeilen. Man gibt sich ein Motto (»OSS – eine Kugel reicht nicht«) und produziert ein Video, in dem sich die führenden

Mitglieder der Gruppe präsentieren. Es wird sogar bei Youtube veröffentlicht.

Ist so viel Öffentlichkeit dumm oder dreist? Oder beides? Keine drei Minuten ist der Film lang. Gitarrenrock mit Männergegröle und eindeutigen Texten. Das Video ist bis heute bei Youtube zu finden. Man kann sich die damaligen Gruppenmitglieder betrachten und ihre dumpfe Botschaft anhören:

>>*OSS steht für Zusammenhalt,*
Kameradschaft und Brüderlichkeit.
Alleine bist Du schwach, zusammen sind wir stark,
drum komm an unsere Seite und kämpf' gegen den Staat.
Wir brauchen jede Frau, wir brauchen jeden Mann,
wir kämpfen zusammen für das Vaterland.<<

Dem Verfassungsschutz in Rheinland-Pfalz fällt die Gruppe als Erstes auf. Ein Ehepaar aus dem Raum Koblenz gehört zu deren Mitgliedern. Kevin und Janine L. Sie knüpfen virtuelle Kontakte über Facebook und verschiedene Chatprogramme, vor allem nach Sachsen. Das Landesamt für Verfassungsschutz informiert die Kollegen in Dresden und den großen Bruder, das Bundesamt in Köln. Dort bekommt der Vorgang einen ordentlichen Operationsnamen: >>Gefährdungs-Sachverhalt Mionetto<<. Nach einem tieferen Sinn des Wortes >>Mionetto<< zu suchen, ist allerdings vergeblich. Es handelt sich um ein Kunstwort, zufällig aus beliebigen Silben von einer speziellen Software des Verfassungsschutzes erstellt. Vorbei sind die Zeiten, in denen Operationen mit Namen aus der griechischen oder germanischen Mythologie benannt wurden – wie noch bei der >>Sauerland-Gruppe<<, die unter dem Decknamen >>Alberich<< beobachtet wurde.

Die Verfassungsschützer aus Bund und Land kümmern sich um die Gruppe. Zunächst sind es rein virtuelle Treffen. Gemeinsame Chats, in denen eine herbe, gewaltbereite Sprache herrscht:

>>... wir haben 3 Asylantenheime, aber da kann ich definitiv nicht alleine hin.<<

>>Ich meine in Limburg, die Moschee, die eine radikale, die mach ich alleine flach, das kannst aber glauben, das ist kein Problem.<<

Am Samstag, dem 15. November 2014, trifft sich die Gruppe erstmals persönlich in einer Gartenhaussiedlung in der Nähe des sächsischen Borna. Man will auf dem Gelände des Kleingartenvereins Sommerfreunde e. V. das Wochenende verbringen. Mindestens vierzehn Personen treffen sich dort und wollen einander kennenlernen, die Organisation besprechen und erste Aktionen planen. So ist es jedenfalls vor dem Treffen in den Chats angedacht. Vor Ort geht es dann aber zunächst vor allem um Alkohol. Kevin und Janine L. aus Rheinland-Pfalz, die sich später von der Gruppe trennen, weil ihnen die Sache nicht schnell genug geht, sagen von sich selbst: »Wir waren schon betrunken, bevor wir überhaupt dort waren.«[241]

In der Kleingartensiedlung entsteht ein Gruppenfoto, das nach dem Wochenende auf Facebook veröffentlicht wird – und den Behörden die Identifizierung der Teilnehmer ermöglicht. Die Reaktionen in der Gruppe auf das Treffen sind zwiespältig: Man hat sich gefreut, die anderen kennenzulernen, in den folgenden Wochen werden weitere organisatorische Schritte unternommen, aber das nächste Mal darf nicht so viel getrunken werden, bemängeln einzelne Teilnehmer. Man wolle »keine Freizeitnazis« in der Gruppe haben, steht auf Facebook. Die Ermittler fragen sich, wo die Betonung in diesem Satz liegt: Nicht Freizeit oder nicht Nazi? Antwort geben die Chats der Gruppe. »Hitler hat schon gewusst, was er tat, […] wenn er nicht ganz so emotional vorgegangen wäre, dann wäre es perfekt gewesen.«[242]

Mit dem Treffen bei Borna hat die Gruppe einen »Geheimrat« als Führungsgremium vereinbart und dafür eine eigene Chatgruppe eingerichtet. Außerdem wurde ein Mitgliedsbeitrag vereinbart. Fünfzehn Euro kostet es pro Monat, Mitglied der OSS zu sein. Arbeitslose zahlen den halben Betrag. Ein Kassenwart soll das Geld einsammeln, wer nicht bezahlt oder sich sonst nicht an die Regeln hält, muss mit Strafen rechnen, auch das wird festgelegt.

Die Gruppe besteht zum Jahresende aus 25 bis 30 Personen, sagt Kevin L. später den Behörden.[243] Sie plant, wie es weitergehen soll. Gewaltfantasien werden ausgetauscht, Tatpläne diskutiert. Außerdem wird ein zweites Mitgliedertreffen vereinbart. Vom 8. bis 10. Mai soll es wieder in dem Kleingartenverein bei Borna stattfinden. Die Mitglieder sollen »neutrale schwarze Kleidung anziehen für eine eventuell stattfindende Aktion«.[244]

Wie die Aktion aussehen könnte, ahnen die Ermittler ebenfalls. Sie haben sich durch einen technischen Trick Zugang zum Chat des »Geheimrats« verschafft und können die Nachrichten dort mitlesen, bzw. die verschickten Audiodateien anhören. Außerdem haben sie mitbekommen, wie Markus W. und Denise G. am 1. Mai nach Tschechien gefahren sind und in großem Stil schwere, in Deutschland verbotene Böller gekauft haben. »Cobra«, »La Bomba« und »Viper« heißen diese Sprengsätze, von denen die Beschuldigten selbst sagen: »da legst Du ein Auto mit flach«.[245] In den Chats wird auch ganz praktisch besprochen, wie ein Anschlag ablaufen könnte:

»W.: … deswegen habe ich schon gedacht, hier Dachpappenstifte draufmachen… und dann so ein Ding im Asyl…, so ein Ding im Asylcenter, im Asylheim, weißt Du, Fenster eingeschmissen und dann das Ding hinterhergejagt.

H: Tät mir schon gefallen, wär schon nach meinem Geschmack.«[246]

Diese Gespräche finden nur eine Woche vor dem geplanten zweiten Mitgliedertreffen statt. Den Ermittlern wird die Sache zu gefährlich. Sie wollen nicht riskieren, dass die Gruppenmitglieder an einem Ort zusammenkommen – und dann möglicherweise sofort Straftaten begehen. Strafrechtlich, so glauben sie, reichen die Beweise. Deshalb ordnet Bundesanwalt Walter Hemberger den Zugriff an. Die GSG 9 und Spezialeinheiten der Länder nehmen Andreas H. in Bayern, Markus W. und Denise G. in Sachsen und Olaf O. in Bochum fest. Außerdem werden bei weiteren Beschuldigten Wohnungen durchsucht. Darunter auch bei Kevin und Janine L. in Rheinland-Pfalz.

Kevin L. klingt in Chats der Gruppe besonders aggressiv – doch seine Rolle bleibt merkwürdig unklar. Einerseits kritisiert er, dass die Gruppe nicht schnell und entschlossen genug handelt – und verlässt die OSS deshalb auch gemeinsam mit seiner Frau Janine angeblich im Januar 2015. Andererseits entgehen die Eheleute dadurch gerade rechtzeitig einer Anklage des Generalbundesanwalts, der inzwischen die Ermittlungen übernommen hat. Kevin L. gehört also nicht zu den Beschuldigten im Strafverfahren gegen die Gruppe, das im April 2016 am OLG München eröffnet wird. Ein komischer Zufall sei das, meint ein Strafverteidiger im Münchner OSS-Verfahren. Sind er oder seine Frau möglicherweise Spitzel des Verfassungsschutzes? Haben sie sich deshalb rechtzeitig zurückgezogen? Beweise dafür gibt es nicht.

Kevin L. nimmt das alles relativ gelassen. Er habe nur für wahre deutsche Werte in der Gesellschaft eintreten wollen, zum Beispiel »im Park Müll wegräumen« und »deutschen Obdachlosen helfen«, mit dem Quatsch der anderen habe er nichts am Hut.[247]

An den Zugriff einer Spezialeinheit, wohl der GSG 9, bei ihm frühmorgens zu Hause hat er gemischte Erinnerungen. Die »Jungs« hätten sich im Großen und Ganzen sehr korrekt verhalten und ja auch nur ihren Job gemacht. Dass sie ihn aber vor den Augen seines Kindes gefesselt auf den Boden gelegt hätten, findet er »überhaupt nicht korrekt«.

Spektakuläres Versagen

»A View to a Kill.«
Duran Duran

Wo gehobelt wird, da fallen Späne, sagt der Volksmund. Ist es also wohlfeil, einen Blick auf manche dramatischen Fehler in der deutschen Terrorismusbekämpfung zu werfen? Oder gar typisch deutsch, nicht die Erfolge zu sehen, sondern die Misserfolge geradezu zu suchen?

In anderen europäischen Staaten ist das Verhältnis der Bürger zu ihren Sicherheitsbehörden weit entspannter, als es in Deutschland ist. In Großbritannien oder Frankreich beispielsweise wird die Arbeit von Polizei und Geheimdiensten fast ausschließlich an der Frage gemessen, ob sie Erfolg haben und ob man *stolz* auf sie sein kann. Eine gelungene Geheimdienstoperation wird von der Bevölkerung weitgehend goutiert, die Polizei in der öffentlichen Meinung wesentlich mehr respektiert. In Deutschland herrscht dagegen mit Blick auf die Sicherheitsbehörden latent die Suche nach Pleiten, Pech und Pannen.

Das betrifft besonders die Nachrichtendienste und hat auch viel mit einer bis heute andauernden Skepsis gegenüber dem Verfassungsschutz zu tun. Dabei ist das Verhältnis der Deutschen zu ihren Diensten fast schon schizophren: Einerseits hält die Bevölkerung die Dienste für übermächtig, überwachend, gar übergriffig. Andererseits wird ihnen auch jede Dusseligkeit zugetraut.

»Nobody does it better«, schmachtet Carly Simon im gleichnamigen Titelsong des James-Bond-Films »Der Spion, der mich liebte«. Song und Film wurden Welthits, der smarte Agent im Smoking ein Lebensgefühl. Geschüttelt, nicht gerührt. Bundesnachrichtendienst und Bundesamt für Verfassungsschutz können da nicht mithalten, schmachtende Lieder über BND-Agenten von Beatrice Egli oder Helene Fischer sind schlichtweg nicht vorstellbar. James Bond lehnt im Casino von Monte Carlo an der Bar und trinkt seinen Martini – in Deutschland wird nach dem Dienst beim BND im Gardeschützenweg eher ein kleines Pils in Steglitz genommen.

Woran liegt das? Die *German Angst* haben wir schon festgestellt, und als eine Art Ableitung dieser Angst kommt noch etwas hinzu: Die Deutschen misstrauen Helden im Allgemeinen und ihren Geheimdiensten im Speziellen. Die Skepsis der Deutschen den Helden gegenüber hat die US-amerikanische Philosophin Susan Neiman beschrieben: »Die Amerikaner hören das Wort [Helden] und denken an Rambo, die Deutschen hören das Wort und denken an Schlimmeres.«[248] Ganz ähnlich verhält es sich mit den Nachrichtendiensten, die weit überwiegend skeptisch gesehen werden. Aus historischen Gründen, wegen des Unheils und des Schreckens, den Gestapo, Reichssicherheitshauptamt und Ministerium für Staatssicherheit in Deutschland verursacht haben. Aber auch, weil es den Nachrichtendiensten nach 1945 beziehungsweise 1989 nicht gelungen ist, sich selbst gegenüber der Gesellschaft hinreichend zu legitimieren. Bis zum Fall des Eisernen Vorhangs glaubte man, aus Sicherheitsgründen am besten überhaupt nichts von sich preisgeben zu dürfen. Mit der Deutschen Einheit wurde es langsam etwas besser, der Kampf gegen den internationalen islamistischen Terrorismus brachte sogar Erfolge und in der Bevölkerung die Erkenntnis, dass Nachrichtendienste für etwas gut sein könnten.

Doch dann ging es durch NSU und NSA mit dem Image wieder steil bergab. Rechtsterroristen übersehen, für die USA Bürger ausspähen und Akten schreddern, das schienen die Kernkompetenzen der deutschen Geheimdienste zu sein.

Bis zum Jahreswechsel 2015/2016 blieb die Polizei von diesem Imageverlust halbwegs (und nicht immer verdient) verschont. Gerade bei der Frage, warum die rechte Terrorzelle NSU mehr als ein Jahrzehnt verborgen bleiben konnte, schaffte es die Polizei erstaunlich gut, selbst nicht zu sehr in den Blick der Kritiker zu geraten. Erst durch die massenhaften Übergriffe auf Frauen in der Silvesternacht 2015 in Köln, Hamburg und anderen deutschen Städten änderte sich diese Sichtweise etwas.

Zurück zur Terrorbekämpfung: Wie schon dargelegt, kann sich die Bilanz, wie gut und effektiv Deutschland ganz aktuell im Kampf gegen den nationalen und internationalen Terrorismus aufgestellt ist, im europäischen Vergleich durchaus sehen lassen. Trotzdem ist es notwendig, sich neben den herausragenden Leistungen der Vergangenheit auch dramatische Fehler genau anzusehen und nach ihrer Bedeutung für die aktuelle Terrorismusbekämpfung zu fragen. Werden einmal erkannte Fehler fortan vermieden? Oder wiederholen sich gar Probleme, die man längst hätte erkennen können? Wurden wirklich die jeweils Schuldigen gefunden und weiß die Öffentlichkeit, wie es um die Fehlerkultur im Sicherheitsapparat bestellt ist?

1977–2017: Buback und Schleyer – Überforderung der Polizei und die Fragen nach den eigenhändigen Mördern

Der Polizeibeamte Ferdinand Schmitt kennt seinen Kölner Kiez, als er Anfang September 1977 den Fahndungsauftrag bekommt: Verdächtige Wohnung melden, die die RAF angemietet haben könnte. Wenige Stunden zuvor ist Arbeitgeberpräsident Hanns Martin Schleyer in Köln entführt worden, sein Fahrer sowie drei Polizeibeamte,[249] die zu seinem Schutz eingesetzt waren, wurden ermordet. Es ist nach den Attentaten auf Siegfried Buback und Jürgen Ponto sowie dem gescheiterten Angriff auf die Bundesanwaltschaft der vierte Mordanschlag in nur fünf Monaten.

Schmitt geht zum Wohnblock Am Renngraben 8. Der entspricht geradezu vollkommen den Kriterien der Terroristen: ein modernes Mietshaus mit mehr als einhundert Parteien, Tiefgarage, Anonymität und doch zentrale Lage. Ein Unterschlupf wie aus dem Lehrbuch der Terrorfahndung. Also spricht Schmitt mit dem Hausmeister sowie dessen Schwiegermutter, die für die Hausverwaltung Büroarbeiten macht.[250]

Tatsächlich entdecken sie eine verdächtige Mieterin: Eine Annerose Lottmann-Bücklers hat wenige Wochen zuvor eine Wohnung gemietet und die Kaution sofort bar bezahlt. Drei Zimmer mit Küche und Bad, 78 Quadratmeter Wohnfläche, 400 DM Warmmiete. Die Verwalterin erinnert sich einerseits an »Geldbündel« in der Handtasche der Frau, andererseits aber nicht daran, dass jemals ein Umzugswagen gekommen sei. Später stellt sich heraus: Annerose Lottmann-Bücklers ist die RAF-Terroristin Monika Helbing, zwischenzeitliche Freundin des wegen des Buback-Attentats gesuchten Günter Sonnenberg, die erst seit wenigen Monaten im Untergrund lebt. Sie gehört zu den Personen, die die Entführung von Hanns Martin Schleyer vorbereiten.

Schleyers Entführung hatte die RAF bereits 1976 entschieden, ebenso wie die Ermordung von Generalbundesanwalt Siegfried Buback. Bei Vorbereitungstreffen im Harz und in den Niederlanden hatte der harte Kern der Terroristen die »Offensive 77« beschlossen und die Planungen dafür verschlüsselt notiert. Diese

Papiere fielen bereits im November 1976 bei der Verhaftung von Siegfried Haag und Roland Mayer der Polizei in die Hände. Doch die Bedeutung der Worte »Margarine« (in Anspielung an die Margarine-Sorte SB die Chiffre für Siegfried Buback) und »Big Raushole-Rache!« bzw. der Initialen H. M. für Hanns Martin Schleyer erschloss sich den Ermittlern des Bundeskriminalamts erst im Nachhinein.[251]

Der Kölner Polizist Ferdinand Schmitt weiß im September 1977 von all diesen BKA-Erkenntnissen nichts. Doch er notiert mit sicherem Instinkt den Namen Lottmann-Bücklers sowie Adresse und Wohnungsnummer der Anlage Am Renngraben. Von seiner Wache aus geht der Hinweis als Fernschreiben an die zentrale Ermittlungsstelle im Polizeipräsidium Köln. Doch dort landet die brisante Information in einer falschen Ablage und wird erst gefunden, als Schleyer bereits ermordet worden ist.

Die Geschichte von Ferdinand Schmitt geht noch weiter. Der Polizist wird unruhig, weil sich niemand von der zentralen Einsatzleitung bei ihm meldet und keine Durchsuchungsaktion im Haus Am Renngraben 8 stattfindet. Schleyer ist aber weiterhin entführt – und Schmitt ist sich sicher, dass er mit seiner Vermutung auf der richtigen Spur ist. Als Zeitschriftenvertreter getarnt, geht er eigenmächtig in den Wohnblock und klingelt an der Wohnungstür, doch niemand macht auf. In den Erinnerungen des RAF-Terroristen Peter-Jürgen Boock klingt es Jahrzehnte später so, als erinnere sich Boock an dieses Klingeln aus der anderen Perspektive. Polizist Schmitt hat noch weitere Ideen: Man könnte der Wohnung den Strom abstellen und schauen, was drinnen passiert. Doch seine unmittelbaren Vorgesetzten bremsen: Die Einsatzleitung werde sich schon melden, wenn sie den Hinweis für wichtig halte. Ein fataler Irrtum.

Tatsache ist: Zum Zeitpunkt von Schmitts Bemühungen wird Schleyer in der fraglichen Wohnung gefangen gehalten. Die Überlegungen und Fahndungsansätze von Horst Herold und dem BKA waren prinzipiell richtig, je nach Sichtweise hat ein kleiner, aber tragischer Fehler in der Ablage oder eben das bürokratische Wirrwarr zahlreicher Behörden den frühzeitigen und entscheidenden Durchbruch bei der Fahndung verhindert.

Die Entführung von Hanns Martin Schleyer dauert noch sechs quälende Wochen, bis die RAF ihn ermordet und seine Leiche von der Polizei im französischen Mulhouse (Elsass) gefunden wird. Er liegt erschossen im Kofferraum eines Audis mit einem Kennzeichen aus Bad Homburg. Bei der Obduktion wird festgestellt, dass Schleyer durch drei Revolverschüsse in den Kopf getötet wurde. In seinem Mund finden die Rechtsmediziner Gras, Baumrinde und Fichtennadeln.[252] Wer die tödlichen Schüsse abgegeben hat, ist bis heute nicht abschließend geklärt. Nach einer Aussage von Peter-Jürgen Boock in einem Interview 2007 könnten es Rolf Heißler und Stefan Wisniewski gewesen sein.[253]

Mit dem verloren gegangenen Hinweis auf das Haus Am Renngraben ist im September 1977 exakt das passiert, was noch heute, vier Jahrzehnte später, die große Sorge, ja der Albtraum von Ermittlern in Deutschland ist. Die richtigen, wichtigen Informationen sind vorhanden, werden aber nicht als solche erkannt oder erreichen nicht diejenigen, die etwas damit anfangen können. Die Situation hat sich sogar noch verschärft. Mag es auf den ersten Blick so aussehen, dass 1977 ein altertümliches System von Fernschreibermeldungen und Ablagekörben schuld gewesen sein könnte, hat moderne Technik nicht unbedingt eine Verbesserung gebracht. Da sich die Fülle an Informationen – unter anderem durch Kommunikationsüberwachung und internationalen Austausch – exponentiell gesteigert hat, ist das Problem eher noch größer geworden. Zwar können über Datenleitungen oder herkömmliche E-Mail-Verteiler Ermittlungserkenntnisse bundesweit gestreut (die Behörden sprechen euphemistisch von »gesteuert«) werden, doch die Herausforderung, wesentliche Einzelinformationen zu erkennen und richtig zu bewerten, ist dadurch noch viel größer geworden.

So verwundert es nicht, dass nach terroristischen Vorfällen eine Frage immer im Zentrum der ersten Ermittlungen jeder Behörde steht: Hätten wir es wissen können, kannten wir die Beteiligten, haben wir etwas übersehen? Auch die Öffentlichkeit reagiert auf solche Informationen sensibel. »Helfer der Paris-Attentäter wurde vor der Tat von der Polizei in Ulm kontrolliert« ist eine vermeintlich spektakuläre Schlagzeile. Entscheidend für eine objektive Bewertung ist dabei aber immer, wie viele Informationen zum jeweiligen Zeitpunkt die jeweilige Behörde hatte – oder hätte haben müssen.

Im Fall »Am Renngraben« liegt das auf der Hand. Der Name Annerose Lottmann-Bücklers war damals zwar noch nicht als Aliasname eindeutig Monika Helbing zugeordnet, allerdings als Tarnname (»Falschpersonalie«) der RAF identifiziert. Eine Überprüfung des Hinweises in der PIOS-Datenbank[254] des BKA hätte sofort gezeigt, wie brisant die Entdeckung des Kölner Polizisten war.

Anders dagegen im Fall der sogenannten »Terrorhelfer von Ulm«, der im März 2016 bekannt wird: Bei den Ermittlungen nach den Terroranschlägen am 13. November 2015 in Paris, bei denen 130 Menschen getötet und mehr als 300 verletzt worden sind, stoßen französische und belgische Ermittler auf eine Autofahrt des mutmaßlichen Terroristen Salah Abdeslam mit einem Mietwagen nach Ulm.[255] Dort hat er offenbar weitere Helfer in einem Hotel abgeholt und nach Belgien gebracht. Die Ermittler kommen auf diese Spur, weil sie von der Mietwagenbuchung erfahren und das Navigationsgerät des Autos die Route von damals noch gespeichert hat.

Im Zusammenhang mit diesen Ermittlungen stellt sich heraus: Die mutmaßlichen Terroristen wurden bei ihrer Deutschlandreise von der deutschen Polizei kontrolliert. Offenbar routinemäßig. Aufgefallen sind sie nicht, obwohl Abdeslam aus Sicht französischer und belgischer Behörden damals schon »interessant« war – aber eben noch nicht für einen gewaltbereiten Terroristen gehalten wurde und auch noch nicht zur Fahndung ausgeschrieben war. Die deutschen Polizisten, die ihn 2015 kontrollierten, konnten also nur das wissen, was in den deutschen Auskunftssystemen gespeichert war. Und das gab keinen Anlass zu irgendeiner Sorge.

Deswegen ist dieser Fall weit weniger dramatisch, als es zunächst schien. Salah Abdeslam ging den Behörden nicht etwa durch die Lappen, er war damals polizeilich schlichtweg unauffällig. Es ist die Krux der nachträglichen Betrachtung – ein Fehler, dem auch Journalisten immer wieder erliegen: Wenn man hinterher von der unfassbaren Tat und der Rolle einer Person bei der Vorbereitung oder Durchführung weiß, wird man ihre Vorgeschichte mit anderen Augen sehen. Es scheint, als hätte es die Chance zur Verhinderung gegeben. Doch manchmal ist es eben nur scheinbar so. Vorbereitungshandlungen können nicht immer schon als solche erkannt werden.

Für die Polizeipanne am Kölner Renngraben 1977 gilt das nicht.

Eine andere Frage ist, wie viel Schuld die deutschen Ermittlungsbehörden daran haben, dass viele terroristische Taten der RAF, aber auch anderer Täter und Gruppen, bis heute noch die Frage offen lassen, wer die jeweiligen Morde *eigenhändig* begangen hat. Wer also diejenigen waren, die die Bomben zündeten, die Zünder scharf schalteten oder die Waffen abfeuerten, mit denen die Opfer getötet wurden. Für die Ermittler ist das – bis heute – nicht die letztlich entscheidende Frage. Für sie geht es um die Klärung des Falls nach juristischen Maßstäben. Wenn im Fall der Ermordung von Siegfried Buback, Wolfgang Göbel und Georg Wurster nicht zweifelsfrei geklärt werden kann, wer die beiden Personen auf dem Tatmotorrad waren, dann ist das für Juristen dann zu verschmerzen, wenn sie die Gruppe der Täter kennen und die wesentlichen Personen als – juristische – Mittäter belangen können.

»Begehen mehrere die Straftat gemeinschaftlich, so wird jeder als Täter bestraft (Mittäter)«, heißt es im Paragraph 25 Absatz 2 des deutschen Strafgesetzbuchs. Für Juristen heißt das aber nicht, dass die Mittäter zwingend unmittelbar bei der eigentlichen Tat anwesend sein müssen. Es kommt auf die gemeinschaftliche Begehung an. Vereinfacht gesagt: Sitzen also A und B auf dem Motorrad, wobei A fährt und B schießt, während C im Wald mit dem Fluchtwagen wartet, so tun sich Juristen relativ leicht damit, auch den Motorradfahrer und den Fluchtwagenfahrer als »Mittäter« und damit »jeden als Täter« zu bestrafen, wenn dieser Plan vorher so gefasst wurde und alle die Tat gemeinschaftlich wollten.

Für Angehörige der Opfer ist die Sache häufig viel schwieriger. Sie wollen wissen, wer ihre Lieben mit *eigener Hand* getötet hat – und zwar häufig ganz unabhängig davon, dass ihnen selbstverständlich klar ist, dass es die Tat einer Gruppe war. Das wohl bekannteste Beispiel für die Suche nach dieser Antwort ist der Göttinger Chemieprofessor Michael Buback, der seit etwa 2007 akribisch und hartnäckig, zunächst für sich und dann immer öffentlicher, der Frage nachgeht, wer vom Soziussitz des Motorrads aus die tödlichen Schüsse auf seinen Vater und dessen Begleiter abgegeben hat – und welche Rolle die frühere RAF-Terroristin Verena Becker dabei spielte. Als Verena Becker 2012 nach einem Strafprozess vor dem Oberlandesgericht Stuttgart wegen Beihilfe zum Mord verurteilt wird, ist Michael Buback deshalb vermutlich nicht zufrieden. Es mag sein, dass er das Urteil für falsch hält. In jedem Fall aber lässt es offen, wer die Schüsse abgegeben hat. Ein weiteres Ermittlungsverfahren gegen Stefan Wisniewski ist nach acht Jahren im Frühjahr 2016 vorläufig eingestellt. Auch für die anderen Opferfamilien kein guter Zustand.

Ähnlich geht es anderen Angehörigen terroristischer Taten von der RAF-Zeit über das Attentat von Gundolf Köhler (und möglichen weiteren Tätern) auf das Münchner Oktoberfest bis hin zu den Mordtaten des NSU. So unterschiedlich die Taten sind, so einhellig ist der Wunsch der Angehörigen, *exakt* zu wissen, wer das Leben der Opfer ausgelöscht hat.

Das verhindern drei Faktoren:

1. Terroristen schweigen – teils über Jahrzehnte – über den Ablauf ihrer Taten, weil sie vielleicht das Morden eingestellt haben, ihren ideologischen Gedanken und der Gruppensolidarität aber nicht abschwören. Das gilt für die ehemalige linksterroristische RAF derzeit ebenso wie für die laufenden Ermittlungen gegen die rechtsterroristische NSU.

2. Die Ermittler haben, besonders bei länger zurückliegenden Taten, wenige objektive Anhaltspunkte für ihre Ermittlungen: Die Kriminalistik hat in den vergangenen Jahrzehnten bahnbrechende Entwicklungen erfahren. Vor allem die Entschlüsselung des menschlichen Erbguts und damit die Möglichkeit der DNA-Analyse ist für strafrechtliche Ermittlungen ein Meilenstein. Doch ob Oktoberfestattentat oder RAF-Morde: Zum Zeitpunkt der Taten war die Technologie nicht bekannt.

3. Die Täter lernen aus ihren Fehlern: Wie auch im Bereich der Organisierten Kriminalität ist die Fehleranalyse im Terrorismus so verbreitet und effektiv wie in kaum einem anderen Deliktsfeld. Von der Plastiktüte, mit der die NSU-Mörder ihre Patronenhülsen aufgefangen haben, damit sie der Polizei keine Rückschlüsse ermöglichen, bis hin zur Hohlladung, mit der es der RAF gelang, den gepanzerten Dienstwagen von Alfred Herrhausen zu durchdringen: Terroristen versuchen ihre Taten zu »optimieren«. Im Bereich des islamistischen Terrorismus wird das sogar zu einem Massenphänomen. In magazinartigen Veröffentlichungen, wie etwa »Dabiq« des »Islamischen Staats« oder »Inspire« von al-Qaida teilen die Terroristen ihre eigene Fehleranalyse öffentlich mit und verbinden sie mit der Aufforderung für andere, es besser zu machen. Wenn auch technisch auf weit geringerem Niveau als früher.

1993: Bad Kleinen – Das Drama im Tunnel

»Lass Dich überraschen: Schnell kann es geschehen.«
Rudi Carrell

Alles hätte so schön werden, viele hätten den Erfolg nach Hause tragen können. Doch die Operation »Weinlese« von Bundeskriminalamt, Verfassungsschutz und Generalbundesanwalt wurde 1993 zu einem Debakel für die deutschen Sicherheitsbehörden, zeitweise sogar zu einer Staatsaffäre, in deren Folge nicht nur Bundesinnenminister Rudolf Seiters zurücktrat und Generalbundesanwalt Alexander von Stahl entlassen wurde. Im Bundeskriminalamt wurde zudem die Terrorismusabteilung de facto zerschlagen und über Deutschland hinaus hielt man es für möglich, dass die Polizei einen RAF-Terroristen aus Rache für einen toten Kollegen kurzerhand exekutiert hatte.

Die Frage nach dem Warum wurde lange diskutiert. Es gibt nicht den einen Grund, sondern eine ganze Reihe. Aber fast alle hängen wieder mit der komplizierten deutschen Sicherheitsstruktur zusammen, mit Partikularinteressen und der mangelnden Bereitschaft der Politik, die Terrorismusbekämpfung unvoreingenommen an den Notwendigkeiten auszurichten – statt die üblichen föderalen Spielchen zu spielen.

Ausgerechnet dem kleinen rheinland-pfälzischen Landesamt für Verfassungsschutz war es nach monatelanger Vorbereitung gelungen, einen Spitzel an die Führungsebene der RAF »heranzuspielen«, wie es im Jargon der Geheimdienste heißt: Klaus Steinmetz, Jahrgang 1959, aufgewachsen in Landstuhl am Rande des Pfälzer Waldes, war schon während seines Studiums in den 1980er-Jahren in Kaiserslautern vom Landesamt für Verfassungsschutz als Quelle angeworben worden und versorgte den Geheimdienst mit Informationen aus der linksautonomen Szene, in der er fleißig verkehrte.

Zunächst ging es um typische Aktionen in der linken Szene, an denen sich Steinmetz beteiligte und über die er dem Verfassungsschutz berichtete: hochschulpolitisches Engagement des AStA, aber auch allgemeinpolitische Aktionen. Zum Beispiel gegen die geplante Volkszählung, gegen einen Flugtag auf der US Air Base in Ramstein im August 1983 (bei der ein Massensterben durch Aktivisten vor dem Stützpunkt symbolisiert wurde) oder eine lautstarke Demo gegen den Besuch von Bundeskanzler Helmut Kohl und US-Präsident Ronald Reagan am 6. Mai 1985 auf dem Hambacher Schloss.

All diese Aktionen im beschaulichen Rheinland-Pfalz interessierten den Landesverfassungsschutz sehr. Doch als Steinmetz in der Szene Fuß gefasst hatte und plötzlich nach Paris zu besonders wichtigen Genossen geschickt wurde, brauchten die Mainzer Verfassungsschützer einige Zeit, bis sie begriffen, mit wem sich ihr Spitzel dort getroffen hatte: Birgit Hogefeld, eine zentrale Figur der aktuellen RAF-Kommandoebene. Auch Steinmetz wusste angeblich zunächst nicht, wen er in Paris kennengelernt hatte. Nahe kam man sich aber wohl durchaus.

Immerhin: Der rheinland-pfälzische Verfassungsschutz informierte das Bundesamt für Verfassungsschutz, dieses wiederum BKA und Generalbundesanwalt. Damit machten es die Mainzer weit besser als ihre Hamburger Kollegen mehr als zehn Jahre zuvor, die, wie geschildert, 1980 die damaligen RAF-Top-Terroristen Christian

Klar und Adelheid Schulz nach tagelanger Observation verloren, weil sie ihr eigenes Süppchen kochen und das BKA aus der Operation heraushalten wollten. Klar und Schulz entkamen und wurden erst zwei Jahre später gefasst. In der Zwischenzeit beging die RAF im August 1981 einen Sprengstoffanschlag auf die US Air Base Ramstein (17 Verletzte) und versuchte im September 1981 in Heidelberg mit einer Panzerfaust einen Angriff auf den US-General Frederick Kroesen und dessen Begleiter.[256] Beides wäre vielleicht zu verhindern gewesen, wenn die Sicherheitsbehörden miteinander statt gegeneinander gearbeitet hätten.

Dieser Fehler sollte nicht noch einmal passieren, darüber waren sich bei der Operation »Weinlese« alle Beteiligten einig. Doch sie produzierten ein polizeiliches Desaster, das die Bundesrepublik an den Rand einer Staatskrise brachte.

Mit enormem Aufwand hatte man schon seit Wochen die Festnahme der Terroristen vorbereitet – ohne exakt zu wissen, welche und wie viele RAF-Mitglieder in Bad Kleinen ankommen würden. Auf einer Sitzung am 3. Juni 1993 bei der Bundesanwaltschaft in Karlsruhe, an der neben Generalbundesanwalt Alexander von Stahl und dem Präsidenten des Bundesamtes für Verfassungsschutz, Eckart Werthebach, auch Vertreter des BKA und des Verfassungsschutzes Rheinland-Pfalz sowie dessen Leiter Armin Dostmann teilnahmen, wurden die Prioritäten für den Zugriff (»Operation Weinprobe/Weinlese«) vereinbart:

»Für die Festnahme der Zielpersonen wird folgende Rangfolge festgelegt:
An erster Stelle steht die Sicherheit der Quelle
an zweiter Stelle der quantitative und qualitativ bestmögliche Zugriff
an dritter Stelle die weitere Arbeit mit der Quelle durch das LfV«.[257]

Bad Kleinen sollte dabei ausdrücklich nicht der Ort der Festnahme sein. Man ging davon aus, dass die RAF-Terroristen in der Umgebung von Bad Kleinen Urlaub machen würden. Dort, am Urlaubsort, sollte dann der Zugriff erfolgen – so lautete gut drei Wochen zuvor der gemeinsam ausgedachte Plan. Man hoffte auf den ganz großen Erfolg: »Ziel der exekutiven Maßnahme ist die Festnahme möglichst vieler RAF-Mitglieder. Im Hinblick darauf, daß die Terroristen wahrscheinlich nacheinander anreisen und Schwierigkeiten bei der Identifizierung dieser Personen zu erwarten sind, erscheint es angezeigt, möglichst lange abzuwarten. […] Da sich andererseits durch Zeitablauf das Risiko der Entdeckung zwangsläufig vergrößert, muß ein vorheriger Zugriff ins Auge gefaßt werden […]. Alle Teilnehmer sind sich einig, daß für die exekutive Maßnahme ein extrem hohes Verlaufsrisiko besteht.«[258]

Risiken sah die »Präsidentenrunde« bei ihrer Sitzung in Karlsruhe an allen Ecken und Enden. Geheimhaltung war oberstes Gebot, deswegen kam man auch gleich überein, die Parlamentarische Kontrollkommission des Bundestages ausdrücklich nicht zu informieren.[259] Das Bundesamt für Verfassungsschutz misstraute der Quelle Steinmetz und verlangte eigene Überwachungsmaßnahmen, um dessen Zuverlässigkeit zu klären. Die Strafverfolger fürchteten, den Kontakt zu den RAF-Terroristen vor einer Festnahme zu verlieren, und das Landesamt für Verfassungsschutz Rheinland-Pfalz fürchtete, lebenslang auf den Kosten für ein Zeugenschutzprogramm für Klaus Steinmetz sitzenzubleiben und bemühte sich schon im Voraus um eine Absicherung durch das Protokoll: »Dr. Dostmann trägt vor, daß für den Fall des Scheiterns der Aktion die Quelle auf Dauer unterhalten, d. h. ›bezahlt‹ werden müßte. Die Kosten könnte nicht das Land Rheinland-Pfalz, sondern müßte der Bund tragen.«[260]

Nicht nur diese Befürchtung wurde zur Realität. Der Zugriff scheiterte, Klaus Steinmetz blieb zwar unverletzt, bekommt aber bis heute Zeugenschutz durch das Land Rheinland-Pfalz. Ob der Bund für die Kosten aufkommt, ist nicht bekannt. Das Land Rheinland-Pfalz kann sich nicht erinnern, die Akten seien inzwischen ordnungsgemäß vernichtet.[261]

Doch die Aktion kostete nicht nur viel Geld, sondern auch zwei Menschen das Leben.

Der rheinland-pfälzische Einschlag der Operation war unverkennbar: »Weinlese« und »Weinprobe« hießen die Phasen bzw. Abschnitte der Ermittlungen. Nur ein erlesener Kreis von Personen und Behörden wurde eingeweiht. Beim Bundeskriminalamt liefen die Fäden zusammen. Eine entscheidende Rolle spielte dort Rainer Hofmeyer, Abteilungspräsident »Terrorismus (links)«. Seit genau zwei Jahrzehnten hatte Hofmeyer mit der RAF zu tun. Der studierte Jurist war seit 1973 Kriminalbeamter beim BKA. 1976 war er mit der Auswertung der Haag/Mayer-Papiere befasst. Im Fall der Ermordung von Siegfried Buback und dessen Begleitern sowie der Schleyer-Entführung war er 1977 Taktischer Einsatzleiter, machte seine Karriere, galt als meinungsstark, durchsetzungsfähig und hatte gute Aussichten, auch noch BKA-Vizepräsident zu werden.

Aufseiten des Generalbundesanwalts waren der Abteilungsleiter »Terrorismus«, Bundesanwalt Gerhard Löchner, und der Oberstaatsanwalt beim BGH Manfred Hofmann für die Aktion zuständig. Sie bezogen im BKA Wiesbaden Quartier, bekamen ein eigenes Zimmer und waren gleichermaßen mittendrin und abgeschnitten, blieben sie doch auf die Informationen des BKA angewiesen, die dort umständlich und zeitverzögert per Telefon aus Mecklenburg-Vorpommern einliefen.

Dreieinhalb Jahre nach der Deutschen Einheit war das Einsatzgebiet in westdeutschen Augen noch Entwicklungsland. Die Landespolizei war schlecht ausgerüstet, ein eigenes SEK gab es noch nicht, selbst die Telefon- und Funkverbindungen waren nach den Maßstäben des BKA ungenügend, zumal Einstrahlungen polnischer Sender die Funkverbindungen störten. Immerhin konnte man der Situation noch etwas Positives abgewinnen: Für die Vorbereitung des Einsatzes nutzten die Beamten die Legende, sie seien Techniker des US-Mobilfunkunternehmens Motorola.

Doch auch eine Erkundung vor Ort brachte keine Lösung für die schlechte Funksituation. Deshalb wurde von der GSG 9 eigens ein Polizeiboot auf dem Schweriner See eingesetzt, das als Funkrelais dienen sollte und dafür extra neu, »zivil« weiß, gestrichen wurde. Kosten allein für diese Lackierung: 9600 DM. Die GSG 9 besorgte zusätzliche Wimpel, um das Boot ordentlich zu tarnen, ein Beamter ließ es schließlich noch als privates Motorboot registrieren. Immer wieder stießen die Beamten bei ihrer akribischen Vorbereitung auf neue, häufig zutiefst bürokratische Hürden. So musste auch eine Lösung für die »Reisekostenabrechnung für die BGS-Beamten, die mit dem Boot dazukommen«, gefunden werden, da es sich ja nicht um eine gewöhnliche Dienstreise handelte.[262] Aber für die Operation »Weinlese« war praktisch alles möglich. Es wurde nicht gekleckert, es wurde geklotzt. Mehr als 100 000 DM wurden allein für die Anschaffung neuer Funktechnik ausgegeben.[263] Trotzdem sollte es vor allem der Funk sein, der die Aktion zu einem Desaster werden ließ.

Am 24. Juni 1993 treffen sich Klaus Steinmetz und Birgit Hogefeld in Bad Kleinen, fahren gemeinsam mit dem Zug nach Wismar und dann weiter mit einem Linienbus in den Stadtteil Wendorf. Dort beziehen sie in der Straße Am Klingenberg eine Ferienwohnung, die sie für drei Tage gemietet haben. Sie scheinen mit sich selbst beschäftigt und verlassen die Wohnung bis zum 26. Juni nicht, notiert das BKA. Nach Ende der Aktion stellt sich allerdings heraus, dass beide mehrfach das Haus verlassen haben, ohne dass es die Polizei mitbekommen hat.[264]

Hinter den Kulissen werden die Optionen für eine Festnahme von Birgit Hogefeld diskutiert. Sobald sie das Haus verlässt, soll sie auf dem Weg zur nächsten Bushaltestelle von einem gemeinsamen Kommando der GSG 9 und des MEK des Bundeskriminalamts überwältigt werden, möglichst, nachdem sie sich von Klaus Steinmetz getrennt hat. Noch immer haben die Ermittler die Hoffnung, ihre Topquelle auch nach einer Festnahme weiter gegen die RAF einsetzen zu können.

Um einen besseren Überblick zu bekommen, lotst das BKA eine Nachbarfamilie aus ihrem Haus und bezieht dort selbst Posten. Eine Fernsehshow mit Rudi Carrell dient als Vorwand. Angeblich hatte die Familie eine Spontanreise gewonnen. Nun ist alles für den Zugriff vorbereitet. Auch in der Nacht vom 26. auf den 27. Juni, einen Sonntag, bleiben Terroristin und V-Mann in der Ferienwohnung. Am Morgen des 27. Juni um 9.55 Uhr wird den Einsatzkräften in Wismar vom BKA der Einsatzbefehl »Festnahme!« übermittelt.

Doch um 11.15 Uhr melden die Polizeikräfte aus Wismar plötzlich: Hogefeld und Steinmetz wollen sich mit »Freunden« treffen und sind auf dem Weg zum Bahnhof. Spontan werden alle gefassten Pläne verworfen. Die Chance auf eine weitere Festnahme ist zu verlockend. Der Polizeitross zieht weiter. Es geht wieder nach Bad Kleinen. Dort betreten Hogefeld und Steinmetz gegen 13.20 Uhr die Bahnhofsgaststätte. Fünf Minuten später kommt ein weiterer Mann dazu, setzt sich zu ihnen an den Tisch. Die Ermittler können ihn zunächst nicht identifizieren. Es ist Wolfgang Grams. Zwei Stunden später wird er tot sein.

Um 14.20 Uhr, die drei Personen sind nun seit etwa einer Stunde in der Bahnhofsgaststätte, geht die Einsatzleitung nicht mehr davon aus, dass noch weitere Personen hinzukommen könnten. Im polizeilichen Ablaufkalender wird die Anweisung aus Wiesbaden festgehalten, »daß Grams und Hogefeld beim Verlassen des Lokals zu verhaften sind«.

Vier Varianten werden für die Festnahme diskutiert: in der Gaststätte, auf dem Bahnsteig, bei der Weiterfahrt im Zug oder in der Bahnhofsunterführung. Schnell werden die Varianten eins bis drei verworfen. Zu viele Unbeteiligte sind auf dem Bahnhof, es herrscht sonntäglicher Ausflugsverkehr. Der Zugriff im Tunnel scheint die ideale Lösung.

Tatsächlich gehen die drei Personen aus der Gaststätte heraus und hinunter in die Unterführung. GSG-9-Beamte in Zivil positionieren sich an verschiedenen Standpunkten. Ihre Waffen haben sie dabei, aber sie sind sich sicher, dass sie die Terroristen überrumpeln können. Alles scheint im Griff zu sein.

Kurz bevor es losgeht, fällt einem Polizisten ein Fahrzeug auf dem Bahnhofsvorplatz auf. Ein Opel Kadett. Hat das Auto etwas mit den Terroristen zu tun? Das ist unklar. Deswegen gibt der Beamte per Funk die Anweisung: »Wenn Zugriff erfolgt, Kadett kontrollieren!«

Der Funkspruch wird von einem anderen Beamten nicht vollständig verstanden. Ausgerechnet das »*wenn*« kommt nicht an. Der Beamte quittiert also »*Zugriff erfolgt!*« und alle Beamten rennen los. Sie sind wenige Sekunden zu früh in der Unterführung. Zwar kann der erste GSG-9-Beamte im Tunnel Birgit Hogefeld überwältigen, doch Wolfgang Grams, der einige Meter vorausgeht, kann einen Treppenaufgang zum Bahnsteig von Gleis 3 und 4 hinaufrennen. Michael Newrzella, von Freunden und Kollegen »Shorty« genannt, ist der erste Polizist, der hinter ihm den Treppenaufgang erreicht. Auch er hat seine Waffe nicht gezogen – und läuft direkt in die Feuerlinie von Wolfgang Grams, der von oben in den Tunnel schießt. Weder seine Kollegen noch der Notarzt Dr. Albrecht Schönfelder können ihn retten. Er ist der erste Tote, den die GSG 9 seit ihrer Gründung 1972 im Dienst zu beklagen hat.

Wolfgang Grams versucht, sich den Weg freizuschießen. Inzwischen haben die GSG-9-Beamten ihre Waffen gezogen, wie viele Schüsse in den kommenden Sekunden fallen, kann nicht abschließend geklärt werden. Bis zu 44 Schüsse könnten es allein durch Polizeibeamte gewesen sein.[265] Tagelang sucht die Polizei am Bahnhof Bad Kleinen nach Munitionsteilen – und auch in der folgenden Zeit finden Passanten Überreste des Schusswechsel.

Grams stürzt auf Gleis 4 und schießt sich selbst in den Kopf. Er verstirbt am gleichen Abend im Universitätsklinikum Lübeck.

Warum wurde die Hand des toten Wolfgang Grams gewaschen, bevor sie auf Schmauchspuren untersucht werden konnte? Warum wurden nicht sofort die Waffen der beteiligten Polizisten sichergestellt? Wieso musste man die Gleisanlagen im Bahnhof von Bad Kleinen mehrfach absuchen, um Stück für Stück die Reste der verfeuerten Munition zu finden? Warum verschwand die Jacke des Polizisten Michael Newrzella nach der rechtsmedizinischen Untersuchung in Zürich spurlos?

Diese Fragen sind bis heute nicht beantwortet. Auch wenn die These von der Exekution des Wolfgang Grams wohl vom Tisch ist: Der Fall »Bad Kleinen« ist ein dunkles Kapitel für die deutsche Polizei.

2000–2011: NSU – Frühwarnsystem außer Betrieb, eine deutsche Schweigemauer

»Nobody does it better
Makes me feel sad for the rest,
Nobody does it half as good as you
Baby, you're the best!«
Carly Simon, Titelsong zu »The Spy who loved me«

Über den »Nationalsozialistischen Untergrund« und die Taten von Uwe Böhnhardt, Uwe Mundlos, Beate Zschäpe und ihren Helfern sind viele Worte verloren worden, doch weiterhin gibt es mehr Fragen als verlässliche Antworten.

Der Fall ist – soweit bekannt – kriminalistisch recht einfach und schnell beschrieben: Die inzwischen toten Neonazis Uwe Böhnhardt und Uwe Mundlos lebten nach ihrem Untertauchen in die Illegalität im Januar 1998 unter falschen Namen und mit Hilfe von früheren Freunden aus der Neonazi-Szene zunächst in Chemnitz und später in Zwickau. In den Jahren 2000 bis 2007 reisten mindestens Uwe Böhnhardt und Uwe Mundlos häufig quer durch Deutschland und ermordeten in dieser Zeit mindestens zehn Menschen, neun mit (überwiegend) türkischem Migrationshintergrund und eine Polizistin. Sie verübten mindestens drei Sprengstoffanschläge und finanzierten ihr Leben im Untergrund mit Beate Zschäpe durch Raubüberfälle auf Banken und Sparkassen. Dabei gaben sie sich selbst den Namen »Nationalsozialistischer Untergrund« (NSU) und das Motto »Taten statt Worte«. Sie verzichteten nach ihren Morden auf klassische Bekennerbotschaften, hatten aber eine aufwendig produzierte Bekenner-DVD vorbereitet, die Beate Zschäpe nach dem Suizid ihrer Mittäter und vor der Brandstiftung in ihrem Wohnhaus in Zwickau am 4. November 2011 an vorbereitete Adressen verschickte.

Viel spricht dafür, dass »die beiden Uwes« die Morde vor Ort begingen und Beate Zschäpe von Anfang an ihre Komplizin, vielleicht sogar die emotional steuernde und kontrollierende Person des Trios war, die zu Hause die Stellung hielt.

Zschäpe scheint nicht eigenhändig gemordet zu haben, was einer Verurteilung als Mörderin im Wege der Mittäterschaft grundsätzlich aber nicht im Wege steht. Seit dem 6. Mai 2013 steht Beate Zschäpe zusammen mit vier weiteren Personen wegen der Taten des NSU vor dem Oberlandesgericht München. Ein Urteil könnte Mitte des Jahres 2017 fallen. Nach weit mehr als 300 Verhandlungstagen.

Der »NSU-Fall« ist allerdings kein reiner Kriminalfall. Es ist in der öffentlichen Wahrnehmung ein inzwischen fast nicht mehr zu überschauendes Konglomerat aus Fakten, Vermutungen, Spekulationen und Verschwörungstheorien, das nicht nur die einzelnen Kriminalfälle umfasst, sondern auch die zahlreichen Ermittlungspannen, das Versagen von Verfassungsschutz, Polizei, Justiz und Politik sowie die Vermutung, dass auch heute, mehr als fünf Jahre nach dem Auffliegen der Terrorzelle, noch nicht alle Fakten bekannt sind.

Schon deshalb dürfte die soeben vorgenommene Zusammenfassung der NSU-Taten bei zahlreichen Angehörigen, Prozessbeteiligten, einigen Journalisten und Politikern auf Widersprüche stoßen. Wahrscheinlich ist, dass ihre Argumentation zu einzelnen Punkten dabei mit Sätzen wie »man kann doch nicht glauben, dass …« oder »es kann doch kein Zufall sein …« beginnen wird. Und das ist das eigentliche Problem im NSU-Fall: Die Materie ist so komplex, es hat tatsächlich derart viele schwerwiegende Pannen, Vertuschungsversuche, ungeschickte Verhaltensweisen und groteske Zufälle gegeben, dass der Gesamtkomplex zu Verschwörungstheorien geradezu einlädt.

Für die Erwartungen an das Urteil im Prozess gegen Beate Zschäpe und vier weitere Angeklagte vor dem OLG München wird das ein Problem werden. Der Senat unter dem Vorsitzenden Richter Manfred Götzl verhandelt seit dem Mai 2013 und versucht die *forensische Wahrheit*[266] im Rahmen des Strafprozesses zu ermitteln und für die fünf Angeklagten zu einer Bewertung ihrer möglichen Taten und ihrer Schuld zu kommen. Nicht mehr – und nicht weniger. Aber die Fragen der Angehörigen der Opfer und das Interesse der Öffentlichkeit betreffen das Warum der konkreten Morde und die Frage, warum die Täter so lange morden konnten, ohne dass der rechte Terror als solcher begriffen wurde.

Es ist absehbar, dass diese Fragen nicht geklärt werden können.

Die Mordopfer des NSU

Enver Şimşek wurde am 9. September 2000 an seinem Blumenverkaufsstand in Nürnberg erschossen.

Abdurrahim Özüdoğru wurde am 13. Juni 2001 in seiner Schneiderei in Nürnberg erschossen.

Süleyman Taşköprü wurde am 27. Juni 2001 in Hamburg im Lebensmittelladen seines Vaters erschossen.

Habil Kılıç wurde am 29. August 2001 in München in seinem Lebensmittelladen erschossen.

Mehmet Turgut wurde am 25. Februar 2004 in einem Döner-Kebab-Imbiss in Rostock erschossen.

Ismail Yaşar wurde am 9. Juni 2005 in seinem Döner-Kebab-Imbiss in Nürnberg erschossen.

Theodoros Boulgarides wurde am 15. Juni 2005 in München in seinem Schlüsseldienst erschossen.

Mehmet Kubaşık wurde am 4. April 2006 in seinem Kiosk in Dortmund erschossen.

Halit Yozgat wurde am 6. April 2006 im Internetcafé seines Vaters in Kassel erschossen.

Michèle Kiesewetter wurde am 25. April 2007 während ihres Streifendienstes als Polizistin in Heilbronn erschossen.

Fest steht: »Das Frühwarnsystem der Demokratie«, wie sich der deutsche Verfassungsschutz vor dem Auffliegen des NSU gerne selbst nannte, hat kläglich versagt. Bis zu ihrem Suizid nach einem gescheiterten Raubüberfall auf eine Sparkasse in Eisenach galten Uwe Böhnhardt und Uwe Mundlos zwar als »Personen unbekannten Aufenthalts«, die Bombenbauerei und der Sprengstoffbesitz, derentwegen sie 1998 gesucht wurden, sind jedoch bereits strafrechtlich verjährt, und so richtig interessierte sich niemand mehr für sie.

Für Polizei und Verfassungsschutz sind Böhnhardt, Mundlos und Zschäpe irgendwann nur noch Karteileichen. Journalisten, die anfangs über ihr Verschwinden berichten, haben sie bald vergessen. 2001 und 2004 tauchen ihre Fahndungsfotos noch einmal in ARD und ZDF auf. Allerdings nur als Staffage in Fernsehkrimis: Im »Tatort« mit dem Titel »Bestien«, der am 25. November 2001 gesendet wird, von Kindesmissbrauch handelt und in Köln spielt, ist in einer fiktiven BKA-Akte das Bild von Uwe Mundlos zu sehen. Eine Praktikantin habe es aus dem Internet heruntergeladen, sagt die Produktionsfirma später.[267] Als die »Tatort«-Folge gesendet wird, sind bereits vier Menschen ermordet worden. 2004 ist es eine Folge der ZDF-Serie »Küstenwache«, in der sowohl ein Bild von Mundlos als auch ein Bild von Uwe Böhnhardt in einer fiktiven Polizeiakte zu sehen sind – ausgerechnet auch noch als angebliche islamistische Terroristen. Doch beide Fälle kommen erst nach dem Auffliegen der Gruppe 2011 durch aufmerksame Fernsehzuschauer heraus. Zum Zeitpunkt der Ausstrahlung interessiert sich längt niemand mehr für die Verschwundenen.

Auch die Familien der drei scheinen sich mehr als zehn Jahre lang damit abgefunden zu haben, dass ihre Kinder untergetaucht sind. Anfangs gab es noch heimliche Kontakte, dann hören die Familien Böhnhardt und Mundlos erst wieder etwas von Beate Zschäpe, als diese sie am frühen Morgen des 5. November 2011 anruft und ihnen den Tod ihrer Söhne mitteilt.[268]

Solange der NSU aktiv ist, scheint er von einer *Schweigemauer* umgeben. Doch im Gegensatz zu vielen Verschwörungstheorien ist diese Mauer nicht vorsätzlich gebaut worden, sondern besteht aus Nachlässigkeit, Fantasielosigkeit und mangelnder Analyse von Polizei, Verfassungsschutz – und den Medien, die auch nicht erkannt haben, worum es bei der Tatserie ging, und selbstverständlich von den »Döner-Morden« sprachen. So auch der Autor.

Der »NSU-Kompex« hat die Arbeitsweise der deutschen Verfassungsschutzbehörden in Verruf gebracht und vielen Beamten in den deutschen Nachrichtendiensten eine Sinnkrise beschert. Hat der Verfassungsschutz der Terrorzelle direkt (durch Warnungen und Hilfe beim Untertauchen) oder indirekt (durch die Finanzierung über die Honorare, die man Spitzeln bezahlt hat) geholfen? Wäre das Entstehen der Jenaer Neonazi-Szene, aus der die drei Untergetauchten stammten, überhaupt ohne den V-Mann Tino Brandt und dessen Geld vom Verfassungsschutz möglich gewesen? Hatten danach die Geheimdienste die Existenz der Gruppe im Untergrund bewusst übersehen? Was steckt hinter der gezielten Vernichtung von Akten? Ist es wirklich Zufall, dass der V-Mann Thomas Richter alias »Corelli« Ende März 2014 plötzlich an einer (bis dahin unentdeckten) Diabetes-Erkrankung gestorben ist und vom Vermieter tot in seiner Wohnung gefunden wurde – nachdem der Verfassungsschutz den Vermieter gebeten hatte, nach »Corelli« zu sehen?

Für alle diese Fragen gibt es plausible, wenn auch manchmal abenteuerlich wirkende Erklärungen, die gegen eine aktive Hilfe für die Terrorzelle durch deutsche Behörden sprechen. Doch vor allem die hohe Zahl an Merkwürdigkeiten und vermeintlichen Zufällen im NSU-Komplex lässt immer wieder den Verdacht aufkommen, es gebe doch noch ein dunkles Geheimnis. Das Problem dabei ist, dass sich in vielen Fällen die Wahrheit nur sehr schwer (und manchmal gar nicht mehr) herausfinden lässt, zur Verbreitung einer dunklen Verschwörungstheorie jedoch schon das Säen von Zweifeln mit einfachen Mitteln, beziehungsweise mit dem Hinweis, dass die Wahrheit ja nicht bekannt sei, ausreicht.

Belege braucht ein solcher Zweifel nicht. Man muss kein Prophet sein: Zum NSU-Komplex wird es auch noch in Jahrzehnten immer wieder neue vermeintliche Enthüllungen und Theorien geben. Psychologen kennen dieses Muster von Verschwörungstheorien. Häufig hat es einen einfachen Hintergrund: Die Vorstellung, eine höhere Macht sei verantwortlich und plane das Geschehen, während man selbst hilflos ausgeliefert sei, ist einfacher zu ertragen als die Erkenntnis, wie banal das Böse ist.

Besserung ist nicht in Sicht. Im Gegenteil: Immer mehr droht sich die Hoffnung zu zerschlagen, der NSU-Prozess gegen Beate Zschäpe, Ralf Wohlleben und drei weitere Angeklagte vor dem OLG München könnte durch die gerichtliche Aufarbeitung für die Angehörigen der Opfer, aber auch für die Öffentlichkeit eine Art Rechtsfrieden erreichen.

Die Justiz muss tun, was ihr geboten ist. Sie darf nicht pragmatisch sein, um nicht willkürlich zu werden. Aber der Prozess vor dem

Staatsschutzsenat unter dem Vorsitz von Manfred Götzl dauert schon zu lange, als dass Laien das komplexe Geschehen noch verfolgen könnten. Mehr als 350 Verhandlungstage werden es am Ende sein, von einer Revision vor dem Bundesgerichtshof ist sicher auszugehen. Die Materie wird also die Justiz noch Jahre beschäftigen.

Es ist ein Gerichtsverfahren der Extreme. Seit Mai 2013 läuft die Hauptverhandlung. Prozessbeteiligte haben in dieser Zeit geheiratet, Kinder bekommen, sind in den Ruhestand gegangen oder sogar verstorben, wie die engagierte Nebenklägeranwältin Angelika Lex aus München. Einzelne Nebenkläger haben dem Prozess entnervt den Rücken gekehrt. Der Senat hatte eine lange Verfahrensdauer kommen sehen und die Hauptverhandlung vorsorglich mit drei Ergänzungsrichtern[269] begonnen, zwei von ihnen gehören inzwischen zum regulären Spruchkörper. Denn Richterin Renate Fischer wechselte im Laufe der Hauptverhandlung an den Bundesgerichtshof und Richterin Gabriele Feistkorn ging in den Ruhestand.

Fest steht: Wenn 2017 das Urteil im NSU-Prozess fallen wird, werden viele Fragen offen bleiben, die Erwartungen vieler Angehöriger der Opfer enttäuscht werden. Es ist zu erwarten, dass es ähnlich sein wird wie bei den Urteilen gegen RAF-Terroristen: Das äußere Geschehen ist weitgehend aufgeklärt. Die Tatbeiträge Einzelner bleiben unklar, Ziele und Willen der Gruppe werden hingegen festgestellt. Für den Rechtsstaat, und für Teile der Öffentlichkeit ist das ein gutes Ergebnis. Für die persönlich Betroffenen und für Zweifler bleiben dagegen große Fragezeichen.

Daran ändern auch die Aussagen von Beate Zschäpe nichts, die sie häppchenweise gegenüber dem Gericht macht. Die Richter können Fragen formulieren, Zschäpe beantwortet sie Tage später mit vorbereiteten Statements, die häufig durch ihren Anwalt verlesen werden. Die Bewertung durch den Staatsschutzsenat von Manfred Götzl steht noch aus. Doch für Beobachter ist offenkundig, dass ihre Rolle keinesfalls so gering gewesen sein kann, wie sie selbst darzustellen versucht. Und je mehr sie sich äußert, umso größer erscheinen die Widersprüche. Das war so bei der RAF – und es wird vermutlich beim NSU nicht anders sein.

Gescheiterte Islamismusprävention: Der Verfassungsschutz hängt die Feuermelder ab

Hör' mir jetzt mal zu, laß mich jetzt in Ruh'
und ruf' mich nicht mehr an.
Ich hab' keine Zeit, nicht gestern und nicht heut',
nicht morgen und nicht irgendwann
Mach dir endlich klar: es ist nicht mehr – es war!
Udo Lindenberg

Aussteiger sind in der Terrorismusbekämpfung ein wichtiges Thema. Wer aus der terroristischen Szene aussteigt, stellt keine Gefahr mehr dar. Wenn es gut läuft, kann der Aussteiger zudem den Sicherheitsbehörden helfen. Mit seinem Wissen und in seltenen Fällen auch als menschliche Quelle, als Informant in der Szene. Ausstiegsarbeit ist also eigentlich eine wichtige Sache.

Der Ausstieg des Bundesamtes für Verfassungsschutz wurde im September 2014 bekannt. Allerdings war es der Ausstieg aus der Ausstiegshilfe. Eine seltsame Entscheidung zu einem ungünstigen Zeitpunkt: Seit Monaten beobachteten damals Verfassungsschutz und Polizei in Deutschland eine starke Zunahme von reisenden Jihadisten in Richtung Syrien und Irak. Ging man Anfang des Jahres 2014 noch von rund 270 Personen aus, die sich bis dahin für eine solche Reise in das Krisengebiet entschieden hatten, waren es im August 2014 bereits 400. Eine Steigerung um fast 70 Prozent. Einen Monat später, der Ausstieg aus der Ausstiegsberatung war schon vollzogen, waren es schon 450 Fälle. Ende 2016 rund 900.[270]

Unter dem Namen »HATIF« hatte das Bundesamt für Verfassungsschutz jahrelang eine Telefonhotline und persönliche Beratung angeboten. »Heraus aus Terrorismus und islamistischem Fanatismus«, war das Motto. Unter Verfassungsschützern kursierte der Kalauer »HATIF!« mit der Antwort: »Gute Besserung!«.

Tatsächlich waren Anrufe unter der Kölner Nummer selten. Klingelte das Telefon, waren es zudem überwiegend Anrufer, die schauen wollten, ob denn wirklich jemand drangeht, Journalisten oder Menschen, die im Gespräch nicht wirklich damit herausrückten, was sie eigentlich wollten, hieß es in Verfassungsschutzkreisen.

Der Aufwand war hingegen erheblich. Rund um die Uhr, sieben Tage in der Woche sollte die Nummer erreichbar sein. Nicht nur auf Deutsch, auch in anderen Sprachen wollte der Verfassungsschutz zur Verfügung stehen. Die Sache kostete Personal, Zeit und Geld – und wurde deshalb abgeschaltet. Ab September 2014 hieß es bei HATIF: Kein Ausstieg unter dieser Nummer.

Eine gute Entscheidung? Eher nicht. Zwar ist es nachvollziehbar, dass sich der Verfassungsschutz in Zeiten großer Arbeitsbelastung die Frage gestellt hat, ob alle seine Aktivitäten noch sinnvoll sind. Aber die Erklärung, »das Angebot der ausgestreckten Hand sei nicht ausreichend angenommen worden«,[271] mutet für eine präventive, gefahrenverhindernde Arbeit schon an sich seltsam ab. Wer würde in einem Gebäude Feuermelder abmontieren, nur weil es bislang so selten gebrannt hat?

Im Herbst 2014 gab es zudem das Problem, dass der Ausstieg des Bundesamtes ohne längere Vorwarnungszeit erfolgte. Zwar hatte man sich auf Bundesebene Gedanken gemacht, wer diese Arbeit übernehmen könnte: das Bundesamt für Migration und Flüchtlinge, BAMF. Doch das dortige Aussteigerprogramm steckte damals noch in den Kinderschuhen. Und schon ein halbes Jahr später hatte das BAMF durch die dramatisch steigende Zahl von in Deutschland ankommenden Flüchtlingen gänzlich andere Probleme. Auf Landesebene sah es nicht besser aus. Kaum ein Bundesland hatte ausreichend eigene Strukturen für die Präventionsarbeit. Es gab keine einheitliche Linie. Und unabhängige Beratungsstellen wie »Hayat-Deutschland«,[272] standen und stehen permanent unter dem Vorbehalt, dass sie für ihre Arbeit eine dauerhafte Finanzierung finden.

Ein umfassendes Konzept für Aussteigerberatung und Deradikalisierung insgesamt fehlt in Deutschland bis heute. Dabei wird die Notwendigkeit immer größer. Denn gerade weil die Zahlen ausreisender Jihadisten seit Mitte 2016 stagnieren, ist es naheliegend, dass es einen gestiegenen Beratungsbedarf im Inland gibt.

Hinzu kommen die Rückkehrer. Nicht alle landen vor Gericht. Was wird mit denen, die in den Krisen- und Kriegsgebieten waren und aus freien Stücken zurück, vielleicht sogar zur Einsicht gekommen sind? Wohin sollen sie sich wenden? Finden sie keinen Weg, das Erlebte zu verarbeiten, werden neue Probleme entstehen.

Kapitel 8

Auf der anderen Seite:
Die Verteidiger der Terroristen

»Oberlandesgericht, das ist Champions League!«
Mutlu Günal, Strafverteidiger

Otto Schily hat den Maßstab gesetzt. Er hat es vom rhetorisch brillanten, aber umstrittenen RAF-Verteidiger[273] zum Bundesinnenminister gebracht. Als scharfzüngiger Verteidiger von Horst Mahler (als der noch Linksterrorist war) und Gudrun Ensslin war er in den 1970er-Jahren der Schrecken der Bundesanwaltschaft. Und als Law-and-Order-Bundesinnenminister von 1998 bis 2005 wurde er der Schrecken seiner früheren Strafverteidigerkollegen und der Bürgerrechtsbewegung.

Bis zu Schilys Wechsel in die Bundesregierung war »Terroristen-Anwalt« in weiten Teilen der Gesellschaft eine eher anrüchige Bezeichnung. Wer die Sympathien der (damals fast ausschließlich linken) Terroristen hatte, galt als offener oder heimlicher Sympathisant.

Das »Sozialistische Anwaltskollektiv« in Berlin, das 1969 gegründet wurde und vor allem Studenten verteidigte, galt als linkes Schreckgespenst. Schon der Name war in mehrfacher Hinsicht ein Statement. Die Ergänzung des ehrwürdigen Wortes »Anwalt« mit dem damals anrüchigen Wort »Kollektiv« taugte als Provokation. Die Gründer Horst Mahler, Klaus Eschen und Hans-Christian Ströbele wollten ein Statement setzen gegen ihre Erfahrungen in Ausbildung und Studium mit Juristen, die überwiegend aus der NS-Zeit stammten und sich teilweise auch so verhielten.[274] Alle drei Anwälte machten später erheblich von sich reden, jeder auf seine Weise. Klaus Eschen gründete zusammen mit anderen Anwälten und den späteren Spitzenpolitikern Gerhard Schröder, Otto Schily und Rupert von Plottnitz den »Republikanischen Anwaltsverein«[275] in Berlin und wurde später Richter am Berliner Verfassungsgerichtshof. Hans-Christian Ströbele verteidigte mehrere RAF-Mitglieder, darunter Andreas Baader, und gehörte zu den Gründern der Berliner »Alternativen Liste«[276] und der linken »tageszeitung«.

Horst Mahler gehörte zu den Gründern der RAF, saß unter anderem wegen der Befreiung von Andreas Baader in Haft, entwickelte sich später zum Neonazi, wurde mehrfach wegen Volksverhetzung verurteilt und kam wieder in Haft.

Als Anwalt, der die Seiten wechselte und Terrorist wurde, ist Horst Mahler kein Einzelfall. Rechtsanwalt Siegfried Haag radikalisierte sich zur Führungsfigur der zweiten Generation der RAF, bis er im November 1976 festgenommen wurde. Das Büro des Rechtsanwalts und Baader-Verteidigers Klaus Croissant in Stuttgart wurde Anlaufpunkt und Schaltzentrale der zweiten Generation der RAF und die Waffen für die Suizide von Andreas Baader und Jan-Carl Raspe kamen sehr wahrscheinlich durch Anwaltsakten in das Stammheimer Gefängnis.[277] Neben den Kurieren Volker Speitel und Hans-Joachim Dellwo wurden auch die Rechtsanwälte Arndt Müller und Armin Newerla zu mehrjährigen Freiheitsstrafen verurteilt.[278]

Auch heute gibt es eine Verteidigerszene rund um Terrorismusverfahren mit Rechtsanwältinnen und Rechtsanwälten, die immer wieder in Staatsschutzverfahren verteidigen. Geschmuggelt werden von (manchen) dieser Verteidiger allerdings – soweit bekannt – vor allem Halal-Gummibärchen[279], wenn ihre Mandanten als mutmaßliche Islamisten vor Gericht stehen, und Bonbons für Beate Zschäpe.[280]

Trotzdem stellt sich bei manchen Verteidigern für Beobachter und die Justiz die Frage, wie nahe sie ihren Mandaten stehen und ob sie mehr als den verlangten juristischen Rat geben.

Als zu Beginn des Prozesses gegen Beate Zschäpe bekannt wurde, dass ihre Anwälte Heer, Stahl und Sturm hießen, sorgte das für ungläubiges Staunen und manchen Kalauer. Das Satiremagazin »Titanic« unterstellte, dass die Bundesanwaltschaft dann wahrscheinlich die Staatsanwälte »Friedrich Schutz und Claudia Staffel« schicken werde.[281] Zufall könne das ja wohl nicht sein, unterstellten manche Beobachter, »Zschäpes Anwälte lassen sich instrumentalisieren«, argwöhnte die Zeitung »Die Welt«. Und zwar schon dadurch, dass man sich mit diesen Namen der mutmaßlichen Rechtsterroristen als Anwälte zur Verfügung stelle.[282] Im gleichen Artikel wird der Wert der Unschuldsvermutung betont.

Tatsächlich ist der Weg der drei Anwälte zu ihrem Mandat denkbar trivial: Beate Zschäpe hatte sich am 8. November 2011 auf ihrer Flucht wohl eher zufällig den Jenaer Anwalt Gerald Liebtrau ausgesucht, ging in seine Kanzlei und erklärte, sich der Polizei stellen zu wollen. Liebtrau begleitete sie zur Festnahme, erklärte aber schon kurze Zeit später, das Mandat nicht weiter führen zu wollen.[283] Zu diesem Zeitpunkt war Beate Zschäpe bereits in Karlsruhe dem Ermittlungsrichter am Bundesgerichtshof vorgeführt worden, ohne dass ihr Anwalt Liebtrau dabei war, wie die Oberstaatsanwältin Annette Greger trocken feststellte.[284] Nach Eröffnung des Haftbefehls am 14. November 2011 wurde Zschäpe in die JVA Köln-Ossendorf verlegt, drei Tage später, am 17. November, meldete sich Rechtsanwalt Wolfgang Heer, ebenfalls aus Köln, als ihr Verteidiger. Auf Wunsch von Beate Zschäpe wurde er als Pflichtverteidiger beigeordnet. Wiederum drei Tage später, am 20. November 2011, erklärte Rechtsanwalt Heer dann, dass er dem Strafverteidiger Wolfgang Stahl Untervollmacht erteilt habe und in Anbetracht des komplexen Verfahrens einen zweiten, wenn nicht sogar dritten Verteidiger für notwendig erachte.[285] Diese dritte Verteidigerin wurde schließlich Anja Sturm.

Alle drei kennen sich – so erzählen sie – von juristischen Fortbildungsveranstaltungen. Über die Kombination ihrer Namen können sie selbst lachen. Ihr Verhalten im Prozess gab niemals einen Anlass, in ihnen »Szene-Verteidiger« zu sehen. Im Gegenteil.

Das einst so traut wirkende Verhältnis von Beate Zschäpe zu ihren drei Anwälten ist im Laufe der Hauptverhandlung zerbrochen. Zschäpe hat sich zwei neue Anwälte gesucht und mehrfach

Anträge gestellt, die »alten« Pflichtverteidiger loszuwerden. Erfolg hatte sie in doppelter Hinsicht keinen.

Die neuen Anwälte kommen aus München und heißen Mathias Grasel und Hermann Borchert. Ihr Verhalten in der Hauptverhandlung ist höchst widersprüchlich. Einerseits betonten sie anfangs, nicht in das Verfahren eingearbeitet zu sein, andererseits gaben sie schon nach wenigen Verhandlungstagen Erklärungen mit wahrscheinlich weitreichenden Folgen für ihre Mandantin ab. Ihr Verhalten wirkt unbeholfen.

Sucht man bei Google nach den beiden Anwälten, fällt bei Hermann Borchert der Satz auf: »Rechtsanwalt JUDr. Hermann Borchert unterstützt Sie in München bei Mord und Totschlag, Btm oder speziellen Delikten.«[286] Rechtsanwalt Grasel gibt an, eine Fortbildungsveranstaltung zur »Stopp-Reform« besucht zu haben.[287] Es dürfte die StPO-Reform gemeint sein. So missverständlich und unglücklich wie diese Formulierungen wirkt das Auftreten der beiden Anwälte im Verfahren.

Das Urteil über Beate Zschäpe ist noch nicht gefällt, eine abschließende Bewertung ihrer Verteidigung noch nicht möglich. Beobachtern fällt allerdings auf, dass die von Beate Zschäpe gemeinsam mit ihren neuen Anwälten gemachten Angaben die Widersprüche in ihrem Verhalten nur noch größer machen, als sie schon vorher waren. Im Gegenzug schauen die neuen Anwälte scheinbar tatenlos zu, wie die alten Verteidiger Heer, Stahl und Sturm mit aller Macht das psychiatrische Gutachten von Prof. Henning Saß angreifen, das für Zschäpe weitreichende Folgen haben kann: Es droht ihr Sicherungsverwahrung, also Freiheitsentzug über die zu erwartende Strafe hinaus.

Es wirkt, als seien Mathias Grasel und Hermann Borchert dem Verfahren nicht gewachsen. Ein Eindruck von der Verteidigung, den man bei Terrorismusverfahren häufiger haben kann. Die heutigen Terrorverteidiger, egal ob OLG-Profi, Szene-Verteidiger, Krawallmacher und Schausteller, haben eigentlich eine wichtige Rolle in der deutschen Justiz inne: Sie verteidigen die Rechte von Beschuldigten und Angeklagten, die schwersten Vorwürfen gegenüberstehen und von der Öffentlichkeit häufig schon vorverurteilt sind. Deswegen ist allen Rechtsanwältinnen und Rechtsanwälten, die sich im Rahmen der deutschen Gesetze engagiert für ihre Mandanten einsetzen, Respekt zu zollen – auch wenn man das Ergebnis ihrer Arbeit manchmal vielleicht nicht wahrhaben möchte. Aber genau das macht den Rechtsstaat aus.

Michael Rosenthal ist ein gutes Beispiel für erfolgreiche Strafverteidigung. Der Anwalt aus Karlsruhe hat Spione und Terroristen verteidigt, von Hamburg über Koblenz bis München. Er hat im Hamburger Terrorprozess 2004 für seinen Mandanten Abdelghani Mzoudi, der an den Attentaten des 11. September 2001 beteiligt gewesen sein soll, einen Freispruch erreicht. 2005 hat er mit einer Verfassungsbeschwerde dafür gesorgt, dass das Bundesverfassungsgericht die deutsche Regelung zum Europäischen Haftbefehl für nichtig erklärt hat und sein Mandant Mamoun Darkazanli nicht nach Spanien ausgeliefert wurde. Darkazanli wurde damals nichts weniger vorgeworfen, als eine Schlüsselfigur von al-Qaida zu sein.

Rosenthal hat in diesen Fällen mit Verve gekämpft und gewonnen und sieht das als seinen Teil der Verteidigung des Rechtsstaats. Weswegen es ihm trotz seiner jüdischen Wurzeln auch »schnuppe« ist, wenn seinen Mandanten vorgeworfen wird, judenfeindlich zu sein. Das galt in der Vergangenheit für mehrere Mandate mit dem Vorwurf des islamistischen Terrorismus, das gilt aber auch aktuell für den mutmaßlichen Anführer der rechtsterroristischen »Oldschool Society«, den Michael Rosenthal vor dem Oberlandesgericht München verteidigt: »Gegen zwei Doktoren von der Bundesanwaltschaft«. Das gefällt ihm.

Selbstverständlich gibt es in Staatsschutzsachen weitere OLG-Profis, die es ganz anders machen – und deswegen nicht weniger Erfahrungen, vielleicht aber manchmal weniger Erfolg haben. Johannes Pausch aus Düsseldorf zum Beispiel, der schon RAF-Mitglieder verteidigte, darunter Helmut Pohl, den die RAF 1975 mit einer Geiselnahme in der Deutschen Botschaft in Stockholm erfolglos freizupressen versuchte. Seit den 2000er-Jahren verteidigte Pausch mehrfach

Islamisten. Den Kofferbomber Youssef el-Hajdib zum Beispiel, den er trotz eines, allerdings halbherzigen, Geständnisses vor dem »Lebenslänglich« für Mordversuch nicht bewahren konnte.

Mehr Erfolg hatte Pausch bei der Verteidigung von Daniel Schneider von der »Sauerland-Gruppe«. Bei ihm kam neben den eigentlichen terroristischen Taten noch ein Mordversuch an einem BKA-Beamten bei der Festnahme hinzu. Dafür fiel das Urteil mit zwölf Jahren Haft vergleichsweise günstig aus. Vor allem gelang es aber Daniel Schneider mit der Hilfe von Johannes Pausch, einen Weg zurück in die Gesellschaft zu finden. Schneider holte im Gefängnis das Abitur nach und machte eine Ausbildung, wurde nach komplizierten Anhörungen auch wieder von der Terror-Sanktionsliste[288] der Vereinten Nationen gestrichen.

Weitere Islamisten-Mandate folgten, darunter Abdeladim el-Kebir, der Anführer der »Düsseldorfer Zelle«, deren Mitglieder im April 2011 von der GSG 9 in Düsseldorf bei Anschlagsvorbereitungen festgenommen wurden.

Im NSU-Verfahren vertritt Johannes Pausch den Neonazi-Aussteiger Carsten Schultze und ist damit einer der wenigen Anwälte in Staatsschutzverfahren, die in allen Phänomenbereichen, also Rechte, Linke und Islamistische Terroristen, verteidigt haben. Für Pausch, der sich selbst als »klar links« sieht und sich früher auch als »Linksanwalt« bezeichnet hat, war es keine leichte Entscheidung, das Mandat zu übernehmen. »Es ging nur, weil er sich schon vor Jahren von der Szene gelöst hatte und ausgestiegen ist«, sagt Pausch.[289]

Ist er heute noch Linksanwalt? Pausch zögert. Nein, nicht so wie früher, als es feste Grundsätze gab: Alle verdienen im Anwaltsbüro das gleiche Geld, als Mandanten werden nur Mieter, nie Vermieter, nur Arbeitnehmer, nie Arbeitgeber akzeptiert. Dinge, die heute nicht mehr realistisch sind. Aber Nazis, das ginge niemals, sagt Pausch.

Aber vielleicht noch mal ein RAF-Mitglied? Den bis heute flüchtigen Ernst-Volker Staub kennt Pausch noch von früher. »Ich würde ihn verteidigen, wenn er gefasst wird und sich meldet«, sagt er.

Wie in den 1970er-Jahren gibt es auch heute noch sogenannte »Szene-Anwälte«. Links, Rechts und bei den Islamisten. Edith Lunnebach zum Beispiel. Bis in die Gegenwart hat sie RAF-Mandate übernommen, so die aktuelle Verteidigung von Stefan Wisniewski gegen den Vorwurf, am Attentat auf Siegfried Buback und seine Begleiter beteiligt gewesen zu sein. Im NSU-Prozess vertritt sie als engagierte Nebenklägeranwältin Opfer eines terroristischen Sprengstoffanschlags in Köln. Ausdrücklich bezeichnen sich Lunnebach und manche anderen Nebenklägervertreter im NSU-Prozess als »Linksanwälte«. Edith Lunnebach geht dabei so weit, dass sie sich »weniger als Anwalt denn als politischer Mensch versteht« und es deswegen auch abgelehnt habe, Beate Zschäpe zu verteidigen.[290]

In der Hauptverhandlung kann man wegen solcher Aussagen manchmal durchaus den Eindruck haben, dass es einigen Anwälten weniger um die Interessen der eigenen Mandanten als mehr um einen grundsätzlichen Kampf gegen BKA und Generalbundesanwalt geht. Vielleicht erklärt das auch den Widerspruch, auf der einen Seite einen (linken) Terroristen, auf der anderen Seite die Angehörigen terroristischer Opfer engagiert zu vertreten. Denn die Art der ideologischen Verblendung kann das Unrecht eigentlich nicht kleiner machen. Allerdings gehört Edith Lunnebach zweifellos zu den Anwälten, die sich intensiv um die Belange der eigenen Mandanten kümmern. Das ist keinesfalls selbstverständlich. Als die Angehörigen der Mordopfer im Prozess gegen Zschäpe als Zeugen gehört wurden, gab es einige Nebenkläger, die von ihren Anwälten offenbar überhaupt nicht auf das, was sie erwartete, vorbereitet worden waren. In einem Fall musste der Vorsitzende Richter Manfred Götzl sogar ausdrücklich intervenieren und den Anwalt auffordern, sich doch wenigstens während deren Vernehmung neben seine eigene Mandantin zu setzen.[291]

Bei einem Prozess gegen mutmaßliche Neonazis verwundert es nicht, dass auch Anwälte aus dem rechten Spektrum im Saal zu finden sind. Als rechte Szene-Anwälte gelten in München Nicole Schneiders, Olaf Klemke und Wolfram Nahrath, die gemeinsam den Angeklagten Ralf Wohlleben verteidigen. Schneiders hat ihre Kanzlei in Baden-Württemberg und wird seit vielen Jahren vom dortigen Landesamt für Verfassungsschutz beobachtet, weil sie in der rechten Szene aktiv ist, berichtet die »Stuttgarter Zeitung« unter Berufung auf eine Verfassungsschutzakte.[292] Gegenüber der Zeitung bezeichnet Schneiders ihre politische Einstellung als »Privatsache«, sie sei seit mehr als zehn Jahren nicht mehr politisch aktiv. Zu Prozessbeginn firmierte sie auf einer gemeinsamen Internetseite mit Rechtsanwalt Steffen Hammer, der früher als Sänger der Rechtsrock-Band »Noie Werte« auftrat. Lieder der Band wurden beim Bekenner-Video des NSU verwendet.[293] Rechtsanwalt Olaf Klemke bezeichnet sich selbst als »Patriot«, dass er als rechter Szene-Anwalt gilt, »ist mir völlig egal«, sagt er in einem Zeitungsinterview, das auf seiner Homepage verlinkt ist.[294] Er verteidige jeden, der zu ihm komme. Wolfram Nahrath schließlich war bis zum Verbot Bundesjugendleiter der neonazistischen »Wiking-Jugend« und Funktionär der »Heimattreuen deutschen Jugend« (HdJ).[295]

Auch in der islamistischen Szene gibt es längst etablierte Anwälte – und ein dubioses System, die entsprechenden Mandate zu verteilen. Wurden zu Beginn der islamistischen Staatsschutzverfahren die Verteidiger noch überwiegend von den Ermittlungsrichtern ausgesucht, weil es Fälle der »notwendigen Verteidigung«[296] waren, die Beschuldigten aber keine Anwälte kannten oder wollten, so haben sich inzwischen in der Szene mehrere Verteidiger fest etabliert. Michael Murat Sertsöz aus Köln und Mutlu Günal aus Bonn beispielsweise.

Murat Sertsöz hatte zunächst Adem Yilmaz, Mitglied der »Sauerland Gruppe« verteidigt, verlor jedoch das Vertrauen des damals Beschuldigten Yilmaz und wurde daraufhin vom Oberlandesgericht Düsseldorf entpflichtet.[297] Mutlu Günal machte erstmals von sich reden, als er zusammen mit seinem Kollegen Boris Krösing zwei Männer verteidigte, die die Polizei im September 2008 in einem startbereiten Flugzeug der Airline KLM auf dem Flughafen Köln-Bonn unter Terrorverdacht festgenommen hatte. Die beiden Verdächtigen Omar Dahir und Abdirazak Bouh kamen wenige Tage später wieder frei, obwohl zuvor Haftbefehle gegen sie erlassen worden waren.[298]

Entscheidender als dieser juristische Erfolg dürfte für die weitere Karriere Günals als Strafverteidiger aber die Art und Weise gewesen sein, wie er mit den Vorwürfen gegen seinen Mandanten und den Ermittlungsbehörden umging. Sprachen die Ermittler von einem Abschiedsbrief, der auf einen Selbstmordanschlag deute, nannte Günal das Schreiben einen »hysterischen Liebesbrief«. Die Ermittler nannte er abwechselnd »verzweifelt«, »unfähig« und »voreingenommen«. Diese Art, zusammen mit seinen türkischen Wurzeln, kam in der Szene an. Zwar sagt Mutlu Günal von sich selbst, dass er nach dem Studium durchaus erwogen habe, zusammen mit Kumpels vom Fußball zum BKA zu gehen. Doch dann entschied er sich für die Gegenseite. Aber: »Champions League«, muss es für ihn sein: GBA, BKA, OLG.[299]

In den Jahren nach dem Vorfall am Flughafen tauchen die beiden Beschuldigten von damals immer wieder in Terrorzusammenhängen auf. Einer von beiden galt zunächst auch als Verdächtiger im Fall der »Bonner Taschenbombe«. Wieder zu Unrecht. Günal ätzte und frohlockte.

Inzwischen sieht die Sache allerdings anders aus. Abdirazak Bouh starb bei einem von ihm durchgeführten Selbstmordanschlag in Somalia, bei dem fünfzehn weitere Menschen getötet wurden.[300] Omar Dahir wurde vom Oberlandesgericht Frankfurt wegen des Versuchs der Beteiligung an Taten der somalischen al-Shabaab-Miliz zu zwei Jahren Haft verurteilt und ist auf Bewährung frei.

Günals Ruf in der Szene hat das nicht geschadet. Im Gegenteil. Der in Boulevardmedien als »Hassprediger« bezeichnete Ibrahim Abou Nagie, Kopf der salafistischen »Lies!«-Bewegung hat sich ebenso von ihm verteidigen lassen wie der Prediger Sven Lau (Abu Adam). Eine Zeit lang soll Mutlu Günal auch Bernhard Falk vertreten haben.

Bernhard Falk hat eine interessante Lebensgeschichte. 1996 wurde der frühere Physikstudent als mutmaßlicher Linksterrorist im Auftrag des Generalbundesanwalts festgenommen. Als Mitglied der »Antiimperialistischen Zelle« (AIZ) hatte er Sprengstoffanschläge begangen und wurde dafür 1999 vom OLG Düsseldorf zu dreizehn Jahren Haft verurteilt. Kurz vor seiner Verhaftung konvertierte Falk zum Islam, will »Mit Allah zur Revolution«, wie es Wolfgang Gast in der »tageszeitung« beschreibt, und preist Attentate der »Hisbollah«.[301] Damals bezeichnet die taz ihn als Schiiten, heute nennt er sich Muntasir bi-llah und bekennt sich offen zu den Zielen des Terrornetzwerks al-Qaida – also theologisch zum glatten Gegenteil der Schiiten. Falk selbst sagt dazu: »Auch damals war ich sunnitischer Muslim, hatte aber noch ein positives ›Verhältnis‹ zum Iran.«[302]

Seine Aufgabe sieht Falk vor allem in der Betreuung von »Brüdern und Schwestern«, die von der Justiz verfolgt werden. »Für die Unterstützung der politischen muslimischen Gefangenen in der BRD«, nennt Falk seine Tätigkeit[303] und es klingt fast exakt wie eine Formulierung der linken »Roten Hilfe«.

Ob Düsseldorf, Frankfurt oder Stuttgart, kaum ein OLG-Prozess im Bereich islamistischer Terrorismus, bei dem Falk nicht auftaucht. Aus dem gestutzten Physiker-Bart von früher ist ein imposanter Prophetenbart geworden. Falk trägt praktisch immer einen olivfarbenen Parka, das islamische Glaubensbekenntnis weiß auf schwarz an den Ärmeln – in der Art, wie es auch al-Qaida verwendet. Häufig macht er Fotos von sich vor den Gerichten – und postet sie im Internet. Dort rühmt er sich auch, Brüdern Anwälte vermittelt zu haben. Mutlu Günal gehört nicht mehr zu seinen Empfehlungen.

Falk rühmt sich im Internet ganz offen, Anwälte zu vermitteln. Ob er es tatsächlich tut, ist nicht zu überprüfen. So hat er nach eigener Aussage Weihnachten 2016 zwei kosovarischen Brüdern, die im Zusammenhang mit einem vermuteten Anschlagsplan auf ein Einkaufszentrum in Oberhausen festgenommen worden waren, Rechtsanwalt Sertsöz vermittelt, der »nach Essen eilte und die Angelegenheit klärte«.[304]

Seit' an Seit' mit Murat Sertsöz treten immer wieder die Rechtsanwälte Serkan Alkan, Ali Aydin und Martin Yahya Heising auf. Sertsöz, Heising und Alkan sind auch Nebenklagevertreter im NSU-Prozess und werden dort von anderen Beteiligten frotzelnd die »Mullah-Fraktion« genannt.

Der Kampf um die Mandate verläuft mitunter aggressiv. Immer wieder kommt es zu Entpflichtungsanträgen: Mandanten und Anwälte versuchen, andere Anwälte aus dem Rennen zu bekommen.

Nicht immer mit sauberen Mitteln. Im Verfahren gegen den salafistischen Prediger Sven Lau – Weggefährte von Pierre Vogel und manchen als Initiator der Wuppertaler »Scharia-Polizei« in Erinnerung – versuchten die Anwälte Heising und Alkan beigeordnet zu werden und legten eine auf März 2016 datierte und mit »Lau« unterschriebene Vollmacht vor. Doch der Vorsitzende Richter Frank Schreiber lehnte die Beiordnung ab. Weil Sven Lau die Anwälte nach eigener Erklärung nicht wolle – und weil keine ordnungsgemäße Bevollmächtigung vorliege, so sein Beschluss.[305]

Das Problem dahinter ist allerdings deutlich größer: Für die Justiz ist kein legaler Weg denkbar, auf dem Lau an dem auf der Vollmacht genannten Tag in der Haft die Formulare hätte unterschreiben können. Er unterlag der Postkontrolle und einer verschärften Überwachung. Entweder ist die Vollmacht also »unrichtig«, wie es bei Juristen heißt. Oder geschmuggelt worden.

Das wäre dann fast wie in alten Stammheimer Zeiten.

Kapitel 9

Stimmen die Strukturen?
Was müssen wir anders machen?

»Sie haben geschickterweise alle Ebenen eingeladen,
sodass man gar nicht übereinander lästern kann.«
Angela Merkel

Föderal oder zentral – die Frage, an die sich keiner traut

Der deutsche Föderalismus ist in Europa Legende. Er hat einzigartige Strukturen geschaffen, und ganze Berufszweige, von Steuerberatern über Verwaltungsrechtler bis hin zu Subventionsberatern, leben davon, Außenstehende durch das Behörden- und Zuständigkeitsgeflecht zu lotsen.

Im Sicherheitsbereich existieren, wie dargelegt, mehr als vierzig Behörden, die sich ganz oder teilweise mit der Terrorismusbekämpfung beschäftigen. Trotzdem (manche würden sagen: deswegen) ist die Bilanz der vergangenen fünfzehn Jahre eigentlich recht ordentlich, solange die Frage nicht geklärt ist, ob im Fall Anis Amri Fehler gemacht wurden – und man das NSU-Desaster erfolgreich verdrängt. Diese Bilanz ändert aber nichts daran, dass es gut wäre, die deutsche Sicherheitsarchitektur vorbehaltlos auf den Prüfstand zu stellen. Ansätze dazu hat es auf unterschiedlicher Ebene mehrfach gegeben. Herausgekommen ist – wiederum dank des Föderalismus – praktisch nichts.

So hatte sich für den Bereich der Polizei der frühere Präsident des Bundesamtes für Verfassungsschutz und Berliner Innensenator Eckart Werthebach 2010 (zunächst nur auf Bundesebene) dazu im Rahmen der »Werthebach-Kommission«[306] Gedanken gemacht und eine umfangreiche Analyse vorgelegt.[307] Für den Bereich der Justiz hatte die damalige Generalbundesanwältin Monika Harms bereits eine Konzentration (und damit eine Reduzierung) der Staatsschutzsenate an den Oberlandesgerichten auf wenige Standorte ins Spiel gebracht. Und gleich nach der Entdeckung des NSU, noch im November 2011, sprachen sich unter anderem die damalige Bundesjustizministerin Sabine Leutheusser-Schnarrenberger, aber auch der frühere BND- und Verfassungsschutzpräsident sowie Justizstaatssekretär Hansjörg Geiger für eine Zusammenlegung kleinerer Verfassungsschutzbehörden aus.[308]

Keine dieser Reformideen hatte eine nennenswerte Wirkung.

So beschäftigen sich in Deutschland weiterhin achtzehn Behörden parallel mit der Sicherheitsüberprüfung von Beamten und Angestellten, die in besonders sensiblen Bereichen und mit »Verschlusssachen« arbeiten. Für den Bund geschieht das durch das Bundesamt für Verfassungsschutz, für die Länder durch die jeweiligen Landesämter für Verfassungsschutz, für die Bundeswehr durch den MAD. Muss das so sein? Warum können kleinste Landesämter, wie in Bremen oder im Saarland, nicht Teile ihrer Arbeit größeren Landesämtern übertragen?

Warum gibt es im Bereich der Spionageabwehr oder im Wirtschaftsschutz keine regionalen Schwerpunkte – also beispielsweise eine (Landes-)Behörde, die für ganz Süddeutschland zuständig wäre? Warum verwalten auch kleinste Verfassungsschutzbehörden jeweils selbst ihre Daten, Personalunterlagen, Reiseabrechnungen etc.? Intern witzeln die Verfassungsschützer: Wie kann ein Amt mit fünfzig Mitarbeitern eigentlich noch arbeiten, wenn im Bundesland Schulferien sind?

Vernünftige Antworten darauf gibt es nicht. Gerne wird mit (föderaler) Souveränität oder Geheimhaltung argumentiert, werden regionale Besonderheiten oder vermeintlich notwendige Spezialkenntnisse angeführt. Tatsächlich ist es aber nicht plausibel, warum (beispielhaft) die Beratung von Wirtschaftsunternehmen in Schles-

wig-Holstein oder Bremen über die Gefahren der Wirtschaftsspio-
nage nicht ebenso gut für alle norddeutschen Bundesländer durch
den Verfassungsschutz in Niedersachsen oder Hamburg durchgeführt werden könnte, oder das baden-württembergische Landesamt
seine Internetaufklärung im Bereich islamistischer Terrorismus (die
als hervorragend gilt, aber parallel zum »Gemeinsamen Internetzentrum«, GIZ[309], das parallel im Bund betrieben wird) nicht wenigstens in Kooperation mit anderen Landesämtern betreibt.

Die Gründe liegen in Besitzstandsdenken und Realpolitik. Kein
Amt möchte Kompetenzen abgeben. Kein Bundesland möchte im
Ruf stehen, keinen »echten« Nachrichtendienst zu haben. Und niemand vertraut den föderalen Nachbarn ausreichend stark, um Kompetenzen zu teilen.

In der Justiz ist es etwas, aber nicht wesentlich anders. Mehrere
Bundesländer haben sich durch Staatsverträge zusammengeschlossen, um die Zahl der Staatsschutzsenate an den Oberlandesgerichten zu reduzieren. Eigentlich gilt die Regel: In jedem Bundesland
besteht ein Staatsschutzsenat an dem Oberlandesgericht, in dessen
Bezirk die Landeshauptstadt liegt.[310] Das Saarland hat sich mit
Rheinland-Pfalz geeinigt: Für beide Bundesländer ist das OLG
Koblenz zuständig. In Berlin heißt das Oberlandesgericht »Kammergericht« und ist per Staatsvertrag seit Ende 2010 auch für Brandenburg und Sachsen-Anhalt zuständig. Und das Hanseatische
Oberlandesgericht in Hamburg ist seit 2012 auch das Gericht
für Staatschutzverfahren in Schleswig-Holstein und Mecklenburg-
Vorpommern.

Ironie der Geschichte: Eigentlich waren diese Zusammenlegun-
gen dazu gedacht, der Justiz Synergien im Bereich der selten ge-
brauchten Senate zu verschaffen. In Staatsschutzverfahren sind die
Richter am Oberlandesgericht die *erste Instanz*, führen also im Gegensatz zu »normalen« OLG-Verfahren auch eine Hauptverhandlung durch mit Zeugenbefragungen und allen Bestandteilen, die
sonst den Amts- und Landgerichten obliegen. Bis vor wenigen Jahren kam das bei vielen Staatsschutzsenaten nur sehr selten vor, weil
sich die Taten kriminalgeografisch vor allem im Zuständigkeitsbe-

reich der Gerichte in Berlin, Hamburg und NRW oder in Baden-Württemberg und Bayern ereigneten. Insofern konnten die restlichen Länder ihre Staatsschutzsenate auch mit anderen Aufgaben betrauen – oder eben Staatsverträge schließen.

Doch durch den sprunghaften Anstieg zunächst von Ermittlungsverfahren und inzwischen auch von Anklagen und (teilweise sehr umfangreichen) Hauptverfahren im Zusammenhang mit islamistischen Gruppierungen und rechtem Terror müssen die Staatsschutzsenate eine Flut von Verfahren bewältigen – was in mehreren Bundesländern, wie etwa Bayern, Baden-Würrtemberg und NRW, zur Einrichtung von weiteren (Hilfs-)Staatsschutzsenaten geführt hat. Zudem kommen die Verfahren gegen »Syrien-Reisende« inzwischen aus der ganzen Bundesrepublik und betreffen auch Bundesländer wie etwa Sachsen-Anhalt, die kaum je einen Staatschutzfall zu bieten hatten. Und das OLG Koblenz war schon mehrmals bei Staatsschutzverfahren zuständig, weil der Beschuldigte über die US Air Base Ramstein nach Deutschland kam – und somit in Rheinland-Pfalz erstmals deutschen Boden betrat.

Neben Schwerpunktbildungen ist in den letzten Jahren ein zweiter Trend unübersehbar: Der Bund versucht Kompetenzen in der Terrorismusbekämpfung an sich zu ziehen. Das Bundeskriminalamt ist Stück für Stück von einer Zentralstelle zu einer echten Bundespolizei umgebaut worden und hat mit dem neuen BKA-Gesetz 2008 auch präventive Befugnisse bekommen. Wie auch das Bundesamt für Verfassungsschutz bei den Nachrichtendiensten versucht das BKA immer mehr, weg von einer Koordinierung der Landesbehörden und hin zu einer eigenen Führungsrolle zu kommen, bemerken Landespolizisten und Landesverfassungsschützer zunehmend säuerlich.

Nach dem Anschlag in Berlin im Dezember 2016 setzte Bundesinnenminister Thomas de Maizière genau dieses Thema auf die politische Agenda für den Bundestagswahlkampf 2017. In einem Gastbeitrag für die »Frankfurter Allgemeine Zeitung« schreibt er am 3. Januar 2017:

»Der Föderalismus stärkt den Staat und schafft die erforderliche Nähe für regionale Angelegenheiten. Die Sicherheit im Bund muss aber auch vom Bund zu steuern sein. Die örtliche Polizeiverantwortung kann in der Fläche sachgerecht nur bei den Ländern liegen. Aber dort, wo Bund und Länder in Angelegenheiten der Sicherheit des Bundes zusammenarbeiten, braucht der Bund eine Steuerungskompetenz über alle Sicherheitsbehörden.«[311]

Bezogen auf den Verfassungsschutz fordert der Bundesinnenminister sogar die Abschaffung der Landesbehörden:

»Beim Verfassungsschutz sollten wir diskutieren, die gesamte Aufgabe in die Bundesverwaltung zu übernehmen. Die Arbeit beim Verfassungsschutz ist letztlich allein auf gesamtstaatliche Schutzgüter bezogen. Kein Gegner unserer Verfassung strebt die Beseitigung der Verfassung in nur einem Bundesland an.«[312]

Der spontane Widerstand aus den Bundesländern ist groß und parteiübergreifend. Auch auf Bundesebene und selbst in der eigenen CDU finden sich nur wenige Befürworter. Die Vorschläge sind zu radikal und zu wenig erläutert – oder gar durchdacht.

Was soll denn mit den mehr als 3000 Landesverfassungsschützern und ihrem regionalen Know-how passieren? Sollen sie in das etwa gleich große Bundesamt für Verfassungsschutz eingegliedert werden, von dem Insider heute sagen, dass es schon aufgrund seiner schieren Größe kaum effizient zu führen ist? Es wäre eine Konversion ohne Beispiel, bei der siebzehn verschiedene Hierarchien und Führungskulturen aufeinandertreffen würden. In vielen Bereichen, die es – halbwegs vergleichbar – in allen Verfassungsschutzbehörden gibt, würden plötzlich siebzehn Führungskräfte konkurrieren. Ein praktischer und beamtenrechtlicher Albtraum.

Wenn man es praktisch durchdenkt, folgt ein Problem auf das nächste: Regionale Strukturen würde auch der All-in-one-Verfassungsschutz brauchen. Würden also alle Standorte bestehen bleiben? Oder der übliche föderale Kampf um die Besitzstandswahrung beginnen? Kaum denkbar, dass man einfach alle Landesämter in ein Bundesgewand kleidet – von den Fragen der Haushaltmittel bis hin zu Grundstücken und Gebäuden ganz abgesehen.

Einfach auflösen und neu aufbauen wird man den Landesverfassungsschutz allerdings auch nicht können. Zu viel Wissen und

Erfahrung steckt in den Landesbehörden. Ein Neuanfang birgt das Risiko, über Monate, wenn nicht Jahre hinweg den Anschluss an die radikalen Szenen zu verlieren. Unter den Verfassungsschutzbehörden dient der Fall Thüringen als mahnendes Beispiel.

Nach dem Auffliegen des NSU war der Druck auf das Thüringer Landesamt für Verfassungsschutz (TLfV) besonders groß. Vor den Augen der Behörde entstand die Terrorzelle. Der V-Mann Tino Brandt war aktiv beteiligt, pumpte Geld des Verfassungsschutzes in die Neonazi-Szene.[313] Unter dem Druck immer neuer Erkenntnisse zum NSU-Komplex wurde zunächst im Juli 2012 der Präsident der Behörde, Thomas Sippel, in den einstweiligen Ruhestand versetzt.[314] Der Posten blieb mehr als zwei Jahre vakant. Im Land brach eine heftige Debatte aus, ob man nicht gänzlich auf einen Verfassungsschutz, jedenfalls aber auf V-Leute verzichten solle.[315]

Nach dem Regierungswechsel in Thüringen 2014 von einer Großen Koalition zu »Rot-Rot-Grün« wurde der Linken-Politiker Bodo Ramelow Ministerpräsident, der früher selbst vom Verfassungsschutz beobachtet wurde und sich vor dem Bundesverfassungsgericht erfolgreich dagegen gewehrt hatte.[316] Die Diskussion um den Verzicht auf V-Leute wurde konkret, ebenso die Pläne, das alte Landesamt aufzulösen. Im Verfassungsschutzverbund brach Unruhe aus. War Thüringen überhaupt noch ein verlässlicher Partner? Musste man eine Sicherheitslücke in Gestalt eines ganzen Bundeslandes, vielleicht sogar einen »blinden Fleck« mitten in Deutschland befürchten?

Verschiedene Modelle wurden erwogen: Thüringen aus dem Verfassungsschutzverbot und dem gemeinsamen Datennetz zu werfen, um nicht zu riskieren, dass im Reformeifer des Landes auch Geheimnisse anderer Behörden offenbar werden könnten. Die Übernahme oder das Anwerben von V-Leuten durch Nachbar-Bundesländer oder den Bund wurde ebenfalls erwogen. Doch offenbar erschraken die Thüringer vor der eigenen Courage und fanden weniger radikale Lösungen – und blieben damit auch im Verfassungsschutzverbund. Mit Stephan J. Kramer fand das Land einen Amtsleiter, dem man die Aufgabe zutraute. Der studierte Sozialpädagoge war von 2004 bis 2014 Generalsekretär des Zentralrats der Juden in Deutschland.

Dass doch auch Thüringen einen Landes-Verfassungsschutz brauchen könnte, dämmerte Ende 2016 auch den schärfsten Kritikern aus der Regierungspartei der Linken: Je deutlicher rechtsextreme Äußerungen des thüringischen AfD-Politikers Björn Höcke wurden, umso lauter wurden die allgemeinen Rufe nach einer Beobachtung des Verfassungsschutzes. Das Sein bestimmt eben doch das Bewusstsein. Auch in Thüringen. Ein Verfassungsschutzamt ist jedenfalls vorhanden.

Die Diskussion um Bundes- und Landeskompetenzen kann auch umgekehrt zu skurrilen Situationen führen, wenn der Bund Dinge beschließt, die eigentlich die Länder tun sollten. So hatte Thomas de Maizière bereits im Sommer 2015 mitgeteilt, dass er bei der Bundespolizei eine neue Polizeieinheit aufstellen lasse: Als Reaktion auf die Anschläge auf die Redaktion von »Charlie Hebdo« und einen jüdischen Supermarkt in Paris wurden die »Beweissicherungs- und Festnahme-Einheiten« (BFE)[317] um eine neue, spezialisiertere Einheit »BFE+« ergänzt. Diese soll zur Verstärkung in Terrorlagen dienen und als Unterstützungseinheit für die GSG 9 der Bundespolizei bereitstehen – was ihr auch den Spitznamen »GSG 9 light« eingebracht hat.

Interessant an der Einführung der BFE+ war weniger die Tatsache ihrer Aufstellung an sich. Es war die Selbstverständlichkeit, mit der in Berlin von der Bundesregierung mitgeteilt wurde, hier sei nun eine neue Polizeieinheit für die Unterstützung im Terrorfall, ohne ein Wort darüber zu verlieren, dass selbst bei einem Anschlag in Berlin die Polizeiführung beim Land Berlin und nicht bei einer Bundesbehörde liegt. Die BFE+ kann also nur zum Einsatz kommen, wenn sie von einem Bundesland angefordert wird.

Das Trennungsgebot Polizei und Nachrichtendienste – noch zeitgemäß?

»Der Bundesregierung wird es ebenfalls gestattet, eine Stelle zur Sammlung und Verbreitung von Auskünften über umstürzlerische, gegen die Bundesregierung gerichtete Tätigkeiten einzurichten. Diese Stelle soll keine Polizeibefugnis haben.«
Alliierter *»Polizei-Brief«, April 1949*

Gerne werden in der restlichen westlichen Welt die Köpfe über die strikte Trennung deutscher Polizei- und Verfassungsschutzbehörden geschüttelt. In Deutschland haben Nachrichtendienste keine Polizeibefugnisse. Verfassungsschützer dürfen keine Wohnungen durchsuchen, niemanden zu einem Verhör vorladen, bekommen keine Haftbefehle und dürfen nichts beschlagnahmen. Allerdings stehen ihnen unter gewissen Voraussetzungen *nachrichtendienstliche Mittel* zur Verfügung, die Überwachung von Telefongesprächen und Internetverkehr gehört dazu oder die Observation von Personen.

Vielen anderen Demokratien ist diese strikte Unterscheidung fremd, darunter auch die USA, Frankreich oder das Vereinigte Königreich. Allerdings verdankt Deutschland sein exotisches Trennungsgebot just diesen drei Staaten. Die historische und rechtliche Grundlage des Trennungsgebots ist der »Polizei-Brief« der drei (westlichen) Alliierten Militärgouverneure vom 14. April 1949[318] an den Parlamentarischen Rat, der damals dabei war, das gemeinsame Grundgesetz für die drei westlichen Besatzungszonen zu entwerfen. Mit dem Polizei-Brief gaben die Alliierten den Rahmen für die neuen deutschen Sicherheitsbehörden vor.

Bezogen auf Nachrichtendienste lautet die Regelung: »Der Bundesregierung wird es ebenfalls gestattet, eine Stelle zur Sammlung und Verbreitung von Auskünften über umstürzlerische, gegen die Bundesregierung gerichtete Tätigkeiten einzurichten. *Diese Stelle soll keine Polizeibefugnis haben* [Hervorh. H. S].«

Auffällig ist zunächst das aus der Mode gekommene Wort »umstürzlerisch«. Offenkundig ging es den westlichen Besatzungsmächten bei der Regelung darum, der neu entstehenden Demokratie ein

Instrument in die Hand zu geben, um sich gegen Angriffe auf den Staat von innen und außen zu wehren. Eine Überlegung, die nicht nur vor dem Hintergrund der turbulenten Zeit in der Weimarer Republik und der daraus resultierenden Machtergreifung zu sehen ist, sondern auch eine Reaktion auf den bereits beginnenden Ost-West-Konflikt darstellten dürfte.

Doch dieses Instrument soll nicht nur keine Polizeibefugnisse haben, sondern er wird ausdrücklich auf die »Sammlung und Verbreitung von Auskünften« festgelegt. Die operative Gefahrenabwehr und die Strafverfolgung sind damit allein Sache der Polizei. Das »Frühwarnsystem der Demokratie« und die Polizei werden ausdrücklich unterschieden, das ist im Kern das Trennungsgebot.

Allerdings spricht viel dafür, dass die Alliierten das Trennungsgebot weniger aus dogmatischen als eher aus pragmatischen Gründen heraus »erfunden« haben. Der Jurist und frühere Generalbundesanwalt Kay Nehm spricht von einem »Strauß [...] aktuell pragmatischer Überlegungen« der Alliierten bei der Forderung nach einer solchen Trennung und sieht ausdrücklich keine Bestrebung der Besatzungsmächte, »das Trennungsgebot als Essenzial eines demokratischen Rechtsstaates verfassungsrechtlich verankern zu lassen«.[319] Eine Auffassung, die umstritten ist. Deshalb lohnen einige Argumente, die die Alliierten zu der Regelung in ihrem Polizei-Brief bewogen haben und die sich auch der Parlamentarische Rat für das Grundgesetz zu eigen gemacht hat, einer näheren Betrachtung.

Kay Nehm weist darauf hin, dass die Regelungen des Polizeibriefs mit der alliierten Verzichtserklärung aus Anlass des Deutschlandvertrags vom 5. Mai 1955 erloschen sind und das Trennungsgebot streng betrachtet auch keinen Verfassungsrang hat.[320] Es sei eher als eine Ausprägung des rechtsstaatlichen Übermaßverbots zu sehen. Historische Gründe und der jahrelange, parteiübergreifende Konsens, dass das Trennungsgebot besteht, sprächen ebenso dafür, an ihm »nicht zu rütteln«. Es sei aber eben auch nicht zwingend.

Nur in Fernsehkrimis ist es manchmal anders, dort werden Polizei und Verfassungsschutz munter durcheinandergebracht und wechselseitig mit den Befugnissen der jeweils anderen Behörde ausgestattet.

Das stört dann aber weder Zuschauer noch Kritiker. Allerdings manchmal die Verfassungsschützer selbst, insbesondere, wenn es sich um kleine Landesämter handelt und sie im Fernsehen sehen müssen, wie sie angeblich unbegrenzte personelle und finanzielle Ressourcen haben. Oder wenn im »Tatort« Verfassungsschutzmitarbeiter zu Morden anstiften, wie es im April 2009 in der schon erwähnten »Tatort«-Folge »Das Gespenst« des NDR zu sehen war – zweieinhalb Jahre vor dem Auffliegen der Terrorzelle NSU. Der damalige niedersächsische Verfassungsschutzchef Günter Heiß (heute Geheimdienstkoordinator im Bundeskanzleramt) schrieb daraufhin einen Brief an die Schauspielerin Maria Furtwängler (Hauptkommissarin Charlotte Lindholm), um sich zu beschweren. In der Sache war das natürlich ein sinnloses Unterfangen, sich bei der Schauspielerin über das Drehbuch zu beschweren – brachte Heiß aber eine gehörige Aufmerksamkeit.[321]

In Ruhe über das deutsche Trennungsgebot zu diskutieren, scheint jedenfalls ein lohnenswerter Ansatz. Dem Verfassungsschutz auch weiterhin »harte« Exekutivrechte wie zum Beispiel Festnahmen zu verweigern, ist systematisch nachvollziehbar. Bei der Überwachung von Gefährdern scheint die strikte Grenzziehung dagegen weniger sinnvoll. In manchen Bundesländern darf die Polizei Gefährder nicht präventiv abhören, der Verfassungsschutz dürfte es hingegen, sofern nicht die Person, sondern eine extremistische Gruppierung Ziel der Maßnahme wäre.

Zwingt man Behörden solche starren Regeln auf, die zudem Lücken haben, sind Pannen vorprogrammiert.

Der Witz von der parlamentarischen Aufsicht

»Die Bundesregierung unterliegt hinsichtlich der Tätigkeit des Bundesamtes für Verfassungsschutz, des Militärischen Abschirmdienstes und des Bundesnachrichtendienstes der Kontrolle durch das Parlamentarische Kontrollgremium.«
§ 1, Gesetz über die parlamentarische Kontrolle nachrichtendienstlicher Tätigkeit des Bundes

Alle Staatsgewalt geht vom Volk aus,[322] dazu wählen wir in Bund und Ländern die Parlamente, diese die Regierungen. Umgekehrt gilt: Alle Teile der Exekutive, die Regierung genauso wie ihre Sicherheitsbehörden, unterstehen der parlamentarischen Kontrolle. Dieses grundlegende Prinzip stößt bei den Nachrichtendiensten in Bund und Ländern auf Schwierigkeiten. Kontrolle muss und soll sein, das Geheimhaltungsbedürfnis steht dem aus Sicht der Behörden allerdings manchmal objektiv und manchmal subjektiv entgegen.

Relativ einfach kann man Beispiele konstruieren, in denen ein Nachrichtendienst, egal ob der Bundes- oder Landesverfassungsschutz im Inland oder der Bundesnachrichtendienst im Ausland, elementare Interessen an der Geheimhaltung von gewissen Teilen seiner Arbeit hat, weil ganz konkret Menschenleben in Gefahr sind. Hat der BND ein hochrangiges Mitglied eines diktatorischen Regimes als nachrichtendienstliche Quelle gewonnen, so ist diese Person in akuter Lebensgefahr, falls es bekannt wird. Hat der Verfassungsschutz Zugang zu einer terroristischen Szene bekommen, droht auch im Inland den betroffenen Personen ernste Gefahr. Die Behörden haben eine konkrete Schutzpflicht gegenüber ihren Quellen – die sie häufig zudem selbst aktiv angeworben, also zum gefährlichen Tun verleitet haben. Daneben haben sie auch ein großes Interesse, dass die meist aufwendigen Operationen nicht gefährdet und dadurch Zeit und Geld verschwendet werden.

Auf der anderen Seite sollen die Dienste auch nicht unkontrolliert sein. Diesen Zwiespalt regeln die Gesetze und Kommissionen zur parlamentarischen Kontrolle. Auf Bundes- und auf Landesebene. Und keine Seite ist damit zufrieden. Die Dienste nicht und die Abgeordneten auch nicht.

Im Bund ist es das Parlamentarische Kontrollgremium (PKGr).[323] Derzeit hat das PKGr neun Mitglieder. Sie werden von der Bundesregierung über aus deren Sicht wesentliche Vorgänge in den Nachrichtendiensten unterrichtet und haben von sich aus das Recht, Fragen an die Dienste zu stellen und Auskünfte zu verlangen. Die regelmäßigen Sitzungen finden in speziellen, abhörsicheren Sitzungsräumen im Keller des Bundestages statt – naturgemäß in geheimer Sitzung. Früher hieß das Gremium »Parlamentarische Kontroll-Kommission« (PKK). In Anbetracht der gleichnamigen kurdischen Terrororganisation kein guter Name. Nun also PKGr.

Die Abgeordneten des Gremiums dürfen fragen und wissen, aber nicht darüber sprechen, so der Gedanke hinter dieser Konstruktion. Sie sollen teilhaben, dürfen kontrollieren und andererseits sind sie die Gewähr dafür, dass die Nachrichtendienste des Bundes eben nicht unkontrolliert am Parlament vorbeiagieren.

Das System funktioniert schlecht. Die Abgeordneten beklagen eine Überforderung und die Dienste befürchten insgeheim einen Missbrauch.

Den Grünen-Politiker Hans-Christian Ströbele darf man wohl ein Urgestein der Kontrollkommission nennen. Seine Befassung mit Nachrichtendiensten hat eine lange Vorgeschichte. Als Rechtsanwalt hat er in den 1970er-Jahren RAF-Mitglieder verteidigt, darunter Andreas Baader. Sein Referendariat hatte er zuvor in der Kanzlei des RAF-Gründers und späteren Rechtsextremisten Horst Mahler in Berlin gemacht. Dem Kontrollgremium gehört er an, seit er seit 1998 Mitglied des Bundestages ist – und damit länger, als jedes andere derzeitige Mitglied.[324]

Seine Meinung über die Effizienz der Arbeit ist eindeutig: »Die Kontrolle der Dienste findet nur in der Theorie statt«, sagte Hans-Christian Ströbele im Sommer 2013 auf dem Höhepunkt der NSA-Affäre dem »Spiegel«.[325] Was Ströbele meint: Die Abgeordneten sind fast immer darauf angewiesen, dass die Dienste von sich aus sagen, was sie für relevant halten und was wichtig ist. Gezielte Fragen sind zwar möglich, doch woher sollen die Abgeordneten wissen, wonach sie fragen sollen? Deswegen lautete Ströbeles Fazit: »Die wirklich brisanten Sachen erfahren wir erst, wenn Medien sie enthüllt haben.«[326]

Aus Sicht der Dienste läuft es immer wieder genau andersherum: Das Kontrollgremium tagt, und kurz darauf kommen Inhalte der geheimen Sitzung eben doch an die Öffentlichkeit. Weil die Abgeordneten nach der Sitzung eifrig mit Journalisten plaudern, lautet eine Theorie. Weil Mitarbeiter der Dienste oder der Bundesregierung ihrerseits gerne plaudern, eine weitere. Eine dritte Theorie besagt, dass aus den Diensten vielleicht ganz bewusst Inhalte der PKGr-Sitzung *durchgestochen* werden könnten, um das Gremium zu diskreditieren.

Nichts davon ist bewiesen. Und nach dem Debakel rund um die Strafanzeige des BfV-Präsidenten Maaßen in der Sache »Netzpolitik. org« dürfte sich sobald niemand mehr an dieses Pulverfass herantrauen.

Im Ausland aber ist der Schaden gewaltig. Insbesondere die US-Regierung intervenierte in den vergangenen Jahren mehrfach auf höchster Ebene, geheime nachrichtendienstliche Informationen aus der Terrorabwehr müssten auch in Deutschland geheim bleiben, wenn man weiterhin Informationen bekommen möchte.

Es ist eine paradoxe Situation: In den USA gehen Auskunftsrechte von Journalisten gegenüber Behörden – auch Sicherheitsbehörden – häufig viel weiter als in Deutschland. Andererseits sind auf inoffiziellem Weg die Behörden in Deutschland weit durchlässiger als in den Vereinigten Staaten.

Kapitel 10

Innere Sicherheit in Zeiten internationaler Bedrohung

Gibt es eine Chance auf eine echte europäische Terrorismusbekämpfung?

Politische Rituale haben in Deutschland eine lange Tradition. So wundert es nicht, dass es auch auf dem Feld der Inneren Sicherheit politisch einstudierte Verhaltensweisen gibt, sobald Probleme mit der Terrorabwehr auftreten. Der Ruf, die europäische Terrorabwehr müsse endlich besser werden, ist dafür ein Beispiel. So sagte Bundesinnenminister Thomas de Maizière am 22. März 2016 (dem Tag der Terroranschläge auf den Brüsseler Flughafen und eine U-Bahnstation) in den ARD-Tagesthemen: »Wir sind gemeinsam bedroht, deswegen müssen wir jetzt auch gemeinsam gegen diese Gefahr ankämpfen.«[327]

Geschieht das also nicht? Oder nicht genug?

Diese Frage ist nicht pauschal zu beantworten. Denn der Ruf nach einer besseren europäischen Zusammenarbeit der Sicherheitsbehörden enthält zwischen den Zeilen immer auch die Unterstellung, wäre die Zusammenarbeit nur gut genug, wäre das ganze Problem des internationalen Terrorismus gleichsam erledigt. Eine naive Vorstellung.

Es ist im Grunde die gleiche Diskussion, die in Deutschland um das föderale Wesen der Sicherheitsbehörden geführt wird. Jeder deutsche Polizist, jeder Verfassungsschützer würde zustimmen: Selbst eine maximal gute, vertrauensvolle und vorbehaltlose Zusammenarbeit aller deutschen Behörden würde die Ermittlungsbehörde vielleicht effizienter machen, aber die Phänomene des islamistischen, linken oder rechten Terrors weder besiegen noch beseitigen. Das ist in Europa nicht anders. Nur noch viel komplexer.

Die mentale, politische und kulturelle Vielfalt in der Europäischen Union ist viel größer, der gemeinsame Nenner unter den 28 Mitgliedsstaaten viel kleiner als zwischen den 16 deutschen Bundesländern. Während sich in Deutschland der Bund und die Länder bei ihrer gemeinsamen Sicherheitsarchitektur noch auf wesentlich gleiche Maßstäbe stützen können und müssen, wie etwa eine gemeinsame Verfassung, ein für alle verbindliches Straf- und Strafprozessrecht und (jedenfalls annähernd) gleiche Regelungen für das Polizei- und Nachrichtendienstrecht in Deutschland, so sind schon diese formalen Voraussetzungen innerhalb der Europäischen Union erheblich vielfältiger. Begriffe haben unterschiedliche Bedeutungen. Gesetze erlauben oder verbieten den Behörden nicht überall das Gleiche, Justiz funktioniert unterschiedlich – und vor allem unterschiedlich schnell.

Besonders für Staaten mit ausgeprägten und weitreichenden Grundrechten für ihre Bürger allgemein oder Beschuldigte bzw. Verdächtige in Terrorismusverfahren können schon diese unterschiedlichen Regelungen an sich Probleme mit sich bringen. Was würden beispielsweise die relativ hohen Voraussetzungen, die in Deutschland für die Eröffnung eines staatsanwaltschaftlichen Ermittlungsverfahrens vorliegen müssen,[328] noch bringen, wenn die Einleitung des gleichen Verfahrens in einem anderen europäischen Staat mit weniger strengen rechtlichen Voraussetzungen die Beschuldigten auf die gleiche Stufe stellen würde?

Die Probleme unterschiedlicher rechtlicher Betrachtungen, unterschiedlich hohe Anforderungen an Datenschutz, Persönlichkeitsrechte und Kontrollmöglichkeiten der Betroffenen, aber auch die sehr unterschiedliche Arbeitsweise der europäischen Staaten bei der justiziellen Terrorismusbekämpfung insgesamt sind in der Praxis der europäischen Strafverfolgung immer wieder ein Problem – und würden gemeinsamen europäischen Strafverfolgungsbehörden aus verfassungsrechtlichen Gründen selbst dann im Weg stehen, wenn sie politisch tatsächlich ernsthaft gewünscht wären.

Man darf allerdings schon an dem gemeinsamen Willen ernstlich zweifeln. Denn im Kern würde es bei einem echten »Europa-FBI« und eine Euro-Staatsanwaltschaft um die teilweise Aufgabe von nationalen Hoheitsrechten gehen. Eine Vorstellung, die im Europa des Jahres 2017 unwahrscheinlicher denn je erscheint.

Etwas anders sieht es bei der präventiven Terrorbekämpfung aus. Besonders dann, wenn es schnell gehen muss. Es gibt Beispiele, die Hoffnung machen:

So meldete sich am 1. Februar 2016 Saleh al-Ghadban gegen 9.00 Uhr im Polizeikommissariat des 18. Arrondissements in Paris. Er sprach kein Französisch, erst ein auf der Wache hinzugezogener Dolmetscher konnte klären, was er von der Polizei wollte: vor einem Anschlagsplan warnen, den der »Islamische Staat« für Deutschland ausgeheckt habe. Es gehe um Selbstmordanschläge und Schießereien mit Sturmgewehren. Ziel sei die belebte Altstadt von Düsseldorf, rund um die bei Touristen beliebte Allee.

Man mag über die Wertigkeit von al-Ghadbans Hinweisen unterschiedlicher Ansicht sein. Ob die Ermittlungen des Generalbundesanwalts gegen ihn und drei weitere Männer je zur Eröffnung einer Hauptverhandlung führen werden, ist noch nicht absehbar. Fest steht aber: Das Bundeskriminalamt und in der Folge auch das Landeskriminalamt Nordrhein-Westfalen waren schon weniger als acht Stunden nach dem Auftauchen des Hinweisgebers in einem Pariser Polizeirevier darüber informiert, was der Hinweisgeber behauptete.

Die Bundesanwaltschaft schickte mit Marcel Croissant einen französisch sprechenden Beamten nach Paris, in Berlin übernahm eine französische Verbindungsrichterin im Bundesjustizministerium die Weiterleitung der Rechtshilfeersuchen von Frankreich an Deutschland. Die Zusammenarbeit hätte kaum besser klappen können.

Gerade auf Frankreich bezogen monieren deutsche Ermittler allerdings immer wieder eine gewisse Einseitigkeit: Wünsche werden schnell und mit freundlichem Nachdruck übermittelt. Reaktionen auf deutsche Hinweise oder Fragen können dagegen auf sich warten lassen.

Genau hier liegt aber das zentrale Problem jeder zwischenstaatlichen Zusammenarbeit. Die Staaten sind sich selbst die Nächsten, eigene Interessen bleiben stets im Blick. Ein Prinzip mit Tradition. Bei Recherchen zur zweiten Generation der RAF entdeckte der Autor im Schweizer Bundesarchiv in Bern ein Dossier mit Anfragen des BKA während der RAF-Fahndungen im Jahr 1977.[329] Es wurde deutlich: Was die Schweizer Behörden herausgefunden hatten und was sie dem BKA mitteilten, musste keinesfalls identisch sein. So kam den BKA-Ermittlern im Januar 1977 beispielsweise eine hohe telegrafische Geldüberweisung aus Nordrhein-Westfalen in die Schweiz verdächtig vor, es ging immerhin um 11 000 DM.

Die Schweizer Bundespolizei ermittelte diskret. Über eine Vertrauensperson beim Schweizerischen Bankverein ließ man die Transaktion nachverfolgen – und wurde prompt fündig. Man identifizierte einen deutschen Staatsbürger, der in der Schweiz private Aktiengeschäfte betrieb. Das Wort Steuerhinterziehung findet sich in den Vermerken nicht, wohl aber der Hinweis, dass es ganz bestimmt nicht um Terrorismus gehe und der Informant bei der Bank uneingeschränkt zuverlässig sei. Dem BKA wurde daraufhin im Auftrag des Chefs der Schweizer Bundespolizei per Fernschreiben lediglich mitgeteilt, man habe klären können, dass es keinesfalls um Terrorismus gehe.

In der aktuellen Zusammenarbeit bei der Bekämpfung des islamistischen Terrorismus werden zwar Hinweise und Warnungen weitergegeben. Aber die Herkunft der Hinweise bleibt in der Regel verborgen, was es manchmal ausgesprochen schwer macht, die Wertigkeit einzuschätzen. Das ist umso mehr ein Problem, als dass dieser Terror längst grenzüberschreitend ist.

Begünstigt Schengen Terroristen?

*»Falls Freiheit überhaupt etwas bedeutet, dann bedeutet sie
das Recht, den Leuten zu sagen, was sie nicht hören wollen.«*
George Orwell

Der Traum vom Europa ohne Grenzen dauerte ziemlich genau
zwanzig Jahre. Am 26. März 1995 wurde das Schengener Durchfüh-
rungsübereinkommen (SDÜ) nach mehr als zehn Jahren Verhandlungen in Kraft gesetzt, wonach innerhalb der Mitgliedsstaaten des
Schengen-Abkommens grundsätzlich keine Personenkontrollen an
den Grenzen mehr stattfinden sollten. Stattdessen vereinbarten die
Mitgliedsstaaten eine besondere Sicherung der Außengrenzen.

Spätestens im Sommer 2015 zeigte sich, dass der Schengen-Raum
eine Schönwetterkonstruktion war. Als binnen Wochen plötzlich
Hunderttausende Flüchtlinge vor den Toren Europas, genauer: vor
den Außengrenzen des Schengen-Raums standen, war die Lage nicht
mehr beherrschbar. Zwar führten mehrere Schengen-Staaten im
Lauf des Jahres 2015 wieder Grenzkontrollen ein, doch diese erwiesen sich teilweise als in der Praxis kaum lückenlos durchsetzbar – zudem hatten zu diesem Zeitpunkt schon mehr als eine Million Menschen unkontrolliert Kerneuropa erreicht.

Von Anfang an war die Furcht groß, dass darunter auch islamistische Terroristen sein könnten, die im Schutz des Flüchtlingstrecks
nach Europa ziehen könnten, um dort aktiv als »Hit-Teams« oder
passiv als »Schläfer« zu agieren.[330] Zunächst schien diese Furcht
nicht plausibel zu sein: Warum sollten sich Terrorgruppen wie der
»Islamische Staat« damit abmühen, ihre Kämpfer auf den langwieri-
gen und gefährlichen Weg der Flüchtlinge zu schicken? Das barg
doch die Gefahr, schon bei der waghalsigen und oft lebensgefährli-
chen Überfahrt über das Mittelmeer zu scheitern, und brachte auch
im weiteren Verlauf das Risiko der Entdeckung auf der langen und
mühsamen Route mit sich.

Vor allem, weil bekannt war, dass die Terrorgruppen auch auf
eine Vielzahl von Mitgliedern und Unterstützern zurückgreifen
konnten, die aus Schengen-Staaten stammten und entsprechende

Ausweispapiere und Ortskenntnisse besaßen, schien es vielen europäischen Sicherheitsbehörden wesentlich näherliegender, dass die Terroristen »einheimische« Europäer mit möglichen Anschlägen beauftragen würden – so wie ja auch die Mitglieder der »Sauerland-Gruppe« von ihrem Emir ausdrücklich wieder nach Deutschland zurückgeschickt wurden, um dort einen Anschlag zu begehen.

Die Ermittler haben noch gut vor Augen, was ihnen Fritz Gelowicz bei seiner Vernehmung durch das BKA über seine Zeit im Terrorcamp »Islamische Jihad Union« (IJU) in Pakistan erzählt hat: »Ein paar Tage später kam dann der ›Suleyman‹ mit dem ›Emir‹ vorbei. Es war nachts und Adem Yilmaz und ›Saladin‹ schliefen. Ich hatte zu dieser Zeit die erste Wache. Dann hatten die beiden mit mir über einen Anschlag in Deutschland bzw. Europa gesprochen. Sie fragten mich, ob ich dazu bereit wäre. Ich sagte, dass ich dazu bereit wäre. […] Es war ein relativ kurzes Gespräch. Sie sagten, dass es nicht so kompliziert sei, wie man es von Filmen her kennt. Sie sagten, wir würden später noch weiter darüber reden.«[331]

Ganz unkompliziert die Mitglieder nutzen, die aus Europa stammen, vor Ort ausgebildet wurden und wieder nach Europa zurückgekehrt sind, das schien das wahrscheinlichste, weil effektivste Szenario für islamistische Anschlagsversuche zu sein, versicherten nicht nur die deutschen Sicherheitsbehörden. Auch die Täter des Attentats auf die Redaktion von »Charlie Hebdo« am 7. Januar 2015 passten in diese Überlegungen: Die Brüder Saïd und Chérif Kouachi waren in Frankreich geborene Kinder algerischer Einwanderer. Sie hatten vor der Tat Terrorcamps besucht und waren nach Frankreich zurückgekehrt – ähnlich wie Amedy Coulibaly, der zwei Tage später in einem koscheren Supermarkt Geiseln nahm und insgesamt fünf Menschen tötete. Auch er wurde in Frankreich geboren, seine Eltern stammten aus Mali. Alle drei waren klassische *homegrown terrorists*, die in dem Land zuschlugen, in dem sie groß geworden waren.

Im September 2015, auf dem Höhepunkt des Flüchtlingsstroms, bringt der Präsident des Bundesamtes für Verfassungsschutz, Hans-Georg Maaßen, diese Überlegungen in einem Interview mit Rolf Clement im »Deutschlandradio« auf den Punkt:

»*Rolf Clement:* Wenn ich jetzt mir vorstelle, eine Organisation wie der IS schickt einen Kämpfer nach Deutschland – der IS hat so viel Geld, der muss den Kämpfer nicht über diese Flüchtlingsströme, mit all den Risiken, mit den Unbillen, mit den Schwierigkeiten, die es da gibt, schicken, der kann doch ein Flugticket buchen.

Hans-Georg Maaßen: Herr Clement, das ist natürlich ein Argument, das sehen wir auch. Wir halten es für möglich, dass es durchaus auch derartige Attentäter gibt, aber in der Tat, es sprechen genügend Gründe dagegen. Und ein weiterer Grund – muss man auch sehen –, die Anschläge, die in den vergangenen Jahren in Westeuropa durch *islamistische Terroristen* [Hervorh. H.S.] stattgefunden haben, waren Anschläge, die nicht durch sogenannte Hit-Teams, also entsandte Einzelpersonen oder Gruppen, stattgefunden haben.«[332]

Doch kaum zwei Monate später gerät diese Theorie durch die Erkenntnisse über die Anschläge in Paris am 13. November 2015 ins Wanken. Schon Stunden nach den Taten fanden die französischen Ermittler Hinweise darauf, dass zumindest einer der Attentäter am Fußballstadion Stade de France über die Flüchtlingsroute aus Syrien gekommen sein könnte.

Im Frühjahr 2016 stürzt die Theorie dann endgültig in sich zusammen, als kurz nacheinander die Attentäter bzw. die Planungen von Würzburg, Ansbach, Düsseldorf, Chemnitz und weiteren Städten bekannt werden. Offenkundig nutzen die Islamisten die Flüchtlingsroute ganz gezielt – auch weil ihnen klar zu sein scheint, dass sie, abgesehen von den eigentlichen Anschlagsplänen, durch die Angst vor dem Flüchtlingsstrom propagandistisch profitieren können.

Plötzlich rufen in ganz Europa viele wieder nach den Grenzen, deren Überwindung für fast zwei Jahrzehnte ein Segen der europäischen Einigung zu sein schien. Und plötzlich wollen Teile der Bevölkerung eine Sicherheit – und damit auch eine Überwachung –, die drei Jahrzehnte zuvor noch mit der unheilvollen Prophetie des »Orwell-Staats« beschrieben wurde.

Als das Jahr 1984 in Deutschland bevorsteht, nutzen es viele Journalisten und Intellektuelle für einen Vergleich: Wie steht es um Deutschland, wenn man die gesellschaftliche und staatliche Realität mit der Staatsutopie vergleicht, die George Orwell in seinem Roman »1984« im Jahr 1949 entworfen hat. Aus damaliger Sicht drängt sich der Vergleich auf: Orwells Romanwelt zeichnet einen totalitären Überwachungsstaat – und in Deutschland wird erbittert über die Zulässigkeit einer Volkszählung gestritten, die eigentlich im Frühjahr 1983 stattfinden sollte und die für viele Menschen klare Züge orwellscher Ideen trägt. Hinzu kommen Stichworte wie Rasterfahndung, Videoüberwachung und »Total-Kontrolle«. Erst wenige Tage vor Beginn des symbolhaften Jahres 1984, am 15. Dezember 1983, spricht das Bundesverfassungsgericht sein »Volkszählungsurteil« und schafft damit das Recht auf informationelle Selbstbestimmung.[333]

In diesem gesellschaftlichen Klima veröffentlicht »Der Spiegel« ein Buch unter dem Titel »Der Orwell-Staat 1984 – Vision und Wirklichkeit«. Darin findet sich ein Aufsatz des »Spiegel«-Journalisten Norbert F. Pötzl. Er schreibt mit Blick auf das Jahr 1984 und die neuen technischen Möglichkeiten der Polizei: »Zumindest die Grenzüberwachung kann künftig vollkommen sein. Bisher wurden nur Stichproben gemacht – jeder 25. Ausweis wurde auf ein Sichtgerät gelegt, in einem Nebenraum wurden die Daten von Hand in ein Terminal eingetippt. Demnächst kann jede EDV-Karte in ein Lesegerät gesteckt werden, das in drei Sekunden signalisiert, ob der Ausweis-Inhaber etwa zur Festnahme ausgeschrieben ist.«[334]

Aus heutiger Sicht sieht ein orwellsches Horrorszenario fraglos völlig anders aus – und weite Teile der deutschen Bevölkerung und wahrscheinlich die gesamte deutsche Politik wären froh gewesen, wenn während des Flüchtlingsstroms 2015 auch nur eine annähernde Kontrolle, geschweige denn Erfassung der Flüchtlinge möglich gewesen wäre.

1984, der Eiserne Vorhang ist noch eine feste Größe der Weltpolitik, verhandeln parallel zur bundesrepublikanischen Frage, wie nah man in Westdeutschland inzwischen dem Überwachungsstaat ist, fünf europäische Staaten ein erstes Abkommen, um perspektivisch die Binnengrenzen (und damit die Grenzkontrollen) zu lockern: Deutschland, Frankreich, Belgien, die Niederlande und Luxemburg beschließen 1985 das erste Schengen-Abkommen (Schengen I) mit dem Ziel, den Binnenmarkt zu vereinfachen. Benannt wurde es nach dem Ort in Luxemburg, an dem die Verhandlungen und auch die erste Unterzeichnung stattfand.

Bis es so weit ist, vergehen noch einmal zehn Jahre. Aber vor allem die deutsche Wiedervereinigung und das Ende des Ost-West-Konflikts geben der Schengen-Idee einen gewaltigen Schub. Bis in die 2000er-Jahre schließen sich immer mehr Staaten dem Schengen-Raum an, darunter auch Länder wie die Schweiz, die der Europäischen Union gar nicht angehören. Doch kaum jemand erkennt, wie sehr der Schengen-Gedanke eine Schönwetter-Idee ist.

Der Politikwissenschaftler Wilfried von Bredow, der lange über die historischen und politischen Dimensionen von internationalen Grenzen geforscht hat, formuliert im Jahr 2014 – noch vor dem dramatischen Ansteigen der Flüchtlingszahlen seine Skepsis. Der »Migrationsdruck« auf die Außengrenzen Europas ist der Schwachpunkt der Schengen-Idee und bringt erhebliche Probleme mit sich: »Die Offenheit der Menschen in den europäischen Ländern gegenüber Einwanderern ist unterschiedlich. Aber groß ist sie nirgends.«[335]

Kurzzeitig ändern die dramatischen Bilder von gekenterten Flüchtlingsschiffen, im Mittelmeer ertrunkenen Kindern und in einem Lastwagen erstickten Flüchtlingen die öffentliche Meinung. Die Angst vor »Überfremdung« tritt bei vielen Menschen im deutschsprachigen Raum hinter den Eindruck zurück, man könne dem nicht tatenlos zusehen. Doch mit der Angst vor dem Terror steigt der Wunsch nach Abschottung.

Einen definitiven Beweis, dass die Terrorstrategen des »Islamischen Staats« und anderer islamistischer Gruppen genau auf diesen Effekt abzielen, wenn sie Flüchtlinge als Attentäter rekrutieren, fehlt. Aber im Laufe des Jahres 2016 wird für die europäischen Ermittler deutlich, dass die Terroristen eine dritte Phase ihres Kampfes in Europa begonnen haben. Nach den Anschlagsplanungen kleiner Zellen und der Strategie der selbstradikalisierten »einsamen Wölfe« kommt aktuell das Prinzip der »geleiteten Attentäter« dazu.

Insbesondere Flüchtlinge werden über das Internet virtuell rekrutiert, bei der Anschlagsplanung angeleitet und beraten. Die Terroristen versuchen bis zur buchstäblich letzten Sekunde mit ihren menschlichen Werkzeugen in Kontakt zu bleiben und sie zum Anschlag zu leiten. So wie bei dem jungen Mann aus Würzburg, der behauptete, Riaz Khan Ahmadzai zu heißen, und der in einem angeblichen Bekennervideo des »Islamischen Staats« Muhammad Ryiad genannt wurde.

Der Schweizer Historiker Georg Kreis formulierte bereits vor dem großen Flüchtlingsstrom einen Gedanken, der heute die Situation in Europa konzis charakterisiert: »Europa definiert sich weniger durch die Geschichte als durch die Gegenwart. Europas Grenzen liegen dort, wo die verbindliche Präsenz Europas endet.«[336]

Kapitel 11

Was bei der Terrorismusbekämpfung nottut – Fünf Thesen für die Zukunft

1. Die tatsächliche Gefahr des Terrors

Die islamistische Terrorgefahr wird in Deutschland von der Bevölkerung sehr emotional gesehen. Die »German Angst« hatte den Terror schon vor dem tatsächlichen Anschlag vorweggenommen. Dabei ist die Gefahr zwar real vorhanden, liegt aber vor allem in der Frage, wie Staat und Gesellschaft auf die Terroristen reagieren.

Die Statistik spricht eine deutliche Sprache: Ein tödlicher Autounfall, ja selbst ein Hauptgewinn im Samstagslotto war auch 2016 – wie in bislang jedem Jahr der Geschichte der Bundesrepublik – deutlich wahrscheinlicher, als Opfer eines Terroranschlags in Deutschland zu werden. Doch Terrorismus funktioniert so wenig rational wie das Lottospielen. Wer das versteht, hat schon den ersten Schritt seiner persönlichen Anti-Terror-Strategie geschafft.

Terroristen wollen einen Staat, eine Gesellschaft verändern. Und wissen genau, dass sie es aus eigener Kraft nicht schaffen. Sie können aber darauf hoffen, dass sich Staat und Gesellschaft durch grausame und medienwirksame Taten so sehr provozieren lassen, dass sie die Veränderungen an sich selbst vornehmen.

Das gilt für jede Form des Terrorismus, ob religiös, politisch links oder rechts.

Deswegen ist es Aufgabe, ja Pflicht der Gesellschaft, sich die Reaktionen auf die Terroranschläge gut zu überlegen: Wollen wir

wirklich bis ins kleinste Dorf unsere Weihnachtsmärkte mit Beton-
klötzen sichern? Lassen wir uns tatsächlich zu einem Hochrüsten
zwingen, das die Sicherheit nie garantieren kann, weil den Terroristen so lange eine neue Form des Anschlags einfallen wird, bis sich
unsere Gesellschaft von selbst ihre Freiheit genommen hat?

Angst und Rachegefühle sind verständlich. Lösen aber das Problem nicht.

Gelassenheit und Augenmaß in der Reaktion sind die besten
Mittel gegen die terroristische Bedrohung. Jeder, der sich das klar-
macht, ist selbst aktiv dabei, die Wirkung des Terrors zu bekämpfen.

Auch eine gute Präventionsarbeit, die es derzeit noch nicht gibt,
könnte die Ursachen bekämpfen und jungen, zornigen Menschen
eine Alternative zum Kampf des »Islamischen Staats« bieten. Aber
schnelle Erfolge sind nicht zu erwarten.

2. Die deutsche »Sicherheitsarchitektur« muss reformiert werden

**Das Konvolut aus mehr als vierzig deutschen Sicherheitsbehör-
den birgt das Risiko des Scheiterns in sich selbst. Radikale Veränderungen sind überfällig, aber der lange Schatten der Gestapo
und vor allem der föderale Partikularismus verhindern sie noch
immer erfolgreich.**

Wir brauchen eine ehrliche Debatte über unsere Sicherheitsbehörden. In vielen Bereichen agieren sie auf höchstem internationalen
Niveau. Aber eine komplizierte föderale Struktur, das Beharren auf
Pfründen in den Ländern und die weiterhin vorhandene Angst vor
den Gespenstern der Sicherheitsbehörden im Dritten Reich verstel-
len den Blick für effektive Reformen.

Wer kann heute noch ernsthaft daran zweifeln, dass auch große
Sicherheitsbehörden des Bundes in unserer Demokratie fest veran-
kert sind? Warum ist es – besonders für kleine Bundesländer – so
schwer vorstellbar, eigene Kompetenzen abzugeben, beziehungsweise mit Nachbarn zu bündeln?

Diese Schritte sind unbedingt notwendig, um Ressourcen für wichtigere Aufgaben freizubekommen. Zudem müssen Befugnisse vereinheitlicht werden. Warum darf man einen Gefährder in Rheinland-Pfalz anders überwachen als in Nordrhein-Westfalen? Das ist nicht nur nicht sinnvoll, sondern gefährlich. Zudem müssen bundesweite Sachverhalte eindeutig in einer Hand liegen. Egal, ob beim Bund oder in einem Land.

Auch der nächste Schritt ist überfällig: Wir brauchen in Europa eine bessere Zusammenarbeit auf europäischer Ebene.

Mammutbehörden sind dabei keine Lösung. In der föderalen Struktur Deutschlands liegt auch eine Stärke: Vor Ort werden Einschätzungen oft besser getroffen als von einer fernen Zentralbehörde. Es kommt aber darauf an, aus beiden Modellen das Beste zu machen, statt auf Partikularismus zu beharren oder einen schwerfälligen Riesenapparat zu schaffen.

Vor allem aber verdienen deutsche Sicherheitsbehörden mehr Vertrauen ihrer Bevölkerung – und müssen sich gleichwohl berechtigter Kritik stellen.

3. Der Verfassungsschutz muss die Verfassung schützen – und nicht sich selbst

Der deutsche Verfassungsschutz hat nach dem NSU-Debakel seine Chance einer echten Reform vertan. Doch dafür trägt er nicht allein die Schuld. Politik und Gesellschaft haben diffuse Erwartungen, denen die Verfassungsschutzbehörden niemals zur Zufriedenheit der Mehrheit entsprechen können. Dabei ist Verfassungsschutz an sich unverzichtbar.

Sechzehn Landesämter und ein Bundesamt, fast 6000 Mitarbeiterinnen und Mitarbeiter schützen in Deutschland die Verfassung, verstehen sich als ein »Frühwarnsystem der Demokratie«. Aber sie haben es bis heute nicht geschafft, der Öffentlichkeit zu erklären, warum der Verfassungsschutz in Deutschland neben der Polizei gebraucht wird.

Die rechtsterroristische Mordserie des NSU haben die Verfassungsschützer übersehen, beziehungsweise nicht als solche erkannt. Bei der Aufklärung haben sie bestenfalls schlecht geholfen, in Einzelfällen sogar gegen den Rechtsstaat gearbeitet.

Fachleute für Spionage wollen sie sein, haben aber die Spionage im eigenen Land durch die »Freunde« von der NSA übersehen. Mit einer Strafanzeige gegen Blogger der Politikseite »Netzpolitik.org« haben sie eine kleine Staatskrise ausgelöst und sie haben einen mutmaßlichen Islamisten in ihre Observationsgruppe aufgenommen: Im April 2016 hatte sich ein Mann Anfang fünfzig beim Bundesamt für Verfassungsschutz für die Mitarbeit in der besonders geheimen Observationsgruppe beworben – und wurde nach der obligatorischen Sicherheitsüberprüfung auch eingestellt und ausgebildet. Allerdings hatten die Verfassungsschützer mehrere außergewöhnliche Neigungen des Mannes übersehen. Nicht nur seine Vergangenheit als Pornofilmdarsteller, auch eine anscheinend islamistische Einstellung blieb zunächst verborgen. Erst als dem Verfassungsschutz durch Internetüberwachung ein Tatplan bekannt wurde, wonach der Verfassungsschutz angegriffen werden sollte, stellte man als mutmaßlichen Urheber den eignen Mitarbeiter fest.[337]

Über mangelnde Aufmerksamkeit kann sich der Verfassungsschutz in Deutschland jedenfalls nicht beklagen.

Allerdings ist seine Arbeit zu wichtig, als dass man es bei der Häme über die Dienste belassen könnte. Und ihre Erfolge sind gleichwohl vorzeigbar: Unter anderem haben sie 2016 Dschaber al-Bakr gefunden, bevor er mit seinem Sprengstoff losziehen konnte. 2014 die rechtsterroristische »Oldschool Society« entdeckt, 2016 jene mutmaßliche, aus drei Männern bestehende Terrorzelle in Schleswig-Holstein hinter den Kulissen geschickt so in verschiedene Flüchtlingsunterkünfte einquartiert, dass man sie bis zur Festnahme gut im Blick behalten konnte.

Es ist nicht alles schlecht beim Verfassungsschutz – und auch die Meinung der Öffentlichkeit dürfte wohlwollender sein. Aber es gehören auch im Verhältnis zwischen Bürger und Behörde immer zwei dazu. Und der Verfassungsschutz macht es seinen Geldgebern, den Steuerzahlern, nicht immer leicht. Das muss sich ändern.

4. Mehr Polizei für unsere Sicherheit – aber nicht nur wegen des Terrors

Die deutsche Polizei ist kaputtgespart worden, strukturell zu schwach und zu sehr am »Sankt-Florians-Prinzip« orientiert. Die Politik spart und Beamte werden ausgebrannt. Das ist eine Gefahr, die über Terrorismus hinausgeht.

Es ist nicht allein die Zahl der Polizistinnen und Polizisten, auf die es bei der Bewertung der Inneren Sicherheit ankommt. Es ist auch die Frage, welche Aufgaben die Polizei übertragen bekommt – und wie sie im Gegenzug entlastet wird.

Seit Jahren sammeln sich in den Polizeien der Länder und beim Bund gigantische Überstundenberge an: Sie entstehen durch Sonder- und Großeinsätze, durch internationale Großveranstaltungen wie den G8-Gipfel auf Schloss Elmau 2014 oder den G20-Gipfel in Hamburg im Sommer 2017. Dazu kommen Sonderstreifen wegen der Terrorismusgefahr, regelmäßige Demonstrationsbegleitungen der Pegida-Bewegung (und deren Gegendemonstranten), Risikospiele[338] in der Bundesliga. Man könnte die Liste fortsetzen.

Die entstehenden Überstunden strapazieren nicht nur die Polizistinnen und Polizisten und deren Familien. Sie schaffen auch immer größere personelle und finanzielle Probleme. Schon heute ist es alltägliche Realität, dass Einsatzhundertschaften der Bereitschaftspolizei nicht nur in benachbarte Bundesländer »ausgeliehen»« werden, sondern quer durch das Bundesgebiet zum Einsatz kommen.

Die Frage der Prioritäten wird dabei ausgeklammert. Muss Polizei eigentlich all diese Aufgaben erfüllen – und vor allem ohne Kostenerstattung? Diese Frage ist unpopulär, stellt sich aber nicht nur in der Fußball-Bundesliga, sondern auch bei anderen kommerziellen Großveranstaltungen.

Denn klar ist: Fehlt die Polizei im Alltag auf der Straße, hat das unmittelbare Auswirkungen auf die allgemeine Kriminalität, wie etwa Einbruchs- oder Taschendiebstahl. Diesen Taten wird in der Bevölkerung anscheinend weniger Bedeutung zugemessen als der Terorismusbekämpfung. Für das persönliche Sicherheitsgefühl und auch mit Blick auf die Fallzahlen sind die Taten aber mindestens ebenso wichtig.

Politik reagiert auf spektakuläre Kriminalfälle und Anschläge oft mit der Ankündigung, es werde nun mehr Polizeistellen geben. Rund drei Jahre dauert es aber, bis die neuen Beamten tatsächlich vollständig ausgebildet zur Verfügung stehen.

5. Die Justiz und der gesamte Rechtsstaat sind Garanten unserer Werte, sie müssen handlungsfähig bleiben!

Nicht nur die Sicherheitsbehörden, Polizei und Verfassungsschutz, auch die Justiz muss handlungsfähig und wehrhaft bleiben. Das kostet Geld und verlangt Stellen. Hier zu sparen, gefährdet unseren Rechtsstaat. Und auch die Verteidigung der Terroristen muss gesichert sein. Am fairen Umgang mit den Gegnern beweisen sich letztlich der Rechtsstaat und die Demokratie insgesamt.

Justiz ist nicht sexy. Justiz ist selten spektakulär. Und sie steht meist nur dann im Blickpunkt des öffentlichen Interesses, wenn Dinge schiefgehen oder herausragende Ermittlungen und Prozesse beginnen oder enden. Aber sie ist das Rückgrat des Rechtsstaats. Und sie hat derzeit viel zu tragen, aber wenige Unterstützer.

Dass nach einem Anschlag neue Polizisten gebraucht, jedenfalls aber gefordert werden, ist (neben der objektiven Notwendigkeit) eine politische Selbstverständlichkeit. Sicherheitsbehörden insgesamt tun sich vergleichsweise leicht damit, mehr Mittel, mehr Personal und größere Befugnisse zu fordern – und auf diese Weise in der Öffentlichkeit Gehör zu bekommen, wenn auch manchmal durch die kontroverse Diskussion der Vorschläge.

Richter und Staatsanwälte tun sich mit der Klage über die eigenen Zustände dagegen schwer. Und haben selbst im Staatsschutzbereich – der ja nur ein vergleichsweise kleiner Ausschnitt aus den täglichen Anforderungen an die Justiz ist – keine ausgeprägte Lobby. Dabei muss man nicht sonderlich tief forschen, um die Notwendigkeiten zu entdecken: Die Zahl der Ermittlungsverfahren und Anklagen ist in den vergangenen Jahren kontinuierlich gestiegen. Viele Staatsschutzverfahren sind gleichzeitig aber so umfangreich, dass sie sich über lange Zeiträume hinziehen und in Extremfällen (NSU, »Bonner Taschenbombe«, OSS) Senate über Monate und Jahre hinweg beschäftigen.

Mehr Richter und Staatsanwälte und eine bessere logistische Ausstattung der Justiz sind ein Teil der Lösung. Wer manchenorts Polizeireviere oder Staatsanwaltschaften sieht, glaubt sich in die 1980er-Jahre zurückversetzt. Papier und Bleistift sind noch reale Arbeitswerkzeuge, die EDV hat Schrottwert.

Aber auch die Strafverteidiger gehören zum Rechtsstaat, so scheußlich die Pläne oder Taten ihrer Mandanten sein mögen. Auch hier liegt viel im Argen: Das Bezahlungsmodell wirft Fragen auf, die Qualität der Arbeit ist teilweise bedenklich schlecht. Und der Rechtsstaat muss sich auch für die größten Schurken eine faire Verteidigung wünschen, sonst verspielt er seine Ideale.

Reformideen – wie zum Beispiel die Anforderung eines Fachanwaltstitels oder die Residenzpflicht im Bezirk des Oberlandesgerichts als Voraussetzung für die Beiordnung als Pflichtverteidiger – berühren aber existentielle Rechtsstaatsprinzipien.

Ebenso heikel sind Änderungen im Verfahrensrecht. Aber Konfliktverteidigung, Kettenablehnungen und andere prozessuale Tricks verzögern die Verfahren. Andererseits bergen gerade die öffentlichkeitswirksamen Staatsschutzverfahren immer die Gefahr der Vorverurteilung. Deshalb ist Augenmaß bei den Änderungen gefordert, die andererseits dringend notwendig sind.

6. Nur die Katastrophe schafft Veränderungen – aber bitte die richtigen!

Die Geschichte zeigt: Tatsächliche Veränderungen in den deutschen Sicherheitsbehörden wird es nur nach Katastrophen geben, das zeigen die Lehren aus den NSU-Morden und 9/11. Ohne Druck und Scherbenhaufen wird nicht gelernt. Was aber sind die richtigen Konsequenzen aus dem Anschlag am Berliner Breitscheidplatz? Vor allem: Augenmaß!

Terroristen können aus eigener Kraft die Staaten und Gesellschaften, die sie bekämpfen, nicht besiegen. Aber sie sind in der Lage, Systeme zu Reaktionen zu provozieren, die zur Selbstaufgabe führen können. Dieser Mechansimus muss den Handelnden umso deutlicher vor Augen stehen, je größer der Angriff und das Entsetzen darüber ist. Furcht, Wut, Zorn und Trauer sind denkbar schlechte Ratgeber.

Andererseits: Ohne Druck, ohne offenkundiges Scheitern ändern sich Zustände in der Demokratie häufig nur sehr langsam. »Es muss erst was passieren«, ist längst zu einer Regel des politischen Alltags geworden. Wie also einen vernünftigen Ausgleich zwischen den Interessen finden? Wie Handlungsbedarf und Aktionismus voneinander unterscheiden?

Einfache Grundregeln helfen: Werden Änderungen (also meist staatliche Kompetenzerweiterungen und individuelle Freiheitseinschränkungen) beschlossen, ist es unbedingt notwendig, Befristungen, Begrenzungen und Überprüfungen einzubauen. Mit festen Fristen und Pflichten. Damit der Gesetzgeber, also das Parlament, gezwungen ist, die Entscheidungen zu überprüfen, in Frage zu stellen und gegebenenfalls wieder zurückzunehmen. Oder aktiv zu verlängern.

Wundermittel gibt es nicht. Schnellschüsse sind gefährlich. Von Terroristen ebenso wie vom Gesetzgeber. Bundestagspräsident Norbert Lammert hat das am 19. Januar 2017 im Deutschen Bundestag auf den Punkt gebracht: »Freiheit braucht Sicherheit, wenn sie verlässlich sein soll. Und Sicherheit braucht Freiheit, wenn sie nicht zur

Repression verkommen soll. Deshalb sollten wir den Staat mit unseren Ansprüchen auch nicht überfordern – und schon gar nicht dürfen wir vortäuschen, einem unkalkulierbaren Gegner mit scheinbar einfachen Mitteln begegnen zu können.«[339]

Anmerkungen

1   Pressemitteilung Nr. 77/2016 des Generalbundesanwalts vom 29.12.2016.

2   Mayr, Stefan: Sicherheits-Assistent mit Schwachstellen – Viel spricht dafür, dass der Lkw, den Anis Amri in die Menschenmenge lenkte, per Notbremsung gestoppt wurde. In: Süddeutsche Zeitung vom 30.12.2016.

3   Zwölf Tote nach möglichem Lkw-Anschlag auf Weihnachtsmarkt. rbb24-Meldung vom 20.12.2016, http://www.rbb-online.de/panorama/beitrag/2016/12/lastwagen-tote-verletzte-weihnachtsmarkt-breitscheidplatz.html [abgerufen am 13.1.2017].

4   In der Identifizierungskommission des BKA bemühen sich BKA-Mitarbeiter zusammen mit externen Spezialisten, vor allem Medizinern, um die Identifizierung von Opfern großer Katastrophen. Die Einsätze können weltweit erfolgen. Siehe auch https://www.bka.de/DE/UnsereAufgaben/BesondereFunktionen/Identifizierungskommission/identifizierungskommission_node.html [abgerufen am 13.1.2017].

5   Bei dem Schusswechsel wird auch der Polizist Cristian Movio an der Schulter verletzt und kommt kurze Zeit später ins Krankenhaus. Der italienische Innenminister bezeichnet ihn und seinen Kollegen als »Helden«.

6   Die Abkürzung »BAO« bedeutet bei der Polizei »Besondere Aufbauorganisation« und beschreibt eine in den polizeilichen Dienstvorschriften geregelte, besondere Organisationsform für große und komplexe Einsatzlagen. Eine BAO ist in der Realität das, was im Krimi häufig »Soko« genannt wird – wenn aufgrund einer plötzlichen Lage viele Polizeibeamte zusammengezogen werden, um gemeinsam zu ermitteln.

7   Das Bundeskriminalamt, die Bundespolizei, das Bundesamt für Verfassungsschutz und der Bundesnachrichtendienst.

8   Pressemitteilungen des Generalbundesanwalts vom 15.4. und 29.8.2016.

9   Weiermann, Sebastian: Der Anschlag, der keinen interessierte. In: taz vom 22.4.2016.

10 http://www.lemonde.fr/police-justice/article/2016/07/14/a-nice-un-camion-fonce-dans-la-foule-reunie-pour-les-festivites-du-14-juillet_4969589_1653578.html [abgerufen am 18.1.2017].

11 Ramelsberger, Annette: David? Ali David? Wie lautet der Name des Amokläufers von München? In: Süddeutsche Zeitung vom 29.7.2016.

12 Twitter-Nachricht von @PolizeiSachsen, 8.10.2016, 12:56 Uhr.

13 Schmidt, Holger: Doppelfehler: Terrorverdächtiger spaziert in Chemnitz am SEK vorbei. SWR-Blog »Terrorismus in Deutschland«, 10.10.2016, http://www.swr.de/

blog/terrorismus/2016/10/10/doppelfehler-terrorverdaechtiger-spaziert-in-chemnitz-am-sek-vorbei/ [abgerufen am 18.1.2017].

14 Meldung der DPA vom 21.10.2016.

15 Am 13.11.2014 wurden der 33-jährige Marokkaner Abdeladim El-Kebir, der 34-jährige Deutsch-Marokkaner Jamil Seddiki sowie der 23-jährige Deutsch-Iraner Amid Chaabi wegen der Mitgliedschaft bei al-Qaida zu Freiheitsstrafen von 9 Jahren, 7 Jahren und 5 Jahren und 6 Monaten verurteilt. Sie hatten nach Überzeugung des Gerichts den Auftrag der al-Qaida-Führung, in Deutschland Terroranschläge zu verüben, und bereits mit den Vorbereitungen dazu begonnen. OLG Stuttgart III, Urteil vom 13.11.2014 – 6 StS 1/12.

16 Das Landgericht Frankfurt sah die Hinweise auf eine Anschlagsplanung als nicht ausreichend an, verurteilte ihn jedoch unter anderem wegen einer gefundenen Rohrbombe zu einer Haftstrafe.

17 Hintergrundgespräche sind Termine, bei denen Politiker oder Beamte aus Behörden gegenüber einzelnen Journalisten oder kleinen Gruppen ihre Arbeit erläutern und Einschätzungen geben, dabei aber mit den Journalisten vereinbaren, dass diese Informationen nur »für den Hintergrund« gedacht sind und nicht wörtlich oder mit Bezug auf den Gesprächspartner zitiert werden dürfen. Diese Konstruktion ermöglicht es einerseits, offener zu sprechen, als es in einem Interview möglich wäre, birgt aber auch die Gefahr, dass die Gesprächspartner den Hintergrund zum »Agenda Setting« nutzen.

18 Bode, Sabine: Kriegsspuren. Die deutsche Krankheit German Angst. Stuttgart 2016, S. 34.

19 Ebd., S. 35.

20 Zit. nach Bode: Kriegsspuren, S. 166.

21 »Die Deutschen neigen zur Angst«, Interview mit Helmut Schmidt. In: Focus vom 4.4.2011.

22 Czycholl, Harald: Die German Angst steckt in unseren Genen. In: Die Welt vom 30.9.2014.

23 Tagesschau vom 16.12.2016, http://www.tagesschau.de/inland/facebook-fakenews-103.html [abgerufen am 13.1.2017].

24 An Bord waren insgesamt 86 Passagiere (darunter die beiden Männer und Frauen, die die Maschine entführten), Pilot und Copilot sowie drei Stewardessen. Der Pilot Jürgen Schumann wurde von den Entführern ermordet, drei der vier Entführer starben bei der Befreiung durch die GSG 9.

25 In seinem Dokumentarfilm »Die Spur der Bombe« (ARD/SWR 2014) zeigt der Journalist Egmont R. Koch, wie präzise und gleichzeitig technisch komplex der Sprengsatz der RAF war – und legt nahe, dass er mit der Hilfe palästinensischer Terroristen gebaut wurde, die wenige Tage vor dem Mord an Alfred Herrhausen 1989 im Libanon den Staatspräsidenten René Moawad mit einem ähnlichen Sprengsatz töteten.

26 Dschaber al-Bakr erhängte sich in seiner Zelle in der JVA Leipzig. Mohammad Daleel starb durch seinen eigenen Sprengsatz in Ansbach und Riaz Khan Ahmadzai wurde bei Würzburg zwar durch die Polizei getötet, aufgrund des Ablaufs ist allerdings ein *suicide by cop* naheliegend, also ein Verhalten des Täters, der eine Tötung durch die Polizei provozieren will.

27 Ermordet wurden Siegfried Buback, Wolfgang Göbel und Georg Wurster in Karlsruhe. Jürgen Ponto in Oberursel. Reinhold Brändle, Roland Pieler, Helmut Ulmer
und Heinz Marcicz als Begleiter von Hanns Martin Schleyer in Köln. Pilot Jürgen
Schumann an Bord der »Landshut« in Aden. Hanns Martin Schleyer an einem unbekannten Ort. Der niederländische Polizist Arie Kranenburg wurde am 22. September 1977 von Knut Folkerts bei einer gescheiterten Festnahme erschossen.

28 Bei der Befreiung der »Landshut« starben drei der vier Entführer beim Schusswechsel mit der GSG 9. Am nächsten Tag töten sich Andreas Baader, Gudrun Ensslin und
Jan-Carl Raspe in ihre Zellen in der Justizvollzugsanstalt Stuttgart-Stammheim. Ingrid Schubert erhängte sich im November 1977 in der JVA München-Stadelheim.

29 Dietze, Carola: Die Erfindung des Terrorismus in Europa, Russland und den USA
1858–1866. Hamburg 2016, S. 11 f.

30 Am 26. Februar 1993 explodierte in der Tiefgarage B2 des World Trade Centers ein
Lieferwagen, in dem eine Bombe aus 700 Kilogramm Sprengstoff (Selbstlaborat)
und mehrere Gasflaschen gezündet worden waren. Sechs Menschen wurden getötet,
mehr als tausend verletzt, das Gebäude stark beschädigt (The 9/11 Commission Report, S. 71).

31 Die »Meliani-Gruppe« war eine Zelle algerischer Islamisten, die al-Qaida nahestan-
den, ohne sich direkt Osama Bin Laden zugehörig zu fühlen, und deshalb damals als
non-aligned Mujahedin bezeichnet wurden. Ihr Anführer war der Algerier Mohamed
Bensakhria, der unter dem Aliasnamen Mansuri Meliani operierte.

32 Steinberg, Guido: Der nahe und der ferne Feind. Die Netzwerke des islamischen
Terrorismus. München 2005, S. 70 ff.

33 Enver Şimşek wurde am 9.9.2000 und Abdurrahim Özüdoğru am 13.6.2001 in
Nürnberg ermordet. Süleyman Taşköprü starb am 27.6.2001 in Hamburg und Habil
Kılıç am 29.8.2001 in München (Anklage des Generalbundesanwalts).

34 Hoffmann, Martin (Bearb.): Die Rote Armee Fraktion. Texte und Materialien zur
Geschichte der RAF. Berlin 1997.

35 Erklärung der RAF zum Bombenanschlag im Hamburger Hauptbahnhof, Stammheim, 23. September 1975. Zit. nach: Hoffmann: Die Rote Armee Fraktion, S. 196.

36 Erklärung der RAF »Über den bewaffneten Kampf in Westeuropa«, zit. nach: Hoffmann: Die Rote Armee Fraktion, S. 68.

37 Michael »Bommi« Baumann (1947–2016) war ein Linksterrorist, Aktivist und Autor, der zu den Mitbegründern der Terrororganisationen »Bewegung 2. Juni«, »Zen-
tralrat der umherschweifenden Hasch-Rebellen« und »Tupamaros West-Berlin« gehörte und freundschaftliche Beziehungen zu Mitgliedern der ersten RAF-Generation
pflegte. Seinen Spitznamen »Bommi« verdankte er (nach eigener Aussage) seiner
Vorliebe für den Kümmelschnaps Bommerlunder.

38 Im Interview 2008 mit Tobias Hufnagl und dem Autor für das Radiofeature »Verschlusssache Buback« (SWR 2008).

39 Die im Zusammenhang mit der Auswahl der RAF-Opfer gelegentlich benutzte Formulierung einer »klammheimlichen Freude« stammt aus einem »Nachruf« auf Siegfried Buback, der Ende April 1977 in einer Göttinger Studentenzeitung veröffentlicht
wurde. Unter dem Pseudonym »Göttinger Mescalero« schrieb der Germanistikstu-
dent Klaus Hülbrock: »Ich konnte und wollte (und will) eine klammheimliche Freude

nicht verhehlen. Ich habe diesen Typ oft hetzen hören. Ich weiß, daß er bei der Verfolgung, Kriminalisierung, Folterung von Linken eine herausragende Rolle spielte.« Der Text sorgte 1977 für große Empörung – Hülbrock bekannte erst im Mai 1999 gegenüber Michael Buback, der Autor des Textes zu sein. Der vollständige Text ist abgedruckt in Kraushaar, Wolfgang: Die RAF und der linke Terrorismus. Bd. 2. Hamburg 2006, S. 1257–1259.

40 Der Brief und Reaktionen darauf sind hier zit. nach: Becker, Thomas (Bearb.): »Ihr habt unseren Bruder ermordet«. Die Antwort der Brüder des Gerold von Braunmühl an die RAF. Eine Dokumentation. Reinbek bei Hamburg 1987.

41 Ebd., S. 20.

42 Ebd., S. 33.

43 Ebd., S. 89, FAZ vom 19.5.1987.

44 So zum Beispiel das Oktoberfestattentat 1980 oder der schwedische »Laser Man« John Ausonius, der 1991 und 1992 mindestens elf Menschen aus rassistischen Motiven tötete.

45 Die Parole »Taten statt Worte« taucht im Zusammenhang mit dem NSU mehrfach auf. Am deutlichsten in einem Bekennervideo auf der Basis der Zeichentrickserie »Der rosarote Panther«, die die Gruppe mit eigenen Tatortfotos und fremdem Filmmaterial zu einem eigenen Manifest verändert haben. Das Video wurde nach dem Auffliegen der Gruppe am 4.11.2011 wohl von Beate Zschäpe per DVD an unterschiedliche Empfänger verschickt.

46 Jahresbericht 1985 des Landesamtes für Verfassungsschutz Hessen, S. 39.

47 Jahresbericht 1985 des Landesamtes für Verfassungsschutz Bayern, S. 145.

48 Gerd Rosenkranz: Konfrontation statt Entspannung. In: taz vom 14./15.4.1995, zit. nach: Braunmühl, Carlchristian u. a. (Beitr.): Versuche, die Geschichte der RAF zu verstehen. Das Beispiel Birgit Hogefeld. 2. Aufl. Gießen 1997, S. 13.

49 Zur Aktion gegen die Rhein-Main Air Base und die Erschießung von Edward Pimental. Erklärung vom 25. August 1985. Zit. nach: Hoffmann: Die Rote Armee Fraktion, S. 344 f.

50 Interview mit der RAF. Aus der Flugschrift »zusammen kämpfen«, September 1985, ebd., S. 347.

51 Erklärung vom 25.8.1985, ebd., S. 344.

52 Anschlag auf die Rhein-Main Air Base. Erklärung vom 8.8.1985, ebd., S. 343.

53 Siehe. Anm. 39.

54 Kathleen Pequeño, November 30. Peace, Social Justice and Other Things I Like (Blog), https://nov30.org/2015/11/28/rejecting-us-versus-them-in-the-aftermath-of-paris/ [abgerufen am 13.1.2017].

55 https://www.verfassungsschutz.de/de/arbeitsfelder/af-islamismus-und-islamistischer-terrorismus/zahlen-und-fakten-islamismus/zuf-is-reisebewegungen-in-richtung-syrien-irak [abgerufen am 13.1.2017].

56 Solche »Gefährder« gibt es auch in den Bereichen Rechts- und Linksextremismus, wenn auch im niedrigen zweistelligen Bereich.

57 Meldung der Deutschen Presseagentur vom 10.9.2016.

58 Behördenhandeln um die Person des Attentäters vom Breitscheidplatz Anis Amri, http://www.bmjv.de/SharedDocs/Artikel/DE/2017/01162017_Chronologie.html [abgerufen am 22.1.2017].

59 SWR-Interview am 16.1.2017.

60 Pressemitteilung Nr. 55/2016 des Generalbundesanwalts vom 8.11.2016.

61 Pressemitteilung der Generalstaatsanwaltschaft Berlin vom 23.12.2016.

62 Zit. nach Bundestagsdrucksache 16/3570, S. 6.

63 § 152 Abs. 2 StPO: Die Staatsanwaltschaft »ist, soweit nicht gesetzlich ein anderes bestimmt ist, verpflichtet, wegen aller verfolgbaren Straftaten einzuschreiten, sofern zureichende tatsächliche Anhaltspunkte vorliegen«.

64 Als »Großer Lauschangriff« wird das Abhören von Wohn- oder Geschäftsräumen mittels versteckter Mikrofone (»Wanzen«) bezeichnet. Diese akustische Wohnraumüberwachung ist in § 100c StPO geregelt. Sie ist nur bei dem Verdacht auf ausdrücklich benannte Straftaten zulässig, die im Abs. 2 der Vorschrift aufgezählt sind. Ein Gericht muss das Abhören genehmigen, das Verfahren dazu bestimmt § 100d StPO.

65 BKA-Vermerk vom 31.5.2012, Az. ST14 140006/11, zu den Ermittlungen der Staatsanwaltschaft Gera 1998.

66 Dahl, Roald: Genesis und Katastrophe, In: Ders. Küsschen, Küsschen. Reinbek bei Hamburg 2008, S. 202–211.

67 Anklage des Generalbundesanwalts, 2 BJs 79/00, S. 124.

68 Ebd., S. 129.

69 9/11 Commission Report, S. 160.

70 Ebd., S. 168.

71 § 120 des Gerichtsverfassungsgesetzes (GVG) regelt, wann Strafverfahren in der ersten Instanz am Oberlandesgericht stattfinden. Entsprechend ist in dem Paragraph auch die Zuständigkeit des Generalbundesanwalts für solche Verfahren geregelt.

72 OLG Frankfurt am Main, Urteil vom 10.3.2003 – 5-2 StE 9/01-4-6/01, S. 82.

73 34. Strafrechtsänderungsgesetz vom 22.8.2002, BGBl. I, Nr. 61, S. 3390.

74 OLG Koblenz, Urteil vom 13.7.2009 – 2 StE 6/08-8 (2 BJs 41/07-8), S. 40.

75 Siehe: www.elmundo.es/documentos/2003/09/...binladen/auto_6.pdf,S. 506.

76 OLG Koblenz, Urteil vom 13.7.2009, S. 41.

77 Antwort der Landesregierung Baden-Württemberg vom 7.11.2001 auf eine Kleine Anfrage der Grünen-Fraktion, LT-Drs. 13/288.

78 Schmidt, Holger: Inside al-Qaida, mein Stiefvater ist Terrorist, ARD Radiofeature 2011.

79 Thumann, Michael: Eine Rede mit Lücken. In: Die Zeit vom 4.6.2009.

80 Schmidt, Holger: Barack Harrach – Bekkay Obama?!, in: SWR-Blog »Terrorismus in Deutschland«, 21.9.2009, http://www.swr.de/blog/terrorismus/2009/09/21/barak-harrach-bekkay-obama/ [abgerufen am 13.1.2017].

81 Musharbash, Yassin: Bonner Qaida-Kämpfer soll bei Gefecht gestorben sein. In: Spiegel Online vom 18.1.2011, http://www.spiegel.de/politik/deutschland/dschihadist-abu-talha-bonner-qaida-kaempfer-soll-bei-gefecht-gestorben-sein-a-740140.html [abgerufen am 13.1.2017].

82 OLG Düsseldorf, Urteil vom 9.12.2008 – III-VI 5/07 (2 StE 7/07-3).

83 Aufzeichnungen des Autors aus den Verfahren »Kofferbomber« und »Sauerland-Gruppe«.

84 Text der mündlichen Urteilsbegründung, OLG Düsseldorf, Urteil vom 9.12.2008 – III-VI 5/07.

85 So beispielsweise der Studiendirektor am Studienkolleg Kiel in seiner Vernehmung am 8.4.2008, zit. nach: Schmidt, Holger: Junger Mann zum Mitbomben gesucht – Kofferbomben in deutschen Zügen. Radiofeature, SWR 2008.

86 Ebd., Aussage eines Kriminaloberkommissars des BKA am siebten Verhandlungtag, 24.1.2008.

87 Ebd., Aussage des Ermittlungsführers am zweiten Verhandlungstag, 19.12.2007.

88 Anklage gegen Marco G. u. a., S. 20.

89 Brief des Enea B. an die Bundesanwaltschaft vom November 2013.

90 Beispielhaft: Kostrzewa, Anne; Wittl, Wolfgang: Warum Bayerns Bereitschaftspolizei trotz neuer Stellen überlastet ist. In: Süddeutsche Zeitung vom 10.1.2016.

91 So erzählen es die Eltern des Wolfgang Grams im Film »Black Box BRD« von Andres Veiel (Erstausstrahlung Mai 2001).

92 Alle drei Fälle werden voraussichtlich 2017 vor Oberlandesgerichten (weiter-)verhandelt: Die rechtsterroristischen Gruppen »Oldschool Society« und »Gruppe Freital«, bei denen die mutmaßlichen Mitglieder Anschläge geplant haben sollen, und das Portal »Altermedia«, das zur Verbreitung neonazistischer Inhalte diente.

93 Diese Zahl enthält neben den Sachakten und Nachlieferungen auch Altakten, Beiakten und sonstige Akten.

94 Alle Umstände, die zur Urteilsfindung dienen, müssen grundsätzlich mündlich in der Hauptverhandlung vorgetragen werden (§ 261 StPO). So müssen Zeugen, wenn möglich, persönlich gehört und Urkunden verlesen werden. Dadurch sollen Geheimverfahren verhindert werden. Der Ausschluss der Öffentlichkeit ist nur in streng definierten Ausnahmefällen und dann auch nur bezogen auf konkrete Abschnitte der Hauptverhandlung möglich.

95 Beim Selbstleseverfahren (§ 249 Abs. 2 StPO) nehmen die Richter Kenntnis von Urkunden, die für das Verfahren wesentlich sind und geben den übrigen Beteiligten (Angeklagter, Verteidigung, Staatsanwaltschaft, ggf. Nebenklage) Gelegenheit, diese Urkunden bis zu einem angemessenen Termin selbst zu lesen. Dadurch wird die Verlesung in der Hauptverhandlung ersetzt. Staatsanwaltschaft, Angeklagter und Verteidigung können dem Selbstleseverfahren widersprechen.

96 Schmidt, Holger: NSU: Krach um das Geld für die Verteidiger. In: SWR-Blog »Terrorismus in Deutschland«, 16.9.2013, http://www.swr.de/blog/terrorismus/2013/09/16/nsu-krach-um-das-geld-fur-die-verteidiger/ [abgerufen am 13.1.2017].

97 Prozessakten NSU-Verfahren, Bd. 613, S. 6334.

98 Ried, Michael: Effektive Verteidigung in Staatsschutzverfahren unter den Bedingungen des RVG. In: Bockemühl, Jan; Heintschel-Heinegg, Bernd u. a. (Hg.): Festschrift für Ottmar Breidling zum 70. Geburtstag. Berlin 2017, S. 257.

99 Ebd., S. 259.

100 Burhoff, Detlev: RVG. 4. Aufl. München 2014, § 51 Rn 1.

101 Koch, Egmont R.: Zugriff im Tunnel. Fernsehdokumentation, ARD/SWR 2013.

102 Leyendecker, Hans: »Tötung wie eine Exekution«. In: Der Spiegel Nr. 27 vom 5.7.1993, S. 24–29.

103 Abschlußbericht der Bundesregierung zu der Polizeiaktion am 27. Juni 1993 in Bad Kleinen/Mecklenburg-Vorpommern vom 9.3.1994.

104 Auflistung der bisherigen Preisträger unter https://www.bdk.de/web/bul-le-merite/ broschure-bul-le-merite [abgerufen am 13.1.2017].

105 http://www.daserste.de/unterhaltung/krimi/tatort/specials/maria-furtwaengler-steht-in-lueneburg-und-hannover-fuer-neuen-niedersachsen-100.html [abgerufen am 13.1.2017].

106 Ring, Matthias: Das Gespenst. In: Stuttgarter Zeitung vom 16.3.2009.

107 »Wir kriegen sie alle!« soll Herolds Reaktion auf die Ermordung von Generalbundesanwalt Siegfried Buback und dessen Begleitern Georg Wurster und Wolfgang Göbel im April 1977 gewesen sein.

108 Schenk, Dieter: Der Chef. Horst Herold und das BKA. Hamburg 1998, S. 325.

109 »Das Stahlnetz stülpt sich über uns« (V). In: Der Spiegel Nr. 22 vom 28.5.1979, S. 72–94.

110 Schenk: Der Chef, S. 337.

111 »Da waren die Vögel schon ausgeflogen«. In: Der Spiegel Nr. 42 vom 13.10.1980, S. 51–74.

112 Gespräch mit dem Autor.

113 Heribert Prantl: Gefangen in den Rastern des Staates. In: Süddeutsche Zeitung vom 17.10.2002.

114 Schenk: Der Chef, S. 460.

115 Tote Polizistin hatte offenbar Verbindung zu Neonazis. In: Die Welt vom 21.11.2011.

116 Interview in WDR 5 am 13.10.2016, http://www1.wdr.de/radio/wdr5/sendungen/ morgenecho/interview-anwalt-al-bakr-100.html [abgerufen am 13.1.2017].

117 Said, Behnam T.: Islamischer Staat. IS-Miliz, al-Qaida und die deutschen Brigaden. München 2014, S. 164.

118 Richardson, Louise: Was Terroristen wollen. Die Ursache der Gewalt und wie wir sie bekämpfen können. Frankfurt a. M. 2007, S. 161.

119 Kriminologe aus Hannover: »Sachsen ist ein anderes Land«, Interview mit Christian Pfeiffer. In: Neue Presse vom 14.10.2016.

120 Roßmann, Robert: Bundesjustizminister lehnt zentrales Gefängnis für Terroristen ab. Interview mit Heiko Maas. In: Süddeutsche Zeitung vom 19.10.2016.

121 Pressekonferenz im Sächsischen Justizministerium am 13.10.2016.

122 Die Auswahl der Haftanstalt richtet sich einerseits danach, dass Untersuchungshäftlinge »heimatnah« und möglichst nah zu ihrem Anwalt untergebracht werden sollen, andererseits versucht die Justiz gerade bei Gruppen nach Möglichkeit, Mitglieder in unterschiedlichen Anstalten unterzubringen, um Kommunikation untereinander zu erschweren. Im »Sauerland-Verfahren« führte das beispielsweise dazu, dass die vier Angeklagten an jedem Verhandlungstag aus den Anstalten in Düsseldorf, Wuppertal Köln und Bochum an das OLG Düsseldorf gebracht werden mussten.

123 Winter, Steffen: Sächsischer Sumpf. In: Der Spiegel Nr. 20 vom 14.5.2007, S. 56 f.

124 Bartsch, Michael: »Sachsensumpf« schluckt Rechtsstaat. In: taz, 26.6.2014.

125 BKA-Vermerk vom 13.7.2012 über die Verwendung von Aliasnamen durch Uwe Böhnhardt, Uwe Mundlos und Beate Zschäpe, S. 28.

126 Eumann, Jens: Auf dem rechten Auge blind?. In: Freie Presse vom 23.4.2016.

127 Pressemitteilung des Generalbundesanwalts Nr. 56/2016 vom 15.11.2016.

128 Interview in Koch, Egmont R.; Schmidt, Holger: Spitzel und Spione – Innenansichten aus dem Verfassungsschutz. Fernsehdokumentation, WDR/SWR 2014.

129 Leyendecker, Hans; Mascolo, Georg: BND-Chef Schindler muss gehen. In: Süddeutsche Zeitung vom 27.4.2016.

130 Siehe § 54 Bundesbeamtengesetz mit einer Liste, welche Spitzenbeamte auf Bundesebene unter diese Regelung fallen; https://www.gesetze-im-internet.de/bbg_2009/__54.html [abgerufen am 3.1.2017].

131 Im Abschlussbericht der Bundesregierung zu Bad Kleinen (S. 44) war das bereits ein Thema, dort hieß es aber, die Bundsregierung sehe keinen Handlungsbedarf. Nur wenige Monate später wurde das Amt des BKA-Präsidenten dann doch zu dem eines »politischen Beamten«.

132 Die Struktur der Zollverwaltung, http://www.zoll.de/DE/Der-Zoll/Struktur/struktur_node.html [abgerufen am 18.1.2017].

133 Im Oktober 2016 waren es nach Auskunft des Auswärtigen Amtes 35 Beamte, die als Staatssekretäre und Ministerialdirektoren im Ministerium arbeiten (je nach Größe des Ministeriums gibt es solche politischen Beamten auch in den anderen Bundesministerien). Hinzu kommen jedoch, Stand Oktober 2016, noch 265 Beamte, die unter die spezielle Regelung des § 54 Abs. 2 Nr. 2 Bundesbeamtengesetz fallen, die nur für das Auswärtige Amt gilt. Danach sind insbesondere alle Botschafterinnen und Botschafter sowie Beamte mit Leitungsfunktionen im Ausland politische Beamte. Allerdings gibt es in Deutschland nicht die Praxis anderer Staaten, bei einem Regierungswechsel alle Botschafter und Botschafterinnen auszutauschen – was die gesetzliche Regelung ermöglichen würde.

134 Nach dem Bekennervideo des Anis Amri wurde aus dem Verfahren ein »echtes« Terrorismusverfahren.

135 So teilte er noch am selben Tag im SWR-Interview gegenüber Frank Bräutigam mit.

136 Im Juli 2016 wurde der Täter wegen Mordversuchs vom OLG Düsseldorf zu vierzehn Jahren Haft verurteilt.

137 Das ist in der Regel das Oberlandesgericht, in dessen Bezirk die jeweilige Landesregierung ihren Sitz hat. Einige Bundesländer haben allerdings Staatsverträge für gemeinsame Staatsschutzsenate geschlossen.

138 BGH-Beschluss vom 20.12.2007 – StB 12/07, 13/07 und 47/07.

139 Geschäftsverteilung des Bundesgerichtshofs und die Zuständigkeit der Ermittlungsrichter 2016, http://www.bundesgerichtshof.de/DE/DasGericht/Geschaeftsverteilung/Archiv/Geschaeftsverteilung2016/Strafsenate2016/strafsenate2016_node.html [abgerufen am 18.1.2017].

140 http://www.bundesgerichtshof.de/SharedDocs/Downloads/DE/DasGericht/GeschaeftsvertPDF/2017/geschaeftsverteilung2017.html?nn=5799826[abgerufen am 18.1.2017].

141 Schmidt, Holger: Erstes Plaudern über den Jihad, SWR-Blog »Terrorismus in Deutschland«, 21.3.2012, http://www.swr.de/blog/terrorismus/2012/03/21/erstes-plaudern-uber-den-jihad/ [abgerufen am 3.1.2017].

142 https://www.bundesjustizamt.de/DE/SharedDocs/Publikationen/Justizstatistik/Personalbestand_BA.pdf [abgerufen am 18.1.2017].

143 Pressemitteilung 29/2015 des Generalbundesanwalts vom 2.8.2015.

144 So Harald Range am 19.8.2015 im Rechtsausschuss des Deutschen Bundestages (Protokoll der 63. Sitzung).

145 Öffentliche Erklärung von Heiko Maas am 31.7.2015 in Berlin.

146 Das Protokoll der Sitzung ist eigentlich ebenfalls nicht öffentlich. Als im August 2016 die Diskussion um die Einstellung der Ermittlungen und die mögliche Weisung des Bundesjustizministers wieder Fahrt aufnimmt, weist eine Sprecherin des Bundesjustizministeriums alle Vorwürfe gegen den Minister zurück und bezieht sich dabei auf das Protokoll, das »öffentlich einsehbar« sei. »Netzpolitik.org« fordert das Protokoll daraufhin im Ministerium an, erhält und veröffentlicht es. Hinterher räumt das Ministerium ein, die Herausgabe sei ein Fehler gewesen; s. https://netzpolitik.org/2016/bisher-nicht-oeffentliches-protokoll-zu-landesverrat-justizminister-maas-vs-ex-generalbundesanwalt-range/ [abgerufen am 3.1.2017].

147 Müller, Reinhard: Aussage gegen Aussage. In: FAZ vom 7.9.2016.

148 Merkel distanziert sich von Generalbundesanwalt. In: Spiegel Online 3.8.2015, http://www.spiegel.de/politik/deutschland/angela-merkel-zweifelt-ermittlungen-gegen-netzpolitik-org-an-a-1046487.html [abgerufen am 3.1.2017].

149 Statement von Generalbundesanwalt Harald Range gegenüber Journalisten am 4.8.2015 in Karlsruhe, s. https://www.generalbundesanwalt.de/de/showpress.php?newsid=560 [abgerufen am 3.1.2017].

150 Sabine Leutheusser-Schnarrenberger (FDP) war von Mai 1992 bis Januar 1996 sowie von Oktober 2009 bis Dezember 2013 Bundesministerin der Justiz in den Kabinetten Kohl IV und V sowie Merkel II.

151 Rath, Christian: Eine Festung für den Bundesanwalt. In: taz vom 26.8.1998.

152 Siehe jeweils auch § 1 des BND-Gesetzes bzw. des MAD-Gesetzes.

153 Auskunft des MAD an das BKA vom 29.2.2012.

154 So ein Sprecher des MAD zur Funke-Mediengruppe, 5.11. 2016 (z. B. Berliner Morgenpost).

155 Vgl. Bundesministerium des Innern: Verfassungsschutzbericht 2015, S. 15.

156 http://www.bnd.bund.de/DE/Karriere/Allgemeine%20Informationen/Allgemeine%20Informationen_node.html [abgerufen am 3.1.2017].

157 Flade, Florian; Hinrichs, Per; Müller, Uwe: Der MAD – Reformierbar oder doch überflüssig? In: Die Welt vom 18.7.2012.

158 https://www.nsa.gov/ [abgerufen am 18.1.2017].

159 Bendixen, Oliver; Schmidt, Holger: Zwei Brüder und drei Könige, tagesschau.de vom 3.1.2016,

160 Strafanzeige des BND-Präsidenten vom 16.5.2012.

161 § 127 StGB lautet: »Wer unbefugt eine Gruppe, die über Waffen oder andere gefährliche Werkzeuge verfügt, bildet oder befehligt oder wer sich einer solchen Gruppe

anschließt, sie mit Waffen oder Geld versorgt oder sonst unterstützt, wird mit Freiheitsstrafe bis zu zwei Jahren oder mit Geldstrafe bestraft.«

162 Der französische Hauptmann Alfred Dreyfus (1859–1935) wurde in Frankreich Ende des 19. Jahrhunderts wegen vermeintlichen Landesverrats zugunsten des Deutschen Kaiserreichs durch ein Kriegsgericht zu lebenslanger Haft verurteilt. Dabei handelte es sich allerdings um einen Justizskandal, wesentliche Beweise waren gefälscht, Zeugen logen vor Gericht. 1898 entwickelte sich der Fall zu einer innenpolitischen Affäre, an deren Ende Dreyfus freigesprochen und rehabilitiert wurde.

163 Knobbe, Martin; Schindler, Jörg; Schmidt, Fidelius: Und zwölf Gläser Grappa zu je 18,60 Euro. In: Der Spiegel Nr. 43 vom 21.10.2016.

164 Holzhaider, Hans: Der Spion, der Geld brauchte. In: Süddeutsche Zeitung vom 17.3.2016.

165 Knobbe, Martin; Schmid, Fidelius: Der Scheinterrorist. In: Der Spiegel Nr. 51, 17.12.2016, S. 52.

166 Interview in: Koch, Schmidt: Spitzel und Spione.

167 Stiftung Haus der Geschichte der Bundesrepublik Deutschland (Hg.): Duell im Dunkel. Spionage im geteilten Deutschland. Köln 2002, S. 7.

168 Interview in: Koch, Schmidt: Spitzel und Spione.

169 Ein V-Mann ist eine Person, die auf freiwilliger Basis und meist gegen ein Honorar dem Verfassungsschutz heimlich Informationen aus extremistischen Milieus liefert. Im Jargon der Nachrichtendienste werden V-Leute von einem »V-Mann-Führer« betreut bzw. »geführt«.

170 Interview in: Koch, Schmidt: Spitzel und Spione.

171 Ebd.

172 Ebd.

173 Verfassungsschutzbericht Baden-Württemberg 2015, S. 21.

174 Verfassungsschutzbericht Bayern 2015, S. 13.

175 226,85 Planstellen, http://www.berlin.de/sen/inneres/verfassungsschutz/ueber-uns/struktur/ [abgerufen am 18.1.2017].

176 Verfassungsschutzbericht Brandenburg 2015, S. 22.

177 Verfassungsschutzbericht Bremen 2015, S. 16.

178 http://www.hamburg.de/innenbehoerde/wirueberuns/233294/verfassungsschutz-strukturdaten/ [abgerufen 18.1.2017].

179 Verfassungsschutz in Hessen. Bericht 2015, S. 16.

180 http://www.verfassungsschutz-mv.de/cms2/Verfassungsschutz_prod/Verfassungs-schutz/content/de/Verfassungsschutz_in_MV/Daten_und_Fakten_fuer_MV/index.jsp [abgerufen am 18.1.2017].

181 Verfassungsschutzbericht Niedersachsen, S. 27.

182 Verfassungsschutzbericht des Landes Nordrhein-Westfalen über das Jahr 2015, S. 248.

183 Verfassungsschutzbericht Rheinland-Pfalz 2015, S. 11.

184 Stand 2012, http://www.saarland.de/4489.htm [abgerufen am 18.1.2017].

185 http://www.lfv.sachsen.de/646.htm [abgerufen am 18.1.2017].

186 Verfassungsschutzbericht Sachsen-Anhalt 2015, S. 11.

187 Verfassungsschutzbericht Schleswig-Holstein 2015, S. 136.

188 http://www.thueringen.de/th3/verfassungsschutz/ueber_uns/willkommen/ [abgerufen am 18.1.2017].

189 Verfassungsschutzbericht des Bundesministeriums des Innern 2015, S. 14.

190 Auskunft der Generalzolldirektion vom 20.1.2017.

191 Siehe § 12b ZollVG: »Die Zollfahndungsämter und ihre Beamten haben bei der Erfüllung ihrer Aufgaben nach § 1 Abs. 3c dieselben Rechte und Pflichten wie die Behörden und Beamten des Polizeidienstes nach den Vorschriften der Strafprozessordnung; ihre Beamten sind Ermittlungspersonen der Staatsanwaltschaft.«

192 Änderung des Zollverwaltungsgesetzes, Bundestags-Drucksache 18/9987.

193 Hinweis des LfV Bremen vom 22.10.2015, zit. nach: Bremische Bürgerschaft: Abschlussbericht des Untersuchungsausschusses zur Untersuchung der Gründe und des Ablaufs des Anti-Terror-Einsatzes vom 27. Februar bis 1. März 2015 in Bremen LT Drs. 19/801, S. 11, http://www.bremische-buergerschaft.de/dokumente/wp19/land/drucksache/D19L0801.pdf [abgerufen am 18.1.2017].

194 Ebd.

195 Zit. nach: Koch, Schmidt: Spitzel und Spione.

196 Bremische Bürgerschaft: Abschlussbericht, S. 13.

197 Blumenthal, Dirk; Grabler, Jochen; Leiffels, Dennis: Bedingt abwehrbereit – Terroralarm am Wochenende. Fernsehdokumentation ARD/Radio Bremen 2015.

198 Das BKA hat seinen eigentlichen Sitz in Wiesbaden und eine Außenstelle in Meckenheim bei Bonn. Das BfV hat seinen Sitz in Köln und der BDN derzeit noch im bayerischen Pullach und Berlin-Steglitz, bis die neue BND-Zentrale in der Berliner Chausseestraße einsatzbereit ist.

199 Jansen, Frank: Das war eine Eselei – Portrait Geheimdienstkoordinator Günter Heiß. In: Tagesspiegel vom 3.12. 2009.

200 Steinberg, Guido: Von al-Qaida zum Islamischen Staat. In: Bockemühl, Jan; Heintschel-Heinegg, Bernd u. a. (Hg.): Festschrift für Ottmar Breidling zum 70. Geburtstag. Berlin 2017, S. 317.

201 Das Grundgesetz regelt in Art. 75 die Zuständigkeit des Bundes für den Zoll, den Grenzschutz, die Koordination der Landespolizeibehörden und der Verfassungsschutzbehörden sowie für die Einrichtung des Bundeskriminalamts. Der Logik des Grundgesetzes folgend sind damit die eigentlichen Polizeiaufgaben Ländersache, Art. 70, Abs. 1 GG.

202 Das Trennungsgebot ist im Grundgesetz nicht ausdrücklich festgelegt, allerdings ist in den Artikeln über die Gesetzgebungs- und Verwaltungskompetenzen des Bundes (Art. 73 und 87) jeweils von Polizei und Nachrichtendiensten die Rede. Entscheidender für das Trennungsgebot ist der sogenannte »Polizei-Brief« der drei Militärgouverneure, durch den dem Parlamentarischen Rat am 14.4.1949 die Befugnisse zur Einrichtung von Polizeibehörden eingeräumt wurden. Darin wird festgelegt, dass ein deutscher Nachrichtendienst keine Polizeibefugnisse haben darf. Dieser Polizeibrief hat zwar nach Inkrafttreten des Grundgesetzes formal keine Wirkung mehr, der Grundsatz der Trennung von Polizei und Nachrichtendiensten in Deutschland ist aber von der Rechtsprechung des Bundesverfassungsgerichts übernommen worden

und findet sich auch in den Verfassungsschutzgesetzen des Bundes und der Länder wieder.

203 Die Befugnisse und Zuständigkeiten der einzelnen Landeskriminalämter sind dabei nicht einheitlich, gemeinsam ist aber allen Landeskriminalämtern die Zentralstellenfunktion für das jeweilige Bundesland in der polizeilichen Zusammenarbeit.

204 In minder schweren Terrorismusfällen kommen auch die 24 Generalstaatsanwaltschaften in den Ländern in Betracht, falls der Generalbundesanwalt Fälle wegen der geringeren Bedeutung dorthin abgibt.

205 The 9/11 Commission Report, S. 416.

206 Otto Schily verteidigte als Rechtsanwalt unter anderem Gudrun Ensslin von 1975–1977 im ersten »Stammheim-Prozess«.

207 Ramelsberger, Annette: Politik der leeren Stühle. In: Süddeutsche Zeitung vom 12.12.2007.

208 Bremische Bürgerschaft: Abschlussbericht, S. 32.

209 Einwohnerzahl für das Jahr 2011 laut Auskunft des Amts Niemegk vom 1.11.2016.

210 Dieser rechtliche Zustand führte unter anderem dazu, dass während der Ermittlungen gegen die »Sauerland-Gruppe« 2007 der Austausch von Fässern mit hochprozentiger Wasserstoffperoxid-Lösung gegen eine unbrauchbare Flüssigkeit in Freudenstadt-Wittlensweiler nicht durch Kräfte des BKA durchgeführt werden konnte, sondern von der Polizei Baden-Württemberg vorgenommen wurde.

211 Zit. nach Scholzen, Reinhard; Froese, Kerstin: GSG 9. 3. Auflage. Stuttgart 2001, S. 8.

212 Erlass des Bundesministers des Innern vom 26.9.1972 (MBl BGS Nr. 29/72, S. 432). Das Bundesinnministerium gab dem »Kommandeur GSG 9« darin unter anderem die Anweisung, die Einsatzbereitschaft für die ersten zwei Züge der GSG 9 innerhalb von nur sechs Monaten, nämlich bis Ende April 1973, herzustellen.

213 Siehe z. B. Art. 66 und 67 des »Gesetzes zur Umbenennung des Bundesgrenzschutzes in Bundespolizei« vom 21.6.2005, BGBl I, Nr. 39, S. 1832.

214 Zit. nach Scholzen, Froese: GSG 9, S. 24.

215 So waren unter anderem das SEK Eutin, das MEK Hamburg und die Bereitschaftspolizei beteiligt.

216 Scholzen, Froese: GSG 9, S. 40.

217 Beschluss 2008/ 617/JI des Rates, Amtsblatt der Europäischen Union L 210, 6.8.2008, S. 73.

218 Interview mit dem Autor im November 2016.

219 Davon handelt auch eine Fernsehdokumentation des SWR von Martina Treuter und Martin Rupps, die im Herbst 2017 ausgestrahlt werden wird.

220 Buck, Christian F.: Medien und Geiselnahmen. Fallstudien zum inszenierten Terror. Wiesbaden 2007, S. 243.

221 Wissenschaftliche Mitarbeiter oder auch »Hiwis« sind Staatsanwälte oder Richter, die für einige Jahre aus der Landesjustiz zur Bundesanwaltschaft abgeordnet werden. In der Regel ist eine solche Abordnung die Voraussetzung, später eine feste Planstelle bei der Bundesanwaltschaft erhalten zu können.

222 Pflieger, Klaus: Gegen den Terror – Erinnerungen eines Staatsanwalts. Stuttgart 2016, S. 121.

223 Der Heidelberger Rechtsanwalt Siegfried Haag verteidigte Anfang der 1970er-Jahre zunächst Andreas Baader als Wahlverteidiger, bevor er sich 1975 selbst der RAF anschloss und in den Untergrund ging. Als er am 30.11.1976 zusammen mit seinem Komplizen Roland Mayer auf der Autobahn A5 bei Butzbach von der Polizei gestellt wird, finden die Ermittler mehr als einhundert Seiten verschlüsselte Aufzeichnungen über den derzeitigen Planungsstand der RAF, die sogenannten »Haag/Mayer-Papiere«. Ihre Entschlüsselung gelingt nur teilweise – und mehrfach erst, nachdem die geplanten Taten geschehen sind.

224 Die Aussage des Beamten wurde am 13.2.1984 vor dem OLG Stuttgart im Strafverfahren gegen Brigitte Mohnhaupt und Christian Klar verlesen.

225 Die Aussage wurde im obigen Verfahren am 15.2.1984 verlesen.

226 Gespräch mit dem Autor.

227 1982 hatte das BKA im Rahmen einer öffentlichen »Sonderfahndung« mit Fahndungsplakaten die ausgelobte Belohnung von 50 000 DM pro gesuchtem Terrorist auf 100 000 DM erhöht – und diese erhöhte Auslobung auf die Zeit vom 1.9.1982 bis zum 31.12.1982 befristet.

228 Schmidt, Holger: Der 6. Strafsenat irrt nie, SWR-Blog »Terrorismus in Deutschland«, 11.11.2010, http://www.swr.de/blog/terrorismus/2010/11/11/der-6-strafsenat-irrt-nie/ [abgerufen am 3.1.2017].

229 Urteil des OLG Stuttgart gegen Verena Becker vom 6.7.2012, S. 92.

230 Ebd.

231 Schreiben des Präsidenten des Bundesamtes für Verfassungsschutz, Heinz Fromm, an den Generalbundesanwalt vom 12.4.2008, Az. 2B-090-A-000 021-8/08.

232 Eine junge Frau klingelt am 1.2.1985 frühmorgens am Privathaus von Dr. Ernst Zimmermann und sagt, sie müsse einen Brief übergeben. Als Ingrid Zimmermann ihren Mann holt, tritt ein zweiter Täter hinzu, bedroht die Eheleute. Ingrid Zimmermann wird im Flur gefesselt, ihr Mann im Schlafzimmer durch einen Kopfschuss ermordet. Die Täter sind bis heute nicht identifiziert. Sie hinterlassen am Tatort ein Bekennerschreiben, in dem die RAF unter anderem auch ihre Solidarität zu einer radikalen Untergruppe der IRA bekräftigt.

233 Die »Islamische Jihad Union« (IJU) ist eine Abspaltung der »Islamischen Bewegung Usbekistans« (IBU). Beide gelten als al-Qaida-nah.

234 E-Mail vom 16.11.2006 vom LKA Baden-Württemberg an das BKA (ST 32).

235 Rede auf der Herbsttagung des BKA 2011, https://www.bka.de/SharedDocs/Downloads/DE/Publikationen/Herbsttagungen/2011/herbsttagung2011breidlingLangfassung.html [abgerufen am 18.1.2017].

236 BKA-Vermerk über Besuch in der Untersuchungshaft vom 25.5.2008.

237 Schmidt, Holger: Fritz sagte: »Ich bin dann mal weg!«, SWR-Blog »Terrorismus in Deutschland«, 15.12.2010, http://www.swr.de/blog/terrorismus/2010/12/15/fritz-sagte-ich-bin-dann-mal-weg/ [abgerufen am 3.1.2017].

238 Pressemitteilung des Kammergerichts Berlin Nr. 27/2011 vom 9.3.2011.

239 Siehe auch Wichmann, Peter: Al Qaida und der Globale Jihad. Wiesbaden 2014, S. 312.

240 Behördenzeugnis des Bundesamtes für Verfassungsschutz zum »Gefährdungssachverhalt Mionetto« vom 10.2.2015, S. 2.

241 Gespräch mit dem Autor.

242 Anklage gegen die OSS, S. 47.

243 Vernehmung durch das Bundeskriminalamt vom 6.5.2015.

244 Anklage des Generalbundesanwalts vom 17.12.2015 gegen Andreas H., Markus W., Denise G. und Olaf O. wegen Gründung und Mitgliedschaft in einer terroristischen Vereinigung sowie der Vorbereitung eines Sprengstoffverbrechens, Az. 2 BJs 18/15-5 2 StE 16/15-5, S. 85.

245 Ebd., S. 84.

246 Ebd.

247 Kevin L. im Gespräch mit dem Autor.

248 Neiman, Susan: Wenn Odysseues ein Held sein soll, dann können wir es auch sein. In: Merkur Jg. 63, H. 9/10, September 2009, S. 849, 853.

249 Am Tatort in der Vincenz-Statz-Straße sterben am 5.9.1977 Schleyers Fahrer Heinz Marcisz und die baden-württembergischen Polizeibeamten Reinhold Brändle, Roland Pieler und Helmut Ulmer.

250 Debus, Lutz: Wie der rettende Hinweis verloren ging. In: taz vom 5.9.2007.

251 Fundstelle der »Haag/Mayer-Papiere« unter anderem im Urteil des OLG Stuttgart gegen Haag/Mayer, S. 40 ff. oder in Auszügen bei Pflieger, Klaus: Die Rote Armee Fraktion – RAF. 14.5.1970 bis 20.4.1998. 2. erw. u. aktual. Aufl. Baden-Baden 2007, S. 71.

252 Dokumentation der Bundesregierung zur Entführung von Hanns Martin Schleyer. Bonn 1977, S. 208.

253 Boock in der ARD-Doku »Die RAF« von Stefan Aust und Helmar Büchel 2007. Allerdings hatte Boock in den Jahren zuvor auch Rolf-Clemens Wagner als einen der Mörder von Hanns Martin Schleyer genannt. Siehe auch Hachmeister, Lutz: Schleyer. Eine deutsche Geschichte. München 2004, S. 395 f.

254 PIOS stand damals beim BKA für die Datei »Personen-Institutionen-Objekte-Sachen«, in der alle für relevant gehaltenen Daten über RAF-Terroristen und deren Unterstützer gesammelt wurden. Eine Datenbank dieser Art gibt es heute so nicht, die zentrale Datenbank des BKA für gesuchte Personen, in die auch die Bundesländer einbezogen sind, ist INPOL-neu.

255 Schmidt, Holger: Abdeslam soll Helfer in Ulm abgeholt haben. Tagesschau.de, 19.3.2016, https://www.tagesschau.de/ausland/bruessel-terror-razzia-113.html [abgerufen am 3.1.2017].

256 OLG Stuttgart, Urteil vom 2.4.1985 gegen Christian Klar u. a. zu Kroesen.

257 Sitzungsprotokoll der Präsidentenrunde, S. 2.

258 Ebd.

259 Damals wurde das Bundestagsgremium zur Kontrolle der Nachrichtendienste des Bundes »Parlamentarische Kontrollkommission« genannt und PKK abgekürzt. Da das gleiche Kürzel PKK auch für die kurdische Arbeiterpartei Partiya Karkerên Kurdistanê verwendet wurde, die in Deutschland zudem als terroristische Vereinigung eingestuft wird, wurde die Kontrollkommission im Jahr 1999 in »Parlamentarisches Kontrollgremium« umbenannt und wird heute PKGr abgekürzt.

260 Sitzungsprotokoll der Präsidentenrunde, S. 4.

261 Auskunft des LKA Rheinland-Pfalz vom 21.10.2016.

262 Ablaufkalender BKA, Tgb. Nr. 17/93.

263 Ebd.

264 Abschlussbericht der Bundesregierung, S. 26.

265 Vermerk des BKA über »die am Tatort sichergestellten Waffen und Munition« vom 3.7.1993, TB 12-120 520/93.

266 Die »forensische Wahrheit« ist die »richterliche Überzeugung«, also das, wovon der oder die Richter nach dem Ende einer Hauptverhandlung überzeugt sind, siehe auch § 261 StPO.

267 Menke, Birger: Wie ein Foto von Uwe Mundlos in den »Tatort« geriet. In: Spiegel Online vom 13.9.2012, http://www.spiegel.de/panorama/folge-bestien-wie-das-foto-von-nsu-mann-mundlos-in-den-tatort-geriet-a-855634.html [abgerufen am 3.1.2017].

268 Polizeiliche Vernehmungen der Ilona Mundlos vom 5.11.2011 und der Brigitte Böhnhardt vom 6.11.2011.

269 Ergänzungsrichter nehmen bei umfangreichen Strafprozessen von Anfang an teil, um für den Fall einzuspringen, dass ein regulärer Richter im Laufe der Hauptverhandlung nicht mehr zur Verfügung steht. Dadurch soll der Fortgang des Verfahrens gesichert werden. Denn ohne Ergänzungsrichter müsste ein Verfahren beim Ausscheiden eines Richters neu beginnen. Einzelne Ergänzungsrichter sind nicht unüblich, drei Ergänzungsrichter jedoch außergewöhnlich.

270 Zahlen laut Bundesamt für Verfassungsschutz, Stand: Dezember 2016, https://www.verfassungsschutz.de/de/arbeitsfelder/af-islamismus-und-islamistischer-terrorismus/zahlen-und-fakten-islamismus/zuf-is-reisebewegungen-in-richtung-syrien-irak [abgerufen am 3.1.2017].

271 Schmidt, Holger: Verfassungsschutz: Kein Ausstieg unter dieser Nummer, SWR-Blog »Terrorismus in Deutschland«, 3.9.2014, http://www.swr.de/blog/terrorismus/2014/09/03/verfassungsschutz-kein-ausstieg-unter-dieser-nummer/ [abgerufen am 3.1.2017].

272 http://hayat-deutschland.de [abgerufen am 18.1.2017].

273 Kurbjuweit, Dirk: Ganz links, ganz rechts, ganz oben. In: Der Spiegel Nr. 7, 9.2.2002, S. 102.

274 Eschen, Klaus: Das Sozialistische Anwaltskollektiv. In: Kraushaar, Wolfgang (Hg.): Die RAF und der linke Terrorismus. Bd. 2, S. 957.

275 http://www.rav.de/ [abgerufen am 18.1.2017].

276 Die Alternative Liste wurde Ende 1978 als Landespartei in Berlin gegründet. Ab 1980 war sie der Landesverband der kurz nach ihr gegründeten Partei Die Grünen.

277 Pflieger: Gegen den Terror, S. 75.

278 Ebd., S. 76.

279 Halal-Gummibärchen sind Süßwaren, bei denen die Gelatine nur aus tierischen Produkten besteht, die Muslimen erlaubt sind, also insbesondere kein Kollagen aus Schweinen enthalten.

280 So jedenfalls die Beobachtungen des Autors in unterschiedlichen Strafverfahren in München, Stuttgart, Düsseldorf und Koblenz.

281 Briefe an die Leser. In: Titanic vom 22.8.2012.

282 Oswald, Georg M: Der martialische Klang von Heer, Stahl und Sturm. In: Die Welt vom 6.5.2013.

283 Schreiben von RA Liebtrau vom 18.11.2011 an den Ermittlungsrichter des Bundesgerichtshofs.

284 Vermerk der Bundesanwaltschaft vom 14.11.2011.

285 Schreiben von RA Heer an die Bundesanwaltschaft vom 20.11.2011.

286 Google-Suchergebnis vom 13.1.2017.

287 https://www.grasel.de/fachanwalt-grasel/ [abgerufen am 13.1. 2017].

288 https://www.un.org/sc/suborg/en/sanctions/un-sc-consolidated-list [abgerufen am 18.1.2017].

289 Gespräch mit dem Autor.

290 Schultz, Tanjev: Linke Anwältin gegen Zschäpe-Verteidigerin. In: Süddeutsche Zeitung vom 2.10.2013.

291 Aufzeichnungen des Autors am 22. Verhandlungtag des NSU-Prozesses, 11.7.2013.

292 Förster, Andreas: Viel mehr als nur professionelles Interesse. In: Stuttgarter Zeitung vom 3.6.2013.

293 Vermerk des BKA vom 28.6.2012, BAO Trio, Az. ST 140006/11.

294 http://www.lr-online.de/nachrichten/Tagesthemen-NSU-Anwalt-Ich-verteidige-jeden;art1065,4204530 [abgerufen am 18.1.2017].

295 Land Brandenburg. Ministerium des Innern (Hg.): Verfassungsschutzbericht 2011 Brandenburg, S. 67.

296 Die »notwendige Verteidigung« ist in § 140 StPO geregelt. Unter anderem immer dann, wenn ein Verfahren schon in erster Instanz vor einem Oberlandesgericht oder Landgericht stattfindet, muss der Angeklagte einen Rechtsanwalt als Verteidiger haben.

297 OLG Düsseldorf, Beschluss vom 17.2. 2009 – III-VI 11/08 und III-VI 15/08.

298 Haftbefehle gegen mutmaßliche Islamisten wieder aufgehoben. In: FAZ vom 7.10.2008.

299 Gespräch mit dem Autor.

300 Flade, Florian: Bonner Islamist soll Anschlag in Somalia verübt haben. In: Die Welt vom 28.7.2015.

301 Gast, Wolfgang: Mit Allah zur Revolution. In: taz vom 25.2.1997.

302 Gespräch mit dem Autor.

303 Facebookseite Bernhard Falk [abgerufen am 13.1.2017].

304 Facebookseite Bernhard Falk, Post vom 24. Dezember 2016, 17:59 Uhr.

305 OLG Düsseldorf, Beschluss vom 6.5.2016 – III-5 StS 1/16.

306 Die »Werthebach-Kommission« bestand neben dem Namensgeber als Vorsitzendem aus dem ehemaligen BKA-Präsidenten Ulrich Kersten, dem ehemaligen Präsidenten des Zollkriminalamts Karl-Heinz Matthias, dem ehemaligen Generalbundesanwalt Kay Nehm, dem ehemaligen Staatssekretär Wolfgang Riotte und Rolf Ritsert von der Deutschen Hochschule der Polizei.

307 Kooperative Sicherheit – die Sonderpolizeien des Bundes im föderalen Staat. Bericht der Kommission vom 9. Dezember 2010, http://bit.ly/2i9nAfR [abgerufen am 3.1.2017].

308 »Die Politik hat die Dimension des Rechtsextremismus unterschätzt«, Interview mit Sabine Leutheusser-Schnarrenberger. In: Süddeutsche Zeitung vom 18.11.2011; zu Hansjörg Geiger siehe Bendixen Oliver; Schmidt, Holger: »Rechter Terror, tödlich unterschätzt«, ARD Radiofeature vom 18.4.2012.

309 Einzelheiten zum GIZ unter https://www.bka.de/DE/UnsereAufgaben/Kooperationen/GIZ/giz_node.html [abgerufen am 3.1.2017].

310 Siehe § 120 Abs. 1 GVG.

311 Maizière, Thomas de: Leitlinien für einen starken Staat in schwierigen Zeiten. In: FAZ vom 3.1. 2017.

312 Ebd.

313 Schäfer, Gerhard u. a.: Gutachten der »Schäfer-Kommission«, S. 439 f., Rn. 440 ff.

314 Thüringer Verfassungsschutzchef muss gehen. In: Spiegel Online vom 3.7.2012, http://www.spiegel.de/politik/deutschland/praesident-des-thueringer-verfassungsschutzes-muss-gehen-a-842427.html [abgerufen am 3.1.2017].

315 Haak, Sebastian: Rot-Rot-Grün will V-Leute abschalten. In: Zeit Online vom 8.10.2014, http://www.zeit.de/politik/deutschland/2014-10/thueringen-sondierungsgespraeche-v-leute-abschaffung [abgerufen am 3.1.2017].

316 Bundesverfassungsgericht, Beschluss des Zweiten Senats vom 17.9.2013 – 2 BvR 2436/10, 2 BvE 6/08, https://www.bundesverfassungsgericht.de/SharedDocs/Entscheidungen/DE/2013/09/rs20130917_2bvr243610.html [abgerufen am 3.1.2017].

317 »Beweissicherungs- und Festnahmeeinheiten« (BFE) gehören zu den Bereitschaftspolizeien der Länder bzw. zur Bereitschaftspolizei der Bundespolizei. Sie sind dafür ausgebildet, gegen gewalttätige Personen bei Demonstrationen oder Sportveranstaltungen vorzugehen und diese Personen festzunehmen. Die BFE ist dabei allerdings keine Spezialeinheit im engeren Sinne. Auch die BFE+, die auch für noch robustere Einsätze ausgebildet ist und schwerere Waffen zur Verfügung hat, gilt nicht als klassische Spezialeinheit.

318 Abgedruckt u. a. in: Der Parlamentarische Rat 1948–1949. Akten und Protokolle. Bd. 8, S. 230.

319 Nehm, Kay: Das nachrichtendienstrechtliche Trennungsgebot und die neue Sicherheitsarchitektur. In: Neue juristische Wochenschrift 46/2004, S. 3289 f.

320 Ebd., S. 3288.

321 Vgl. z. B. Geheimdienst kritisiert »Tatort« mit Furtwängler. In: Die Welt vom 19.3.2009.

322 Art. 20 Abs. 2 GG.

323 https://www.bundestag.de/ausschuesse18/gremien18/pkgr [abgerufen am 13.1.2017].

324 http://www.stroebele-online.de/person/biographie/index.html [abgerufen am 13.1.2017].

325 Rosenbach, Marcel; Stark, Holger u. a.: Der fleißige Partner. In: Der Spiegel Nr. 30 vom 22.07.2013.

326 Ebd.

327 Interview mit Caren Miosga in den ARD »Tagesthemen« vom 22.3.2016.

328 Nach § 152 StPO ist in Deutschland durch die Staatsanwaltschaft ein Ermittlungsverfahren einzuleiten, »sofern zureichende tatsächliche Anhaltspunkte« für die Bege-

hung einer Straftat vorliegen. Ein Ermittlungsverfahren ins Blaue hinein ist dadurch ausgeschlossen.

329 Schweizer Bundesarchiv, Signatur (236) 39/252.

330 Mit »Hit-Team« bezeichnen die Sicherheitsbehörden kommandoartig organisierte Gruppen von Terroristen, die mit einem konkreten Anschlagsplan in ein anderes Land geschickt werden. »Schläfer« haben im Gegensatz dazu eine eher allgemeine Ausbildung bzw. Anweisung erhalten und warten darauf, von ihren Anführern aktiviert und mit einem Auftrag versehen zu werden.

331 Vernehmung des Fritz Gelowicz vom 23.6.2009, BKA ST 35-096018/07, S. 12.

332 Maaßen warnt vor ungeregelter Flüchtlings-Einreise. Hans-Georg Maaßen im Gespräch mit Rolf Clement. Deutschlandfunk 27.9. 2015, http://www.deutschlandfunk.de/verfassungsschutz-maassen-warnt-vor-ungeregelter.868.de.html?dram:article_id=332244 [abgerufen am 3.1.2017].

333 Bundesverfassungsgericht, Urteil vom 15.12.1983 – BVerfGE 65,1.

334 Pötzl, Norbert F.: Das elektronische Schleppnetz. Technische Bausteine zur Total-Kontrolle des Volkes. In: Meyer-Larsen, Werner (Hg.): Der Orwell-Staat. Vision und Wirklichkeit. Reinbek b. Hamburg 1984, S. 77.

335 Bredow, Wilfried von: Grenzen. Eine Geschichte des Zusammenlebens vom Limes bis Schengen. Darmstadt 2014, S. 88.

336 Ebd., S. 69.

337 Knobbe, Martin; Schindler, Jörg; Schmid, Fidelius: Islamist schlich sich bei Verfassungsschutz ein. In: Spiegel Online, 30.11.2016, http://www.spiegel.de/politik/deutschland/geheimdienst-islamist-schleicht-sich-bei-verfassungsschutz-ein-a-1123676.html [abgerufen am 22.1.2017].

338 Als Risikospiele werden Begegnungen im Fußball bezeichnet, bei denen es aufgrund besonders ausgeprägter Rivalitäten der jeweiligen Fans aus polizeilicher Sicht erwartbar zu Ausschreitungen kommen wird.

339 Plenarprotokoll des Deutschen Bundestages 18/212, S. 21191.

Abkürzungsverzeichnis

BAMF	Bundesamt für Migration und Flüchtlinge
BAO	Besondere Aufbauorganisation
BBG	Bundesbeamtengesetz
BDK	Bund Deutscher Kriminalbeamter
Befa	Beobachtende Fahndung
BFE	Beweissicherungs- und Festnahmeeinheit (der Bereitschaftspolizei)
BfV	Bundesamt für Verfassungsschutz
BGBl.	Bundesgesetzblatt
BGH	Bundesgerichtshof
BGS	Bundesgrenzschutz (heute: Bundespolizei)
BKA	Bundeskriminalamt
BKAmt	Bundeskanzleramt
BND	Bundesnachrichtendienst
BR	Bayerischer Rundfunk
BSI	Bundesamt für Sicherheit in der Informationstechnik
CIA	Central Intelligence Agency (US-Auslandsgeheimdienst)
CTC	Combat Team Conference
DST	Direction de la surveillance du territoire (franz. Inlandsgeheimdienst)
FIS	Front islamique du Salut / Islamische Heilsfront (Algerien)
GBA	Generalbundesanwalt
GCHQ	Government Communications Headquarters (britischer Nachrichten- und Sicherheitsdienst)
GETZ	Gemeinsames Extremismus- und Terrorismus-abwehrzentrum
GIA	Le groupe islamique Armé (Sammelbezeichnung, Algerien)
GIZ	Gemeinsames Internetzentrum
GSG 9	Grenzschutzgruppe 9, SEK der Bundespolizei

GTAZ	Gemeinsames Terrorismusabwehrzentrum
GVG	Gerichtsverfassungsgesetz
GZD	Generalzolldirektion
IBU	Islamische Bewegung Usbekistans
IIZ	Islamisches Informationszentrum (Ulm)
IJU	Islamische Jihad Union
IRA	Irisch-Republikanische Armee
IS	Islamischer Staat
JVA	Justizvollzugsanstalt
LfV	Landesamt für Verfassungsschutz
LKA	Landeskriminalamt
MAD	Militärischer Abschirmdienst
MDR	Mitteldeutscher Rundfunk
MEK	Mobiles Einsatzkommando
MKH	Multikulturhaus (Neu-Ulm)
ND	Nachrichtendienst
NDR	Norddeutscher Rundfunk
NIAS	Nachrichtendienstliche Informations- und Analysestelle
NSA	National Security Agency
NSU	Nationalsozialistischer Untergrund
OLG	Oberlandesgericht
OSS	Oldschool Society
PFLP	Popular Front for the Liberation of Palestine (Volksfront zur Befreiung Palästinas)
PKGr	Parlamentarisches Kontrollgremium
PKK	Partiya Karkerên Kurdistanê, kurdische Arbeiterpartei
PIAS	Polizeiliche Informations- und Analysestelle
RAF	Rote Armee Fraktion
RAV	Republikanischer Anwaltsverein
SAS	Special Air Service
SEK	Spezialeinsatzkommando
StGB	Strafgesetzbuch
StPO	Strafprozessordnung
SWR	Südwestrundfunk
taz	die tageszeitung
VS	Verfassungsschutz
WDR	Westdeutscher Rundfunk
ZKA	Zollkriminalamt

Quellen- und Literaturverzeichnis

Die im Text zitierten Artikel aus Tages- und Wochenzeitungen sowie -zeitschriften, ebenso Rundfunkmagazine, Webseiten, Blogs, Twitter- und Facebookposts werden im Anmerkungsteil direkt angegeben und hier nicht nochmals genannt.

Ungedruckte Quellen – Urteile, Anklagen und Beschlüsse
Oberlandesgericht Düsseldorf
Urteil gegen Youssef Mohamad El-Hajdib wegen versuchten Mordes u. a. vom 9. Dezember 2008, Az. III-VI 5/07 (2 StE 7/07-3).
Urteil gegen Fritz Martin Gelowicz, Daniel Martin Schneider, Adem Yilmaz und Atilla Selek wegen Mitgliedschaft bzw. Unterstützung einer ausländischen terroristischen Vereinigung vom 4. März 2010, Az. III-6 StS 11/08.
Anklage gegen Marco G., Enea B., Koray D. und Tayfun S. wegen Gründung einer terroristischen Vereinigung, der Verabredung zum Mord und eines Verstoßes gegen das Waffengesetz vom 14.3.2014, 2 StE 2/14-3.
Urteil gegen Abdeladim El-Kebir, Jamil Seddiki und Amid Chaabi wegen Mitgliedschaft in einer ausländischen terroristischen Vereinigung vom 13. November 2014, Az. III-6 StS 1/12.

Oberlandesgericht Frankfurt am Main
Urteil gegen Djillali Benali, Salim Boukhari, Lamine Maroni und Fouhad Sabour wegen Verabredung der Begehung eines Verbrechens u. a. vom 10. März 2003, Az. 5-2 StE 9/01-4-6/01.
Urteil gegen Arid Uka wegen Mordes u. a. vom 10. Februar 2012, Az. 5-2 StE 7/11-2-4/11.

Oberlandesgericht Koblenz
Urteil gegen Aleem Nasir wegen Mitgliedschaft in einer terroristischen Vereinigung im Ausland u. a. vom 13. Juli 2009, Az. 2 StE 6/08-8 (2 BJs 41/07-8).

Oberlandesgericht München

Anklage des Generalbundesanwalts gegen Beate Zschäpe u. a. wegen Mord, Mitgliedschaft in einer terroristischen Vereinigung u. a. vom 5.11.2012, Az. 2 BJs 162/11-2, 2 StE 8/12-2.

Anklage des Generalbundesanwalts vom 17.12.2015 gegen Andreas H., Markus W., Denise G. und Olaf O. wegen Gründung und Mitgliedschaft in einer terroristischen Vereinigung sowie der Vorbereitung eines Sprengstoffverbrechens, Az. 2 BJs 18/15-5 2 StE 16/15-5.

Oberlandesgericht Stuttgart

Urteil gegen Verena Becker wegen Beihilfe zum Mord vom 6. Juli 2012, Az. 6-2 StE 2/10 (1 BJs 26/77-5 2 StE 2/10-5).

Urteil gegen Siegfried Gottlob Haag, Roland Oskar Mayer und Sabine Schmitz wegen Mitgliedschaft in einer terroristischen Vereinigung u. a. vom 11. Juli 1979, Az. 5-1 StE 3/77.

Urteil gegen Brigitte Margret Ida Mohnhaupt und Christian Georg Alfred Klar wegen Mordes, Mitgliedschaft in einer terroristischen Vereinigung u. a. vom 2. April 1985, Az. 5-1 StE 1/83.

Urteil gegen Ismail Issa, Mohammad A. und Ezzedine I. wegen Mitgliedschaft in einer terroristischen Vereinigung im Ausland u. a. vom 27. März 2015, Az. 6-2 StE 4/14.

Urteil gegen Ata Abdoulaziz Rashid, Mazen Salah Mohammed und Rafik Mohamad Yousef wegen Mitgliedschaft in einer terroristischen Vereinigung u. a. vom 15. Juli 2008, Az. 5-2 StE 2/05.

Gedruckte Quellen und Onlinepublikationen

Abschlußbericht der Bundesregierung zu der Polizeiaktion am 27. Juni 1993 in Bad Kleinen/Mecklenburg-Vorpommern vom 9.3.1994.

Amtsblatt der Europäischen Union: http://eur-lex.europa.eu/oj/direct-access. html?locale=de.

Bremische Bürgerschaft: Abschlussbericht des Untersuchungsausschusses zur Untersuchung der Gründe und des Ablaufs des Anti-Terror-Einsatzes vom 27. Februar bis 1. März 2015 in Bremen, LT-Ds. 19/801: http://www.bremische-buergerschaft.de/dokumente/wp19/land/drucksache/D19L0801.pdf.

Bundesgesetzblatt online: https://www.bgbl.de/informationen/bgbl-online.html.

Bundeskriminalamt (Hg.): Rückblick zum Ende des 20. Jahrhunderts. Tatorte, die Tatortgruppe des Bundeskriminalamtes Wiesbaden. Neu-Isenburg 1999.

Bundesministerium des Innern (Hg.): GSG 9. Die Realität einer Spezialeinheit. Bonn 1984 (Werbebroschüre).

Deutscher Bundestag und ʙundesarchiv (Hg.): Der Parlamentarische Rat 1948–1949. Akten und Protokolle. Band. 8: Die Beziehungen des Parlamentarischen Rates zu den Militärregierungen. Boppard am Rhein 1995.

Drucksachen und Plenarprotokolle des Bundestages: http://pdok.bundestag.de/.

Gesetze im Internet (Bundesministerium der Justiz und für Verbrauerschutz): https://www.gesetze-im-internet.de/.

Kommission »Evaluierung Sicherheitsbehörden«: Kooperative Sicherheit – die Sonderpolizeien des Bundes im föderalen Staat. Bericht der Kommission vom 9. Dezember 2010 (Werthebach-Kommission): http://bit.ly/2i9nAfR.

Landesamt für Verfassungsschutz Bayern: Jahresbericht 1985.

Landesamt für Verfassungsschutz Hessen. Jahresbericht 1985.

Presse- und Informationsamt der Bundesregierung (Hg.): Dokumentation der Bundesregierung zu den Ereignissen und Entscheidungen im Zusammenhang mit der Entführung von HMS und der Lufthansamaschine »Landshut«. Bonn 1977.

Pressemitteilungen des Generalbundesanwalts beim Bundesgerichtshof: https://www.generalbundesanwalt.de/de/aktuell.php.

Pressemitteilung der Generalstaatsanwaltschaft Berlin 2016/2017: https://www.berlin.de/generalstaatsanwaltschaft/presse/pressemitteilungen/.

Schäfer, Gerhard; Wache, Volkard; Meiborg, Gerhard: Gutachten zum Verhalten der Thüringer Behörden und Staatsanwaltschaften bei der Verfolgung des »Zwickauer Trios«. (Schäfer-Kommission). Erfurt 2012: http://www.thueringen.de/imperia/md/content/tim/veranstaltungen/120515_schaefer_gutachten.pdf.

The 9/11 Commission Report. Final report of the National Commission on Terrorist Attacks upon the United States. Washington 2004: https://www.9-11commission.gov/report/911Report.pdf.

Verfassungsschutzberichte (Bundesamt für Verfassungsschutz): https://www.verfassungsschutz.de/de/oeffentlichkeitsarbeit/publikationen/verfassungsschutzberichte.

Literatur

Ahrens, Ralf und Bähr, Johannes: Jürgen Ponto – Bankier und Bürger. München 2013.

Becker, Thomas (Hg.): »Ihr habt unseren Bruder ermordet«. Die Antwort der Brüder des Gerold von Braunmühl an die RAF. Eine Dokumentation. Reinbek bei Hamburg 1987.

Bode, Sabine: Kriegsspuren. Die deutsche Krankheit German Angst. Stuttgart 2016.

Braunmühl, Charlchristian von u. a. (Beitr.): Versuche, die Geschichte der RAF zu verstehen. Das Beispiel Birgit Hogefeld. 2. Aufl. Gießen 1997.

Bredow, Wilfried von: Grenzen. Eine Geschichte des Zusammenlebens vom Limes bis Schengen. Darmstadt 2014.

Buback, Michael: Der zweite Tod meines Vaters. München 2008.

Buck, Christian F.: Medien und Geiselnahmen. Fallstudien zum inszenierten Terror. Wiesbaden 2007.

Dahl, Roald: Genesis und Katastrophe. In: Ders.: Küsschen, Küsschen! Reinbek bei Hamburg 2008, 202–211.

Dietze, Carola: Die Erfindung des Terrorismus in Europa, Russland und den USA 1858–1866. Hamburg 2016.

Eschen, Klaus: Das Sozialistische Anwaltskollektiv. In: Kraushaar, Wolfgang (Hg.): Die RAF und der linke Terrorismus. Bd. 2. Hamburg 2006, 957–972.

Grumke, Thomas/Pfahl-Traughber, Armin (Hg.): Offener Demokratieschutz in einer offenen Gesellschaft. Öffentlichkeitsarbeit und Prävention als Instrumente des Verfassungsschutzes. Opladen 2010.

Hachmeister, Lutz: Schleyer. Eine deutsche Geschichte. München 2004.

Haus der Geschichte Baden-Württemberg (Hg.): Die Opfer der RAF. (Stuttgarter Symposion. Schriftenreihe 12). Karlsruhe 2009.

Herrhausen, Alfred: Denken, Ordnen, Gestalten. Reden und Aufsätze. Hg. von Kurt Weidemann. 5. Aufl. München 1992.

Hoffmann, Martin (Bearb.): Die Rote Armee Fraktion. Texte und Materialien zur Geschichte der RAF. Berlin 1997.

Klaus, Alfred mit Droste, Gabriele: Sie nannten mich Familienbulle. Meine Jahre als Sonderermittler gegen die RAF. Hamburg 2008.

Klee, Reinhard: Neue Instrumente der Zusammenarbeit von Polizei und Nachrichtendiensten. Geltung, Rang und Reichweite des Trennungsgebots. Baden-Baden 2010.

Meyer-Larsen, Werner (Hg.): Der Orwell-Staat 1984. Vision und Wirklichkeit. Reinbek bei Hamburg 1983.

Nehm, Kay: Das nachrichtendienstliche Trennungsgebot und die neue Sicherheitsarchitektur. In: Neue Juristische Wochenschrift 46/2004, S. 3289–3295.

Neiman, Susan: Wenn Odysseus ein Held sein soll, dann können wir es auch sein. In: Heldengedenken. Über das heroische Phantasma. Merkur Jg. 63, H. 9/10, September 2009, S. 849–859.

Neumann, Peter R.: Die neuen Dschihadisten. IS, Europa und die nächste Welle des Terrorismus. Berlin 2015.

Pflieger, Klaus: Die Rote Armee Fraktion – RAF. 14.5.1970 bis 20.4.1998. 2. erw. u. aktual. Aufl. Baden-Baden 2007.

Ders.: Gegen den Terror. Erinnerungen eines Staatsanwalts. Stuttgart 2016.

Pötzl, Norbert F.: Das elektronische Schleppnetz. Technische Bausteine zur Total-Kontrolle des Volkes. In: Meyer-Larsen, Werner (Hg.): Der Orwell-Staat. Vision und Wirklichkeit (Spiegel-Buch 44). Reinbek b. Hamburg 1984, S. 67–94.

Ramelsberger, Annette: Der Deutsche Dschihad. Islamistische Terroristen planen den Anschlag. Berlin 2008.

Reemtsma, Jan Philipp: Was heißt »die Geschichte der RAF verstehen«? In: Kraushaar, Wolfgang, Reemtsma, Jan Philipp; Wieland, Karin: Rudi Dutschke, Andreas Baader und die RAF. Hamburg 2005.

Richardson, Louise: Was Terroristen wollen. Die Ursachen der Gewalt und wie wir sie bekämpfen können. Frankfurt a. M. 2007.

Ried, Michael: Effektive Verteidigung in Staatsschutzverfahren unter den Bedingungen des RVG. In: Bockemühl, Jan; Heintschel-Heinegg, Bernd u. a. (Hg.): Festschrift für Ottmar Breidling zum 70. Geburtstag. Berlin 2017.

Roewer, Helmut: Nur für den Dienstgebrauch. Als Verfassungsschutz-Chef im Osten Deutschlands. Graz 2012.

Rupps, Martin: Die Überlebenden von Mogadischu. Berlin 2012.

Said, Behnam T.: Islamischer Staat. IS-Miliz, al-Qaida und die deutschen Brigaden. München 2014.

Schäuble, Martin: Black Box Dschihad. Daniel und Sa'ed auf ihrem Weg ins Paradies. München 2011.

Schenk, Dieter: Der Chef. Horst Herold und das BKA. Hamburg 1998.

Schmidt, Wolf: Jung, Deutsch, Taliban. Berlin 2012.

Scholzen, Reinhard; Froese, Kerstin: GSG 9. 3. Aufl. Stuttgart 2001.

Steinberg, Guido: Der nahe und der ferne Feind. Die Netzwerke des islamistischen Terrorismus. München 2005.

Ders.: Im Visier von al-Qaida. Deutschland braucht eine Anti-Terror-Strategie. Hamburg 2009.

Ders.: Kalifat des Schreckens. IS und die Bedrohung durch den islamistischen Terror. München 2015.

Ders.: Von al-Qaida zum Islamischen Staat. In: Bockemühl, Jan; Heintschel-Heinegg, Bernd u. a. (Hg.): Festschrift für Ottmar Breidling zum 70. Geburtstag. Berlin 2017.

Stiftung Haus der Geschichte der Bundesrepublik Deutschland (Hg.): Duell im Dunkel. Spionage im geteilten Deutschland. Köln 2002.

Straßner, Alexander: Die dritte Generation der »Roten Armee Fraktion«. Entstehung, Struktur und Zerfall einer terroristischen Organisation. Wiesbaden 2003.

Tophoven, Rolf: GSG 9. German Response to Terrorism. 2. ed. Koblenz 1985.

Wichmann, Peter: Al-Qaida und der Globale Djihad. Eine vergleichende Betrachtung des transnationalen Terrorismus. Wiesbaden 2014.

Wittmoser, Udo: Die Landesämter für Verfassungsschutz. Geschichte, Struktur, Aufgaben... (Brandenburgische Studien zum Öffentlichen Recht 7). Hamburg 2012.

Wunschik, Tobias: Baader-Meinhofs Kinder. Die zweite Generation der RAF. Opladen 1997.

Zachert, Christel: Puppchen, aus dir wird noch was. Bergisch-Gladbach 2002.

Filme und Radiofeature

Albrecht, Julia; Gallenmüller, Dagmar: Die Folgen der Tat. Dokumentarfilm, WDR, SWR, NDR 2015.

Aust, Stefan; Büchel, Helmar Die RAF. Fernsehdokumentation, ARD 2007.

Bendixen Oliver; Kendzia, Ludwig; Schenk, Michaela; Schmidt, Holger: Rechter Terror: tödlich unterschätzt. ARD Radiofeature vom 18.4.2012, SWR, BR, MDR.

Blumenthal, Dirk; Grabler, Jochen; Leiffels, Dennis: Bedingt abwehrbereit – Terroralarm am Wochenende. ARD-Fernsehdokumentation, Radio Bremen 2015.

Hufnagl, Tobias; Schmidt, Holger: Verschlusssache Buback. Radiofeature, SWR 2008.

Koch, Egmont R.: Die Spur der Bombe. ARD-Dokumentarfilm, SWR 2014.

Ders.: Zugriff im Tunnel. ARD-Fernsehdokumentation, SWR 2013.

Koch, Egmont R.; Schmidt, Holger: Spitzel und Spione – Innenansichten aus dem Verfassungsschutz. Fernsehdokumentation, WDR/SWR 2014.

Schmidt, Holger: Junger Mann zum Mitbomben gesucht – Kofferbomben in deutschen Zügen. Radiofeature, SWR 2008.

Ders.: Inside al-Qaida – mein Stiefvater ist Terrorist, ARD Radiofeature, SWR 2011.

Veiel, Andres: Black Box BRD. Deutschland 2001.

Personenregister

Von Salah Abdeslam bis Beate Zschäpe

274

277

Abbildungsnachweis

Dank

An erster Stelle gilt mein Dank all denjenigen, die mir ihre Sichtweise mitteilen, so subjektiv ihre Gedanken sein mögen. Manche von ihnen dürften nicht mit mir sprechen, weil ihr Gott, ihr Anführer, ihre Robe, ihr Vorgesetzter oder geltendes Recht dem Gespräch (angeblich) entgegenstehen. Dass sie es trotzdem tun, verpflichtet mich selbst dann zu Dank, wenn ich persönlich ihre Ideologie ablehne. Mit allen Seiten zu sprechen gebietet aber nicht nur mein Beruf als Journalist, sondern auch mein Interesse an der möglichst umfassenden und objektiven Darstellung.

Ohne Dr. Martin Rupps und Dr. Stephan Meyer würde es dieses Buch nicht geben. Martin hat mir den entscheidenden Impuls in die richtige Richtung gegeben, Stephan Meyer von Anfang an das richtige Ziel gesehen. Danke!

Meine Lektorin Dr. Ute Maack hat sich mit großem Einsatz auf die dunkle Welt des Terrors eingelassen und diesem Buch den entscheidenden Schliff gegeben. Stefan Giese war ebenfalls ein unverzichtbarer Faktenchecker und ist mir darüber hinaus stets ein wertvoller Kritiker. Beiden danke ich herzlich, mögliche verbliebene Fehler sind ausschließlich mir zuzurechnen.

Ebenso danke ich dem ARD-Rechtsexperten Dr. Frank Bräutigam und meinem »Mit-Terrorimusexperten« Michael Götschenberg für Rat, Anmerkungen und kluge Gespräche. Es ist ein Privileg, mit ihnen zu arbeiten.

Das Institut des »ARD-Terrorismusexperten« ist inzwischen multimedial, innerhalb der ARD (wie so häufig) aber im Radio entstanden. Dass ich diese reizvolle Aufgabe seit 2006 ausüben darf, habe ich vor allem Bernhard Hermann, Arthur Landwehr und Lutz Semmelrogge zu verdanken. Für großartige kollegiale Zusammenarbeit bedanke ich mich zudem bei Tim Aßmann, Oliver Bendixen, Heike Borufka, Dr. David Biesinger, Jochen Grabler, Axel Hemmerling, Ludwig Kendzia, Egmont R. Koch, Stefan Schölermann und Wolfgang Wanner.

Meine Arbeit ist für das persönliche Umfeld häufig eine Zumutung. Terrorismus hält sich nicht an private Planungen oder Arbeitszeiten. Danke denen, die es mit mir aushalten.

Samuel Schirmbeck

Der islamische Kreuzzug und der ratlose Westen

Warum wir eine selbstbewusste Islamkritik brauchen

Der Islam macht Angst, denn in seinem Namen werden brutale Kriege geführt, furchtbare Verbrechen begangen, Hass und Intoleranz gepredigt. Dennoch tut sich eine radikale Islamkritik hierzulande schwer, steht sie doch häufig im Verdacht des offenen oder versteckten Rassismus und Fremdenhass.
In seinem Buch fordert der langjährige und renommierte Nordafrika-Korrespondent Samuel Schirmbeck eine kritische Auseinandersetzung mit dem gegenwärtigen Islam und wendet sich scharfzüngig gegen linke Denkverbote, die Islamkritik reflexartig mit Rechtspopulismus gleichsetzen.

»Die Islamisten haben die absolute Waffe gefunden: den Vorwurf der Islamophobie. Wenn wir uns dagegen nicht wehren… werden wir wie stumme Schafe, die man ins Schlachthaus führt. Deshalb sollte dieses Buch gelesen werden.«
Boualem Sansal (Friedenspreis des Deutschen Buchhandels, 2011)

288 Seiten, gebunden, 2016, ISBN 978-3-280-05636-3

Sachbuch

Martin Rupps

Kanzlerdämmerung

Wer zu spät kommt, darf regieren

Die Berliner Republik ist jung an Lebensjahren, doch alt in ihrem
politischen Verhalten. Denn es sind die Denk- und Verhaltens-
muster der alten Bundesrepublik, die erstaunlicherweise auch die
Berliner Republik und deren Führungspersonal dominieren. Das
Zuspätkommen der deutschen Bundeskanzler ist eine der bedeutendsten Kontinuitäten in der Geschichte der Bundesrepublik.

Die Analyse des Historikers Martin Rupps zeigt, dass in Deutschland zu spät kommende Kanzler und zu spät gelöste Generati-
onenkonflikte der verborgene Motor politischer Entwicklungen
sind. Es ist ein ebenso überraschender wie erhellender Blick
auf die Geschichte der Berliner Republik.

256 Seiten, gebunden, 2017, ISBN 978-3-280-05645-5

Sachbuch

Karlheinz Gaertner

Sie kennen keine Grenzen mehr

Die verrohte Gesellschaft – Erfahrungen eines Polizisten

Wie es um eine Gesellschaft steht, zeigt sich in ihren Verbrechen, aber auch an der Art ihres Umgangs mit ihrer Polizei. Die Fallgeschichten in diesem Buch erzählen vom polizeilichen Alltag in einer deutschen Großstadt und den enormen seelischen und körperlichen Belastungen eines Polizisten. Es porträtiert eine Gesellschaft, die immer mehr von ihrer Polizei fordert, sie aber gleichzeitig ihre Verachtung spüren lässt. Ein Buch über den Verlust von Anstand und Scham, über Respektlosigkeit und Gewalt, das für Diskussionen sorgen wird.

248 Seiten, gebunden, 2017, ISBN 978-3-280-05642-4

orell füssli
Sachbuch